Reihe: Unerwünschte Bücher zur Kirchen- und Religionsgeschichte Nr. 15.1

AHRIMAN-Verlag
Unser Programm ist die
Wiederkehr des Verdrängten

Hyam Maccoby

Jesus und der jüdische Freiheitskampf

Bibliographische Information der Deutschen Nationalbibliothek
Die Deutsche Nationalbibliothek verzeichnet diese Publikation in der Deutschen Nationalbibliographie; detaillierte bibliographische Daten sind im Internet über http://dnb.d-nb.de abrufbar.

Reihe: Unerwünschte Bücher zur Kirchen- und Religionsgeschichte Nr. 15.1

Hyam Maccoby:
Jesus und der jüdische Freiheitskampf

1. Auflage 1996
2. Auflage 2013

AHRIMAN-Verlag GmbH
Postfach 6569, D-79041 Freiburg
Tel. 0761/502303, Fax 0761/502247

www.ahriman.com

Bestellungen per e-mail: ahriman@t-online.de oder
einfacher über den Warenkorb auf unserer Homepage.
(Bitte geben Sie bei e-mail-Bestellungen Ihre vollständige Postanschrift an.)

ISBN 978-3-89484-611-4

Gedruckt auf säurefreiem und alterungsbeständigem Papier.

Bestellungen an den Verlag werden innerhalb einer Woche bearbeitet.
Nichtantwort beweist NATO-Postzensur.
(In diesem Falle Bestellung per Einschreiben wiederholen – Lektion für fdGO- und Zufallsgläubige, ein Nachhilfeunterricht in Staatsbürgerkunde.)

Inhaltsverzeichnis

Vorwort des Herausgebers viii

Einleitung xi

1 Das Problem Barabbas 1

2 Wie die Römer kamen 9

3 Die römische Verwaltung 17

4 Römer und Juden 29

5 Religion und Revolte: Die Pharisäer 35

6 Die jüdischen Sekten 44

7 Der Messias 52

8 Realismus und Mystizismus 59

9 Was wirklich geschah 67

10 Jesus, Rabbi und Prophet 75

11 Das Reich Gottes 86

12 König der Juden 95

13 Der Tag des Herrn 107

14 Gefangennahme und Prozeß 116

15 Barabbas 122

16 Die Entstehung der Evangelien **130**
1. Jüdische Geschichte nach dem Tod Jesu 130
2. Die christliche Kirche nach dem Tod Jesu 135
3. Das Werden der Evangelien 141

17 Der Dualismus des Neuen Testaments **147**

Anhang **153**
1. Die Barabbasepisode in den vier Evangelien 153
2. Die Handschriften des Neuen Testaments 155
3. Jesus und seine Brüder 156
4. Jesus als Pharisäer 158
5. Pharisäische Reformen 163
6. Jesus als Wunderheiler 167
7. Pharisäische Gleichnisse 169
8. Judenchristen (Nazaräer) und Heidenchristen 170
9. Maccoby und Hengel *(von Fritz Erik Hoevels)* 171

Stellenregister **178**

Literaturnachweise **182**

Vorwort des Herausgebers

Eine der wichtigsten Erkenntnisse der Sozialpsychologie, in langen Experimentserien gewonnen von US-amerikanischen Psychologen der späten fünfziger und frühen sechziger Jahre – und Kind der praktischen Bedürfnisse des Kalten Krieges –, besagt, daß die wirksamste Bekämpfung unerwünschter Meinungen und Einsichten darin besteht, sie nicht etwa noch so geschickt argumentativ anzugreifen, sondern sie vielmehr möglichst sachlich und sogar recht zutreffend von einer Person referieren zu lassen, *die als deren Gegner bekannt ist.* Mit der üblichen Verzögerung von etwa einer Dekade schlug sich diese Erkenntnis auch praktisch in den Lehrplänen der Vasallenstaaten nieder, und so stellten Lehrer, die nicht gerade als DKP-Mitglieder oder gar K-Grüppler bekannt waren (diese waren ja auch sofort Säuberungen zum Opfer gefallen), manchmal gar nicht so falsch die Lehre von Marx und Engels dar, und Pfaffen referierten halbrichtig die Erkenntnisse Freuds. Wer kann sich aus seiner Schülerzeit nicht an dieses ca. seit 1965 beobachtbare Phänomen erinnern?

Inzwischen gewinnt eine andere Gruppe ideologisch unerwünschter Erkenntnisse Popularität – ein Stoff, von dem man meinen müßte, daß niemals ein christlicher Berufspropagandist auf den Gedanken käme, ihn anders als polemisch zu behandeln, entzieht er seiner Existenz doch die logische Grundlage – aber siehe da … –: die Herausschälung des historischen Kerns der christlichen Jesusfigur, ein Kern, der mit dieser mythologischen Gestalt keine größere Ähnlichkeit oder innere Verbindung aufweist, außer der Namensgleichheit und ein paar dogmatisch irrelevanten biographischen Restbeständen, als etwa mit Krischna oder Zeus.

Diese Erkenntnisse sind ansatzweise schon recht alt, gehen teilweise auf das ja auch sonst so vorbildliche 19. Jahrhundert zurück, sind aber erst in den letzten zwei Jahrzehnten systematisch ausgearbeitet, gefestigt und vor allem verbreitet worden. Sie besagen hauptsächlich, daß sich die christliche Jesusfigur aus einem durchaus realen, aber in seinem Charakter gänzlich entgegengesetzten Kern entwickelt hat, nämlich aus einem eher unbedeutenden, radikal-militanten Pharisäerführer namens Jeschu (oder ähnlich) mit mehr oder weniger ernstgemeinten messianischen Ansprüchen. Dieser Jeschu wurde in einer höchst einschneidenden Metamorphose zur Grundlage des mythischen Jesus der Christen, welcher bekanntlich Pazifist,

Internationalist und Anti-Pharisäer gewesen sein soll, von seinen aus allen möglichen Mythologien kunterbunt zusammengeklauten Wundertaten und metaphysischen Eigenschaften ganz zu schweigen, während der wirkliche Jeschu ein höchst kriegerischer Römerfeind, Pharisäer und jüdischer Nationalist gewesen ist, vielleicht persönlich ziemlich überspannt, aber niemals auf eine übernatürliche Genealogie u.ä. erpicht und in jeder Hinsicht eher ein verhinderter Bar Kosiba/Kochba oder etwas wie ein heutiger Hisbollah-Extremist als ein pazifistischer Träumer oder sanftmütiger Internationalismus-Prediger.

Dies wesentlich klarer, konsequenter und geschlossener herausgearbeitet zu haben als jeder »progressive« christliche Theologe der Gegenwart, der unterschiedlich viel davon inzwischen ja auch schon zugibt und dafür dosierten Ärger mit seinem Bischof bekommt, aber kaum je ein überzeugendes Gesamtbild und Zeitbild vorführen kann, ist das Verdienst des Londoner Reform-Rabbiners und Altertumsgelehrten Hyam Maccoby. Seine besondere Stärke liegt darin, Jesus nicht als isolierte Kultfigur zu betrachten, die es zu demontieren oder zu verteidigen gilt, sondern auf dem Hintergrund seiner geschichtlichen Situation zu rekonstruieren – und da gelingen ihm bei sorgfältiger, niemals einseitiger Nutzung des nun wahrlich dürftigen und verzerrten Quellenmaterials überraschende Funde, die uns die wahrscheinlich genaueste Annäherung an den historischen Kern der christlichen Mythen erlauben, die überhaupt möglich ist. Sie widerspricht dem von diesen Mythen gezeichneten Bild in verblüffender Weise.

Nur um diesen historischen Kern geht es Maccoby (dem es ansonsten auch noch, in einem leider nur auf englisch vorliegenden Buch, gelungen ist, dem Geheimnis des verworrenen Mythos von Kain und Abel auf die Spur zu kommen, der – ursprünglich und mehrheitlich ja keineswegs judenfeindlich konzipierten – Sagenfigur des Ewigen Juden und manch anderem, vor allem klassisch Biblischem, mehr). Der Frage nach hellenistischer Beeinflussung schon des historischen Jesus, erst recht der Unzahl hellenistischer Legenden und Mythologeme, die in den Evangelien über ihn wuchern, geht er höchstens am Rande nach; wer darüber Bescheid wissen will, findet sorgfältige Untersuchungen dazu am ehesten in zwei ebenfalls vorzüglichen Büchern Morton Smith' und Karlheinz Deschners[1]. Aber den historischen Kern des legendären Wustes erschließt Maccoby, soweit ich sehe, wie kein anderer. Ebenso überzeugend gelingt ihm die Vorführung des haarsträubend verlogenen Charakters der Evangelien; ihr durch skrupelloseste Tatsachenverdrehung erzieltes Wesen als antijüdische – heute hieße es: antisemitische – Tendenzschriften, das nahezu jeden ihrer Sätze durchzieht. Auch dieser Zug ist aus der historischen Situation ableitbar.

---

[1] Morton Smith, Jesus der Magier, List Verlag (aus dem Englischen: Jesus the Magician, New York 1978); Karlheinz Deschner, Der gefälschte Glaube, Knesebeck & Schuler, München 1988.

Um diese schlagwortartig zu umreißen: nicht alle unterjochten und ausgeplünderten Völker waren mit der »Pax Romana«, der neuen Weltordnung der mediterranen Antike, sonderlich zufrieden. Unter ihnen stachen besonders zwei hervor, mit denen sich der antike Anti-Imperialist identifizieren konnte: Griechen und Juden. Während die Griechen jeden praktischen Kampf aufgegeben hatten, hörten sie dafür niemals auf, über »Zufall oder Notwendigkeit« der römischen Weltherrschaft laut nachzudenken; sie waren die unbestrittenen Führer des geistigen Widerstands, der theoretischen Selbstbehauptung gegen Rom.

Dafür waren die Juden diejenigen der praktischen. Wann immer die geringste Chance zum antiimperialistischen Widerstand gegeben war, schlugen sie zu; sie waren die unbestritten heroischsten Freiheitskämpfer ihrer Zeit. Und so konnte sich der einfache Bewohner des römischen Weltreichs, der unter dessen brutalen Ausbeutungspraktiken litt, immer wieder einmal heimlich in diesen und jenen hineinphantasieren, sich bisweilen als heimlicher Grieche, bisweilen als heimlicher Jude fühlen. Doch als »Grieche« mußte man lesen, als »Jude« mußte man kämpfen; dafür waren die meisten nun doch zu faul oder zu feige. Da legte das Christentum endlich das Ei des Kolumbus: wie man sich gleichzeitig als »Grieche« und als »Jude« phantasieren, recht viel darauf einbilden konnte und dennoch weder denken noch kämpfen mußte, weder einen klaren Kopf brauchte noch etwas Nennenswertes riskierte (und doch, seiner Selbsteinschätzung nach, etwas ganz Besonderes war). Diese Konstellation ist vielleicht der wichtigste Schlüssel zur raschen Ausbreitung und zum Massenerfolg des Christentums. Doch war mit dieser Struktur notwendig eine haßvolle Abwendung von den phantasierten Ausgangsmaterialien erforderlich: unter dem schrillen Haß auf die Wissenschaft einerseits, die Juden andererseits tut es die frühe Kirche nicht. Und so gelang es ihr endlich, von einer selbstbetrügerischen Phantasieopposition zum römischen Weltreich zu dessen solidester und anerkanntester Stütze zu werden. Denn die Mischung aus Denkverzicht und fakultativem Pazifismus sollte sich für Herrschafts- und Unterdrückungszwekke zwar als recht teuer, aber dafür einzigartig brauchbar herausstellen; und das blieb sie jahrhundertelang, in Wahrheit bis heute.

Maccoby hat uns gezeigt, »wie alles anfing«; wie antiimperialistische Militanz durch opportunistischen Pazifismus, Kampf für die Freiheit der Juden vom römischen Joch in bösartigste Judenfeindschaft umgefälscht wurde; wir erfahren von ihm, so weit es bei der Quellenlage eben möglich ist, die historische Wahrheit, begreifen aber darüber hinaus auch einiges von der historischen Dynamik. Und das ist wichtig für jeden, der Sand statt Öl im finsteren Getriebe der Geschichte sein will.

Fritz Erik Hoevels

Einleitung

ALS JUDE hat man gewisse Vorteile, wenn man versucht, die Evangelien zu verstehen, besonders wenn man in enger Berührung mit der jüdischen Liturgie, den Zeremonien des jüdischen religiösen Jahres, der rabbinischen Literatur und der allgemeinen jüdischen moralischen und kulturellen Auffassung erzogen worden ist. Viele Gesichtspunkte der Evangelien, die vom Nichtjuden gelehrte Untersuchungen verlangen, sind dem Juden so vertraut wie die Luft, die er atmet.

Als Jesus beim letzten Abendmahl Wein trank und Brot brach, tat er, was ein Jude jedesmal tut, wenn er vor einem Fest- oder Sabbatmahl die Kidduschzeremonie vollzieht. Als Jesus sein Gebet mit »Vater unser, der du bist im Himmel ...« begann, folgte er dem Beispiel pharisäischer Gebete, die immer noch einen Teil des jüdischen täglichen Gebetbuches bilden. Wenn er in Gleichnissen sprach und verblüffende Wendungen (wie »Kamele verschlucken« und »der Balken in deinem Auge«) gebrauchte, bediente er sich der Ausdrucksweisen, die jedem Studenten der talmudischen Schriften bekannt sind.

Gleichzeitig fallen einem Juden, der die Evangelien liest, auf den ersten Blick Partien auf, die nicht glaubwürdig erscheinen, zum Beispiel die Berichte, daß die Pharisäer Jesus töten wollten, weil er am Sabbat heilte. Die Pharisäer zählten das Heilen nie zu ihrer Liste der am Sabbat verbotenen Tätigkeiten, und zu den Heilmethoden Jesu gehörte keine Tätigkeit, die am Sabbat wirklich verboten war. Es ist deshalb unwahrscheinlich, daß sie die Sabbatheilungen Jesu, und sei es auch nur geringfügig, getadelt hätten. Außerdem widerspricht das in den Evangelien gezeichnete Bild von blutdürstigen, mordgierigen Pharisäern allem, was durch Josephus, aus ihren eigenen Schriften und vom heutigen Judentum, das sie begründet haben, über sie bekannt ist.

Wir haben also in den Evangelien einen Widerspruch zwischen Abschnitten, die glaubwürdig erscheinen, und solchen, die unglaubwürdig sind. Für einen Juden, der sich mit den Evangelien beschäftigt, ist der Widerspruch offenkundig, und er möchte wissen, wie er entstand. Und die Kernfrage erweitert sich, wenn er die Religion betrachtet, die auf den Evangelien beruht, nämlich das Christentum mit seiner eigenartigen Mischung aus jüdischen, nichtjüdischen und antijüdischen Elementen.

Wie kommt es, daß eine Religion, die so viel vom Judentum entlehnt, während des größeren Teils ihrer Geschichte die Juden als Parias und Ausgestoßene betrachtet? In einer Kultur, die auf der hebräischen Bibel beruht, einer Kultur, deren Sprache von hebräischen Ausdrücken durchdrungen ist, sind die Juden mit ungewöhnlichem Haß behandelt worden, der schließlich in der Massenvernichtung von sechs Millionen europäischer Juden im Zweiten Weltkrieg gipfelte.

Eine Studie über Jesus mit besonderem Gewicht auf seinem jüdischen Hintergrund und der Annäherungsart, die bei einem Juden die gegebene ist, könnte etwas Licht auf diese Fragen werfen, die für Juden und Nichtjuden gleichermaßen wichtig sind.

Ich möchte mich George Frankl für die große Hilfe und die Anregungen, die ich in langen Diskussionen mit ihm über die verschiedensten Themen gewonnen habe, erkenntlich zeigen. Ich möchte meiner Frau Cynthia danken, ohne deren nicht nachlassende Ermunterung, scharfe Kritik und ständige Hilfe das Buch weder begonnen noch beendet worden wäre. Endlich gilt mein Dank auch Michael Chambers für viele sehr wertvolle Vorschläge zur Anlage des Buches, die ich mir zu eigen gemacht habe.

Kapitel 1

Das Problem Barabbas

DIE GESCHICHTE des Barabbas stellt einen ausgezeichneten Einstieg in die Probleme dar, die die Evangelien aufwerfen. In dieser Episode kommen alle Personen der Handlung in einer gleichsam brennpunktartigen Massenszene eines Schauspiels zusammen. Die Römer werden von Pilatus verkörpert (ein seltener Auftritt dies, denn im allgemeinen sind die Römer in den Evangelien überraschend unauffällig). Alle jüdischen Gruppen sind vertreten: der Hohepriester mit seinen sadduzäischen Anhängern, die Pharisäer, die revolutionären Zeloten, die Herodianer und die jüdischen Massen – alle werden vereint in ihrem Haß auf Jesus gezeigt. Wenn wir die Barabbasepisode verstehen könnten, würden wir die Evangelien als Ganzes verstehen; denn diese Episode enthält im Kleinen nicht nur die Elemente, die für die Evangeliengeschichte verwendet werden, sondern auch die Ausrichtung und Einstellung der Evangelien zu Leben und Tod Jesu.

Rufen wir uns die Geschichte ins Gedächtnis, wie sie sich aus allen vier Evangelien zusammensetzt. Jesus ist gefangengenommen und Pilatus übergeben worden. In demselben Gefängnis, in dem Jesus liegt, gibt es einen anderen Gefangenen namens Barabbas, einen Rebellen oder Banditen. Es ist die Zeit des Passahfestes, und an diesem Tag hat das jüdische Volk von Jerusalem das Recht, die Freilassung eines Gefangenen zu verlangen. Pilatus, der römische Statthalter, hat von der Persönlichkeit Jesu einen günstigen Eindruck gewonnen, er ist auch von der Unschuld Jesu in den gegen ihn erhobenen Anklagepunkten überzeugt. Das Volk beginnt nach der üblichen Freilassung eines Gefangenen zu rufen. Pilatus ergreift die Gelegenheit und bietet an, Jesus, den »König der Juden«, freizulassen. Aber die jüdischen Priester sind in der Menge von einem zum andern gegangen und haben sie überredet, sein Angebot nicht anzunehmen. Das Volk glaubt der Überredungskunst der Priester und lehnt Pilatus' Angebot ab, Jesus freizulassen. Statt dessen verlangt es lautstark die Freilassung von Barabbas, dem Mann der Gewalt. Pilatus sieht bekümmert ein, daß er sich fügen muß, und fragt, was er nun mit Jesus anfangen soll. »Kreuzige ihn! Kreuzige ihn!« schreit das Volk. Pilatus ist entsetzt von dieser blutdürstigen Bitte, die er ebenfalls nicht zurückweisen kann. Jedoch möchte er sich von jeder Schuld in dieser Sache freisprechen und wäscht deshalb öffentlich seine Hände als Zeichen seiner

Unschuld. Die jüdische Menge dagegen beteuert beharrlich ihre eigene Verantwortlichkeit, indem sie einen Fluch auf sich und die Köpfe ihrer Kinder herabruft. Und so wird Barabbas freigelassen, und Jesus wird weggeführt, um gekreuzigt zu werden.

Sofort drängen sich bestimmte Fragen auf. Warum mußte Pilatus Jesus eigentlich kreuzigen lassen? Wenn die Juden das Recht hatten, den Gefangenen ihrer Wahl freizulassen, gab ihnen das noch nicht das Recht, dem Statthalter vorzuschreiben, welche Strafe er anderen Gefangenen, die nicht auf freien Fuß gesetzt wurden, auferlegen sollte. Eines der Evangelien, das des Johannes, gibt eine Antwort auf diese Frage: Die Juden erpreßten Pilatus, indem sie drohten, ihn beim Kaiser anzuschwärzen, falls er Jesus nicht hinrichten ließe, denn »wer sich zum König macht, der ist wider den Kaiser«. Aber warum sollte Pilatus daran erinnert werden müssen, noch dazu von den Juden, die nicht gerade durch Unterwürfigkeit gegenüber der römischen Macht auffielen? Warum beachtet Pilatus, der römische Statthalter, die Tatsache nicht, daß der Anspruch, »König der Juden« zu sein, auf Aufwiegelung gegen Rom hinauslief? So wenig beachtet er sie, daß er tatsächlich die Königswürde Jesu bekräftigt, indem er ihn dem Volk mit den Worten »Seht, das ist euer König!« vorführt und die Menge fragt: »Wollt ihr, daß ich euch den König der Juden freigebe?«

Diese Fragen geben schon genug Rätsel auf, aber es erheben sich noch verwirrendere Fragen, wenn wir die Ereignisse betrachten, die zur Barabbasepisode hinführen. Nur wenige Tage vorher war Jesus unter dem großen Jubel des Volkes in Jerusalem eingezogen. Alle Evangelien beschreiben seinen triumphalen Einzug, wie er genannt wird, als ein Ereignis von nationaler Bedeutung. Die Menschen bejubelten ihn als den Sohn Davids und auch als Propheten. Als Jesus auf einer Eselin einritt, der ihr Füllen folgte, grüßte ihn die Menge begeistert, winkte mit Palmzweigen und breitete vor ihm ihre Mäntel auf die Straße. Dann kam die Reinigung des Tempels. Jesus trat in den Tempel, stieß ungeachtet der Tempelwachen die Tische der Geldwechsler und Händler um und vertrieb sie mit einer Peitsche aus dem Tempelbezirk. Er konnte das tun, sagen die Evangelien, weil die Behörden durch den starken Rückhalt Jesu beim Volk eingeschüchtert waren. »Aber sie fürchteten sich vor dem Volk; denn es hielt ihn für einen Propheten.« (Mt. 21,46)

Der triumphale Einzug Jesu fand nach den Berichten der Evangelien an einem Sonntag statt. Am Donnerstag abend wurde er gefangengenommen. Am Freitag war er tot. Und die Barabbasgeschichte beschreibt, daß das letzte Wort bei den jüdischen Massen lag, beim Volk von Jerusalem. Sie riefen begierig nach dem Tod Jesu und bestanden darauf, daß er durch eine der grausamsten Bestrafungen, die der Menschheit bekannt sind, sterben sollte.

Die entscheidende Frage, die die Barabbasgeschichte stellt, ist also: Warum schrie eine Volksmenge, die Jesus am Sonntag als Helden bejubelt hatte, am Freitag

nach seinem Blut?[1] Die am häufigsten gegebene Erklärung ist, daß das Volk von Jesus enttäuscht war. Es hatte große Hoffnungen gehegt, er sei der verheißene Messias, der die Römer besiegen und die jüdische Unabhängigkeit wiederherstellen würde. Statt dessen war er mit Leichtigkeit überwältigt worden und hatte seine Niederlage und Gefangennahme mit passiver Sanftmut und Ruhe hingenommen. Barabbas dagegen war ein Mann der Gewalt. Auch er war überwältigt und festgenommen worden; aber ohne Zweifel hatte er sich durch heftigen Widerstand hervorgetan und damit bei der Menge beliebt gemacht. Folglich übertrugen sie, mit dem Wankelmut, der Massen eigen ist, ihre Anhänglichkeit auf Barabbas. Ihre frühere begeisterte Liebe zu Jesus wandelte sich in Haß und Verachtung, und in dieser Stimmung wurden sie mühelos von den Hohenpriestern und Ältesten überredet, Jesu Tod zu verlangen.

Dies ist ohne Zweifel der Eindruck, den die Geschichte vermitteln will. Jesus steht für einen edlen Pazifismus, während Barabbas für den Materialismus der Gewalt steht. Die ungeistige Masse versteht nicht, daß Jesus nicht der rundum erfolgreiche Messias ist, den sie erwartet hatte. Sein Reich ist nicht von dieser Welt; er ist Gottes Sohn, der Niederlage und Tod erleiden muß, um die Sünden der Menschheit zu sühnen. Die Wahl des Barabbas war eine Wahl dieser Welt und eine Zurückweisung des Reiches des Geistes.

Die Schwierigkeiten mit dem Sinneswandel der Menge bleiben jedoch bestehen. Jesus hatte Jerusalem am Palmsonntag im Stil eines Monarchen betreten und gegen die Art der Begrüßung, die an sich einem Thronanwärter vorbehalten ist, keine Einwände erhoben. Sein Vorgehen, als er die Geldwechsler aus dem Tempel jagte, läßt gewiß weder Pazifismus noch einen allgemeinen Grundsatz gegen gewaltsame Aktionen erkennen. Er hatte Schwerter an seine Jünger ausgegeben (Lk. 22,38), und bei seiner Festnahme hatte es einen gewissen Widerstand gegeben. Das jüdische gemeine Volk hatte keinen Grund, Jesus für einen Pazifisten zu halten. Seine Absicht, die Kreuzigung ohne Gegenwehr zu erdulden, hatte er nur seinen engsten

---

1 Lukas allein deutet an, daß die Menge am Palmsonntag eine *andere* Menge war als die in der Barabbasepisode (Lk. 19,37; hier besteht die Menge am Palmsonntag aus »Jüngern«). Die anderen Evangelien betonen, daß beide Volksmengen aus dem jüdischen gemeinen Volk bestanden, und Lukas betont wie die andern den repräsentativen Charakter der Menge, die Jesus verurteilte. Johannes sagt *anfangs*, daß es nur »die Hohenpriester und ihre Leute« waren, die riefen: »Kreuzigen! Kreuzigen!«, ändert aber diese Bezeichnung bald in seinen gewohnten umfassenden Ausdruck »die Juden«. Moderne Wissenschaftler (z.B. Eduard Meyer) haben behauptet, die Menge vor Pilatus habe nur aus Anhängern des Barabbas bestanden, aber diese Theorie entbehrt jeder Grundlage im Text. Wie auch immer die historischen Tatsachen gewesen sein mögen, ist die Absicht der Texte, die Juden insgesamt der Kreuzigung Jesu zu beschuldigen. (Matthäus und Lukas gebrauchen das griechische Wort »laos« [λαός], »Volk«, anstelle von »ochlos« [ὄχλος], »Menge, Pöbel«, bei Markus; siehe Mt. 27,25; Lk. 23,13.)

Eine »liberalere« Deutung (wie die des Zweiten Vatikanischen Konzils) beabsichtigte an sich, die Mehrheit der Juden freizusprechen, hat aber die Nebenwirkung, die Evangelisten reinzuwaschen.

Vertrauten mitgeteilt, und selbst sie glaubten nicht ganz daran. Das Volk, das von den Wunderheilungen Jesu wußte, würde nicht die Hoffnung auf seinen endgültigen Erfolg verlieren, nur weil er festgenommen worden war. Es würde zuversichtlich auf ein Wunder von ihm warten, zum Beispiel, daß die Mauern seines Gefängnisses einstürzten. Ein solches Wunder paßte zu ihrer Vorstellung vom Messias. Die Tatsache, daß Jesus die Hilfe einer regulären Armee verschmähte, daß er zu den meisten gegen ihn vorgebrachten Anklagepunkten schwieg, hätte für seine ruhige Zuversicht auf übernatürlichen Beistand gesprochen, an den er sich sicher wenden würde, wenn die Zeit erst reif wäre. Als der römische Statthalter, offensichtlich von Jesus beeindruckt und eingeschüchtert, vortrat und anbot, ihn freizulassen, wäre dies vom Volk als genau das Wunder, das man erwartet hatte, angesehen worden. Römische Statthalter waren im allgemeinen nicht geneigt, einen Thronbewerber in von ihnen besetzten Gebieten zu begünstigen, noch dazu einen, der Jerusalem anmaßend im Stil eines Eroberers betreten hatte. Es wäre ganz klar gewesen: Gott hatte den römischen Statthalter verrückt werden lassen, um ihn zu vernichten.

Anstatt Pilatus' Angebot als die Bestätigung ihrer Hoffnungen in Jesus zu sehen, wandte sich das Volk gegen diesen und verlangte mit außergewöhnlicher Gehässigkeit seinen Tod. Volkstümlichkeit schwindet leicht dahin, und Massen sind bekanntlich wankelmütig, aber solcher Wankelmut führt im allgemeinen zu Mißachtung, nicht zu aktiver Verfolgung. Man könnte verstehen, daß das Volk Jesus vergäße, wenn ein strahlender neuer Held aufträte. Barabbas war, wie es sich trifft, nicht erfolgreicher als Jesus. Auch er war festgenommen und ins Gefängnis gebracht worden. Und es war nicht etwa so, als wäre Barabbas ein Feind Jesu gewesen, so daß Beistand für Barabbas zwingend Feindschaft gegen Jesus bedeutete. Beide Männer saßen im Gefängnis des römischen Statthalters aus, wie es dem Volk erscheinen mußte, sehr ähnlichen Gründen. Beide hatten sich den Besatzungsbehörden durch ihre Beliebtheit bei der einheimischen Bevölkerung, die allmählich ungeduldig auf Befreiung von der römischen Herrschaft hoffte, verdächtig gemacht. Die Situation glich ganz und gar nicht jener, wie sie in Shakespeares ›Julius Cäsar‹ beschrieben wird, wo das wankelmütige römische Volk seine Ergebenheit von Pompeius auf Cäsar, von Cäsar auf Brutus und dann von Brutus auf Antonius überträgt. Hier wechselt es jedesmal von einem Führer zu dessen Todfeind über. Die Analogie, die zwischen diesem römischen Volk und dem in den Evangelien geschilderten jüdischen Volk oft hergestellt wird, stimmt nicht. Das jüdische Volk ist nicht einfach wankelmütig. Es ist auf unerklärliche Art heimtückisch und boshaft, es zeigt einen unbegründeten Haß, der deutlich irgendeinem Ziel des Erzählers dient, aber keine glaubhafte Grundlage in der Wirklichkeit hat.

Man sollte beachten, daß Barabbas nur im letzten Bericht, dem des Johannes, als »Bandit« beschrieben wird. Die früheren drei Berichte bezeichnen ihn als

Aufrührer. Offenbar will Johannes die sinnlose Bosheit der Juden noch stärker herausstreichen, indem er sie darstellt, wie sie einen gewöhnlichen Räuber Jesus vorziehen. Die Worte »Räuber« und »Bandit« sind immer wieder in der Geschichte benutzt worden, um Freiheitskämpfer zu verunglimpfen. Mit dem griechischen Wort für »Bandit« (lestes [ληστής]) wurden die jüdischen Freiheitskämpfer häufig von jenen bezeichnet, die ihnen ablehnend gegenüberstanden. Auch wirkliche Räuber gewinnen nie allgemeine Wertschätzung, wenn sie nicht irgendwelche sozialen Ziele haben, zum allermindesten eine Neigung, die Reichen zu berauben und den Armen zu helfen. In Johannes' Bericht bevorzugten die Juden Barabbas einfach, weil er ein Räuber war. Sie bleiben ohne jede Entschuldigung für ihre Wahl.

Der historische Zweck, zu dem die Barabbasgeschichte verwendet wurde, ist ziemlich klar. Sie wurde immer wieder als Waffe gegen die Juden gebraucht, als Beweis, daß die Verantwortung für den Tod Jesu nicht bei einer Minderheit von Priestern oder Ältesten lag, sondern bei *dem ganzen jüdischen Volk*. Um sich als das wahre Israel durchzusetzen, war es für die christliche Kirche lebensnotwendig zu beweisen, daß die Juden ihrer Stellung als Volk Gottes durch den Verrat an Jesus verlustig gegangen waren und daß alle »Verheißungen« sich jetzt nicht mehr auf die Juden, sondern auf die christliche Kirche bezogen. Diese Geschichte war folglich von größter Bedeutung, denn sie zeigte, wie die Juden Jesus ablehnten und die Verantwortung für seine Kreuzigung auf sich nahmen. Der Schrei der jüdischen Menge »Kreuzige ihn! Kreuzige ihn!« war die Grundlage für die Behandlung der Juden als schuldiges Volk durch die Christen.

War das der eigentliche Zweck der Barabbasgeschichte, oder war dies eine Deutung, die ihr die christliche Kirche gab? War die Barabbasepisode einfach eine in den Bericht eingefügte Erfindung, um die Juden in Verruf zu bringen und ihnen die gemeinsame Verantwortung für den Tod Jesu aufzuladen? Falls das zutrifft, wie entstand dann die Geschichte? Es muß doch wohl einen wahren Kern gegeben haben, mag sie nachträglich auch noch so viele Entstellungen erfahren haben! Wie können wir die Massenszene vor Pilatus' Amtssitz, das Rufen der Menge nach Freilassung eines Gefangenen, den Namen »Barabbas« selbst erklären? Auch wenn wir die Geschichte als buchstäbliche Wahrheit ablehnen, müssen wir sie als ein Element der Evangelien irgendwie erklären.

Eine andere Schwierigkeit in der Barabbasgeschichte, ebenso verwirrend wie das widersprüchliche und heimtückische Verhalten des Volkes, ist die Rolle, die der römische Statthalter Pilatus spielt. Anders als Barabbas wird Pilatus in Schriften außerhalb des Neuen Testaments erwähnt. Es ist deshalb möglich, eine unabhängige Wertung seines Charakters zu erhalten. In den Evangelien wird er als milde und gutmütig dargestellt. Das Bild, das aus den Berichten von Philo und Josephus ersteht, ist ein ganz anderes: Danach ist er grausam, habsüchtig und korrupt. Er war für viele ungerechte Hinrichtungen verantwortlich und wurde schließlich

seines Amtes enthoben, weil er ein sinnloses Blutbad anrichtete. Das Neue Testament enthält einen Hinweis darauf in seinem Bezug auf die »Galiläer, die Pilatus beim Opfern umbringen ließ, so daß sich ihr Blut mit dem ihrer Opfertiere vermischte« (Lk. 13,1). Dennoch zeigt die Barabbasepisode das Bild eines Mannes, der schlimmstenfalls der Schwäche angeklagt werden kann, eine wohlmeinende Person, ängstlich darauf bedacht, Ungerechtigkeit zu vermeiden, dem Blutvergießen abgeneigt, jedoch leicht von einem feindseligen Mob einzuschüchtern.[2]

Aber auch wenn Pilatus ein redlicher, gewissenhafter Beamter gewesen wäre, hätte die Rolle, die ihm in der Barabbasepisode gegeben wird, weder Hand noch Fuß. Warum sind ihm die politischen Folgerungen des Titels »König der Juden« so wenig bewußt, daß er Jesus der Menge tatsächlich als ihren König vorstellt? Warum ist er angesichts der Entschlossenheit der Menge, den Tod Jesu zuwege zu bringen, so hilflos? Wenn er wirklich von der Unschuld Jesu überzeugt ist, gibt es nichts, was ihn davon abhalten könnte, ihn freizulassen.

Das »Passahvorrecht« selbst ist ein weiteres zweifelhaftes Element in der Geschichte. Es gibt in keiner anderen Quelle ein Zeugnis dafür, daß ein solches Recht bestand, und es ist an sich unwahrscheinlich, daß von allen Völkern des Reiches allein den Juden das einzigartige Vorrecht gewährt worden wäre, einen der Aufwiegelung beschuldigten Gefangenen freizubekommen. Es wäre einem römischen Statthalter kaum möglich gewesen, in einer aufsässigen Provinz die Ordnung aufrechtzuerhalten, wenn Unruhestifter dreimal im Jahr[3] nach der Laune eben der Volksmenge, von der am ehesten Aufwiegelung zu erwarten war, freigelassen werden konnten. Die Wissenschaftler betrachten das »Passahvorrecht« heute nahezu einmütig als erfunden.[4]

Das allgemeine *Ziel* der Geschichte ist, soweit es um Pilatus geht, die Schuld der Juden zu vergrößern, indem die Römer entlastet werden. Obgleich die endgültige Entscheidung, Jesus hinzurichten, von Pilatus kam und das Urteil an sich und die Hinrichtungsmethode römisch waren, gelingt es den Verfassern der Evangelien zu

---

2 Frühe christliche Schriften des 1. und 2. Jahrhunderts betrachten Pilatus als einen frommen Mann, der in der Sache der Kreuzigung völlig schuldlos war. Pilatus wurde in der Äthiopischen Kirche tatsächlich als Heiliger kanonisiert. Die erste kritische Anmerkung zu Pilatus' Verhalten findet sich in den Schriften von Eusebius (um 300 chr. Ztr.), und von da an setzte sich die vertraute Ansicht durch, Pilatus sei wohlmeinend, aber schwach und unfähig – ein moralischer Feigling – gewesen. Dieser Eindruck entsteht aus Widersprüchen in der Evangeliengeschichte, nicht durch irgendeine Absicht der Evangelienschreiber. Ihr Ziel war es zu zeigen, daß Pilatus durch die Bosheit der Juden gezwungen war, in den Mord an Jesus einzuwilligen; aber weil die Geschichte keinen wirklichen Grund für diese Einwilligung gibt, wurde der Charakter des Pilatus allmählich als schwach gedeutet.

3 Nur Johannes bezeichnet Passah als die Zeit, zu der die Menge das Recht hatte, einen Gefangenen freizubekommen. Die anderen Evangelien sagen »zum Fest«, und es gab drei Pilgerfeste: Passah, Erntefest und Laubhüttenfest.

4 Siehe WINTER 1973, p. 94; BRANDON 1968a, p. 259; COHN 1971, p. 166*sq*.

zeigen, daß die Römer nicht wirklich verantwortlich waren! Der Statthalter war sowohl vom »Passahvorrecht« als auch von der Haltung der jüdischen Menge unter Druck gesetzt. Pilatus konnte nichts anderes tun, als seine Hände zu waschen und sich dem Unvermeidlichen zu beugen. Wenn man jedoch die Konstruktion der Geschichte untersucht, bemerkt man eine Art optischer Täuschung. Es wird kein echter Grund für Pilatus' Hilflosigkeit angeführt.

Wir können unsere Untersuchung an diesem Punkt erweitern und die Frage stellen: »Welche Rolle spielen die Römer in den Evangelien?« Oder besser: *»Wo sind die Römer in den Evangelien?«* Die Antwort ist, daß sie kaum erwähnt werden. Jeder, der mit jüdischer Geschichte etwa zur Zeit Jesu vertraut ist, muß dies sehr verblüffend finden. Der unumstößliche politische Tatbestand jener Zeit war die römische Besetzung Judäas, wo die letzte Spur politischer Unabhängigkeit erst ganz kurz vorher erloschen war (im Jahr sechs, als Jesus ungefähr zwölf Jahre alt war). Dennoch wird in den Evangelien die römische Besetzung als eine uninteressante oder unwichtige Angelegenheit behandelt. Es ist, als würde jemand über Frankreich in den Jahren 1940–1945 schreiben, ohne zu erwähnen, daß es von Nazideutschland besetzt war. Und für die Juden (wie für die Franzosen) war nationale Freiheit nicht einfach eine Sache der Politik; sie war auch von großer geistiger Bedeutung.

In allen vier Evangelien kommt das Wort »Römer« nur einmal vor (bei Johannes 11,48). Das ist eine ungewöhnliche Tatsache, die erklärt werden will. Es ist wie bei dem Hund der Sherlock-Holmes-Geschichte, der nicht bellte: Die *Abwesenheit* der Römer ist von höchster Bedeutung.

Nur zweimal wird römischen Darstellern eine Rolle zugewiesen. Beim erstenmal geht es um Pilatus in der Geschichte, über die wir nachgedacht haben. Die andere Gelegenheit betrifft den römischen Hauptmann, der Jesus am Kreuz bewacht und sagt: »Wahrhaftig, dieser Mensch ist Gottes Sohn gewesen«, wobei sein Betragen dem der Juden gegenübergestellt wird, die man zeigt, wie sie Jesus am Kreuz schmähen. Beide Gelegenheiten sind ausgesprochen wohlwollend für die Römer. Nach dieser Darstellung empfinden Pilatus und der Hauptmann den göttlichen Rang Jesu und bedauern seine Leiden, im Gegensatz zu den Juden, die blind gegenüber seiner Göttlichkeit sind und ihn zu Tode hetzen.[5]

Die Evangelien sind also anscheinend nicht nur antijüdisch, sondern auch prorömisch, und das sieht dann so aus, daß sie alles übergehen und auslassen, was

---

[5] Ein anderer römischer Hauptmann, der in Zusammenhang mit dem kranken Sklaven einen starken Glauben an Jesus erkennen läßt, wird bei Matthäus und Lukas erwähnt (Mt. 8; Lk. 7). Lukas' Bericht ist keineswegs nachteilig für die Juden; aber Matthäus ändert die Geschichte. Er läßt die Tatsache aus, daß Jesus die Heilung auf Ersuchen der Juden durchführte, an die der Hauptmann sich um Hilfe gewandt hatte, und fügt die Moral hinzu, die Juden würden »in die Finsternis hinausgestoßen«. So bringt er die Geschichte in eine Linie mit der Geschichte von dem anderen Hauptmann, indem er nichtjüdischen Glauben jüdischem Unglauben gegenüberstellt.

die Römer in ein ungünstiges Licht setzen könnte (z.B. ihre Herrschaft über Judäa, ihren Götzendienst, ihre Habgier, ihre Grausamkeit); außerdem werden die Römer als den Juden geistig überlegen dargestellt.

Warum sind die Evangelien den Juden feindlich gesinnt und den Römern gewogen? Um diese Frage zu beantworten, müssen wir den historischen Hintergrund der Evangelien untersuchen: die Geschichte der Zeit, in der Jesus lebte, und *auch* der Zeit (einer späteren), in der die Evangelien geschrieben wurden. Es wird notwendig sein, die politische Geschichte der Juden zu untersuchen und besonders die schattenhaften Gestalten der Römer, die in den Evangelien kaum eine Statistenrolle zu spielen haben, in den Vordergrund zu holen. Es wird notwendig sein, die verschiedenen jüdischen Sekten und Parteien lebendig werden zu lassen, deren Namen in den Evangelien kaum unterschieden werden, da sie dort alle in ihrer feindseligen Gesinnung gegen Jesus vereint sind. Und schließlich wird es notwendig sein, die Menschen, die die Evangelien *geschrieben* haben, aus der Nähe zu betrachten, um herauszufinden, warum sie so schrieben, warum ihr Standpunkt so antijüdisch und prorömisch war.

Sobald wir das getan haben, können wir uns der ganzen Geschichte mit mehr Verständnis nähern und hoffen, die wahre Bedeutung Jesu und seiner Bewegung richtig zu würdigen. Insbesondere werden wir eine Lösung der Barabbasepisode, in der alle zentralen Schwierigkeiten der Evangeliengeschichte eingeschlossen sind, anbieten können.

Kapitel 2

Wie die Römer kamen

Die römische Besetzung bedeutete für die Juden eine Entweihung des Heiligen Landes des Einen wahren Gottes durch ein Volk von grausamen und bösen Götzendienern. Sie war ein Hohn auf 2000 Jahre jüdischer Geschichte, die der Verherrlichung der Freiheit und der Weigerung, Versklavung hinzunehmen, gewidmet waren. Daß das Volk Gottes seiner Eigenständigkeit beraubt werden sollte, war etwas Schreckliches und Unverständliches, das nur als die Einleitung eines neuen Dramas der Befreiung, größer noch als der Auszug aus der Sklaverei Ägyptens, die Rückkehr aus Babylon oder die Vertreibung der griechischen Imperialisten 200 Jahre vorher, verstanden werden konnte.

Jesus jedoch wird in den Evangelien geschildert, als habe er die Besetzung vergessen. Er scheint das Recht der Römer, Palästina mit ihren Soldaten zu beherrschen, das Land für ihre übertriebenen Steuern bluten zu lassen und zu morden und zu kreuzigen, wann immer ihre Macht herausgefordert wurde, nicht in Frage zu stellen. Nach den Evangelien ließ Jesus sich nur bei einer Gelegenheit herab, über das Problem, das die Besetzung darstellte, nachzudenken. Das war, als die Pharisäer und die Herodianer (eine seltsame Zusammenstellung, wie wir sehen werden) ihn fragten: »Ist's recht, daß man dem Kaiser Steuern zahlt oder nicht?« Die Antwort Jesu, »So gebt dem Kaiser, was des Kaisers ist, und Gott, was Gottes ist«, ist unterschiedlich ausgelegt worden. Für den Augenblick halten wir lediglich fest, daß dieses einzelne Ereignis eine sehr unzulängliche Erwähnung der unerhörten Tatsache der römischen Besetzung ist.

Die Gründe für die Unterdrückung von Hinweisen auf die Römer in den Evangelien werden später im Zusammenhang mit der politischen Situation zur Zeit der Zusammenstellung der Evangelien erörtert werden. An diesem Punkt ist es wichtig zu versuchen, die Situation zu vergegenwärtigen, wie sie wirklich war, zu sehen, daß zu Lebzeiten Jesu Palästina keine befriedete römische Provinz wie Gallien oder Griechenland war, daß die Juden mit der römischen Herrschaft alles andere als ausgesöhnt waren und daß es mehrere ernst zu nehmende Aufstände gab, die darauf zielten, die Römer hinauszuwerfen.

Wie kam es dazu, daß die Römer in Palästina standen? Wie betraten sie zuerst das Land? In welchen Stufen festigten sie ihre Macht über das jüdische Volk und gliederten es in ihr Reich ein?

Die Juden konnten ihre Geschichte weiter als jedes andere Volk außer den Ägyptern zurückverfolgen. Sie hatten ihre Unabhängigkeit viele Male vorher verloren, doch war es ihnen immer wieder gelungen, sie zurückzugewinnen. Trotz ihrer hoffnungslosen Lage als kleines Volk in einer Welt kriegführender Reiche sahen sich die Juden als ein im wesentlichen freies, sich selbst regierendes Volk, nicht als Vasallenstaat, der gezwungen war, sich dem einen oder anderen Machtblock zu unterwerfen. Tatsächlich jedoch war es lange her, daß sie ein starker souveräner Staat innerhalb gesicherter Grenzen gewesen waren – im Grunde seit den Tagen Davids und Salomos nicht mehr (um 1000 v. d. chr. Ztr.). Von dieser Zeit an waren die Juden zwischen den Mühlsteinen von Großmächten, deren Heere kreuz und quer durch das Land zogen, zermahlen worden. 722 v. d. chr. Ztr. kam Assyrien und führte einen großen Teil ihres Volkes ins Exil – die verlorenen zehn Stämme Israels. Die Zurückgelassenen wurden nach dem Stamm Juda, dem größten übrigbleibenden Stamm, als Juden bekannt. Später wurden auch diese aus dem Land vertrieben und nach Babylon gebracht; aber als die milde Regierung des Persischen Reiches Babylon ablöste, durften sie zurückkehren und ihren Staat wieder errichten (516 v. d. chr. Ztr.). Nun wurde unter Esra und seinen Nachfolgern eine republikanische Theokratie errichtet, regiert vom Gesetz Mosis, wie es Schriftgelehrte und Priester auslegten.

Das Persische Reich wurde von den Griechen unter Alexander dem Großen zerstört. Alexander eroberte Palästina 332 v. d. chr. Ztr., behandelte aber die Juden mit einer gewissen Hochachtung und sah darauf, daß ihre Verfassung nicht beeinträchtigt wurde. Nach Alexanders Tod wurde das Reich unter seinen Nachfolgern geteilt, die häufig Kriege gegeneinander führten. Zuerst standen die Juden unter den Ptolemäern, die von Ägypten aus regierten und eine tolerante Dynastie waren; aber später kamen sie unter die härtere Herrschaft der Seleukiden, die von Syrien aus regierten. Einer von diesen war es, der die Juden zum Aufstand anstachelte, als er sie zu zwingen versuchte, ihr Judentum aufzugeben und die hellenistische Lebensweise, verbunden mit der Verehrung seiner Person als Gott, anzunehmen. Die Juden fanden einen Führer, Judas Makkabäus, der in einer Reihe von Schlachten die Heere der syrisch-griechischen Dynastie 160 v. d. chr. Ztr. aus Palästina vertrieb und die Grundlagen eines unabhängigen jüdischen Staates schuf. Der Grad von Unabhängigkeit, den die Juden erreichten, war höher als in den davorliegenden 500 Jahren.

Diese Unabhängigkeit konnte jedoch nicht von Dauer sein. Sie war ein Ergebnis der Wirren und des »Machtvakuums«, die auf den Tod Alexanders folgten und schließlich durch den Aufstieg der Römer zu größter Macht entschieden wurden. Auch nachdem die Römer die Oberhand über jede andere Macht in der Region gewonnen hatten, konnten die Juden noch eine Zeitlang eine begrenzte, ungewisse Unabhängigkeit wahren. Die Römer waren noch damit beschäftigt, sich untereinander die Kontrolle über ihre Eroberungen streitig zu machen. Aber sobald die

inneren Auseinandersetzungen durch die Errichtung der kaiserlichen Dynastie des Augustus beigelegt waren, war die jüdische Unabhängigkeit verloren.

Es war Ironie, daß die Römer auf der Szene der jüdischen Geschichte zuerst in der Verkleidung von Freunden in Erscheinung traten. Judas Makkabäus schloß, nachdem er die Syrer-Griechen vertrieben hatte, einen Freundschaftsvertrag mit Rom (160 v. d. chr. Ztr.). Rom war damals bereits bei den Seleukidenherrschern von Syrien sehr gefürchtet, und der Vertrag sollte die Juden vor einer neuerlichen Invasion der Griechen schützen. Es ist jedoch eine Binsenweisheit der Geschichte, daß eine kleine Macht den Schutz einer großen Macht auf eigene Gefahr erbittet. Die Juden entgingen den Griechen nur, um in den Einflußbereich der Römer zu geraten. Das wurde allerdings ziemlich lange nicht offenbar, und somit war eine wertvolle Pause gewonnen, in der der jüdische Kampfgeist Gelegenheit hatte, wieder zu erwachen.

Ein Ausbruch von Zwietracht in der jüdischen Königsfamilie war die unmittelbare Ursache für das direkte Eingreifen der Römer in jüdische Angelegenheiten. Diese königliche Dynastie, die Hasmonäer, waren die Nachkommen der Makkabäerbrüder, angeführt von Judas, der die Syrer-Griechen vertrieben hatte. (Der Name »Hasmonäer« leitet sich von Judas' Urgroßvater Hasmon ab.) Die frühen Hasmonäer waren von religiösen Idealen angetrieben worden und wurden von der religiösen Partei der Chassidim (später Pharisäer genannt) unterstützt. Als sie sich jedoch weltliche Ziele zu eigen machten und den Titel »König« annahmen, kehrten sich die Pharisäer öffentlich von ihnen ab, und die Beziehungen zwischen ihnen wurden äußerst feindselig.

Es gab eine kurze Zeit, zwischen 76 und 67 v. d. chr. Ztr., während der Königin Alexandra zum frühen hasmonäischen Ideal zurückkehrte und in Eintracht mit den Pharisäern regierte. Aber nach ihrem Tod begannen ihre beiden Söhne Aristobulus und Hyrkanus einen Streit um die Nachfolge, und das war der Anlaß, der zur römischen Intervention in Gestalt der Armee Pompeius' des Großen führte.

Pompeius kämpfte zu diesem Zeitpunkt gegen Mithridates, den König von Pontus (Kleinasien). Einer seiner Offiziere namens Scaurus war in Damaskus stationiert und hörte von dem Bürgerkrieg zwischen den beiden Hasmonäerbrüdern Aristobulus und Hyrkanus in Palästina. Scaurus witterte Profit und bot seine Vermittlung an. Beide Brüder waren bereit, ihm die Summe von 400 Talenten für seine Unterstützung zu zahlen. Scaurus kam zu dem Schluß, daß er sein Geld mit größerer Wahrscheinlichkeit von Aristobulus bekäme, dem er dann auch half, indem er eine drohende Nachricht an Hyrkanus' Verbündeten schickte, den arabischen König Harith, der sofort das Feld räumte. Ein anderer Offizier des Pompeius, Gabinius, holte ebenfalls riesige Bestechungsgelder aus Aristobulus heraus. Der römische Geier war angekommen, und dies bedeutete das Ende der jüdischen Unabhängigkeit. Von jetzt an wußten die Römer, daß es aus Palästina reiche Gewinne herauszuholen gab.

Der andere Hasmonäerbruder, Hyrkanus, hatte einen außerordentlich klugen Minister namens Antipater, der sich auf die Kunst des Geschäftemachens mit den Römern verstand. Antipater war von Geburt Araber (Edomiter), gehörte aber der jüdischen Religion an, weil er aus einem Gebiet kam, das erobert und gewaltsam bekehrt worden war. Als Pompeius selbst in den Süden nach Syrien kam, nachdem er Mithridates geschlagen hatte, gewann ihn Antipaters listige Diplomatie für die Unterstützung des Hyrkanus. Aristobulus' Bestechungsgelder waren umsonst ausgegeben worden, und Aristobulus beging den Fehler, sich gegen Pompeius zur Wehr zu setzen. Aristobulus verschanzte sich in Jerusalem und trotzte den Römern. Pompeius hatte eine gut geschulte Armee aus zehn Legionen (50000 Mann), eine der gewaltigsten Armeen, die man in der Region jemals gesehen hatte. Mit typisch römischem methodischem Geschick belagerte und nahm er Jerusalem. Zum Entsetzen der Juden betraten die römischen Soldaten den Tempel, in den nur Priester den Fuß setzen durften. Die Priester waren damals gerade dabei, Opfer darzubringen, und weigerten sich, den Gottesdienst zu unterbrechen, worauf die römischen Soldaten sie niederschlugen. Dann betrat Pompeius selbst voller Neugier das Allerheiligste, den heiligsten Ort, wohin nur der Hohepriester gehen durfte, und auch das nur einmal im Jahr am Versöhnungstag. Er fand dort kein Bildnis vor und bestätigte so die Behauptung der Juden, daß sie einen unsichtbaren Gott verehrten. (Von den Griechen Alexandrias verbreitete Gerüchte besagten, das Allerheiligste enthalte das Bildnis eines Esels.) Pompeius beraubte den Tempel nicht seiner Schätze, aber allein die Tatsache, daß ein Nichtjude das Allerheiligste ungestraft betreten konnte, war ein schrecklicher Schlag für die Juden. Der hasmonäische Traum von Unabhängigkeit war zu Ende. Der ganze Vorfall war eine Art von Probe im Kleinen für das tragische Drama des Jüdischen Krieges gegen Rom 133 Jahre später, als der Tempel dem Erdboden gleichgemacht wurde. Die Massaker dieses Krieges sollten die 12000 von der Armee des Pompeius getöteten Juden im Vergleich dazu als eine bloße Handvoll erscheinen lassen.

Pompeius' Sieg über Aristobulus führte, eigentlich recht ironisch, nicht zur Einsetzung von Hyrkanus als König, sondern zur Ernennung des gewitzten Antipater zum Statthalter, während Hyrkanus auf den Posten des Hohenpriesters abgeschoben wurde. Auf diese Art führte Pompeius die römische Politik ein, Palästina durch einheimische Quislinge zu regieren, denen die Verantwortung übertragen wurde, den »Tribut« in Form von Geld und Getreide einzutreiben, was das eigentliche Motiv für Roms Eroberungspolitik war.

Antipater wurde jetzt Roms Hauptverbündeter in Palästina. Er half den raubgierigen Offizieren Scaurus und Gabinius, ungeheure Summen als Schutzgeld aus Harith, König von Nabatäa, und Ptolemäus, König von Ägypten, herauszupressen. Wann immer die Juden versuchten, sich gegen die römische Herrschaft aufzulehnen, handelte Antipater auf der Seite Roms. Als zum Beispiel die Juden von Galiläa,

durch eine schwere römische Niederlage in Parthien ermutigt, sich in einem Aufstand erhoben, half Antipater Cassius (dem Freund des Brutus), sie zu vernichten. Er gewann auch viele einflußreiche Freunde unter den Römern, darunter einen jungen Mann namens Marcus Antonius, der damals am Anfang seiner Karriere als Kämpfer im Nahen Osten stand.

Nach Pompeius' Tod schloß Antipater sich dem neuen Stern, Julius Cäsar, an und war ihm bei seinen Feldzügen in Ägypten außerordentlich hilfreich. Aus Dankbarkeit gab Cäsar Antipater den römischen Titel eines Prokurators und verlieh ihm das volle römische Bürgerrecht einschließlich der Steuerfreiheit. Julius Cäsar empfand, anders als die meisten römischen Truppenführer, eine gewisse Sympathie für die Juden und Hochachtung vor ihnen (hierin ähnelte er seinem griechischen Gegenstück, Alexander dem Großen); aber auch Cäsar vergaß den Zweck des römischen Imperialismus in Palästina nicht. Er verfügte, daß ein Viertel der Ernte jedes Jahr (außer im siebten, das nach jüdischem Gesetz ein Brachjahr war) als Tribut an Rom gezahlt werden sollte. Das mag als eine ziemlich drückende Steuer erscheinen, aber es wurde von den Juden nach den Jahren der Ausplünderung seit der Eroberung durch Pompeius als Erleichterung empfunden. Korrupte Offiziere wie Scaurus hatten sich bereichert, der Tempel (dessen Schätze von Pompeius verschont geblieben waren) wurde 53 v.d.chr.Ztr. von Crassus um 10 000 Talente Gold beraubt, und Steuern von uneinheitlicher Höhe wurden erhoben und zur Eintreibung an Steuereinzieher oder »Zöllner« verpachtet, die, gestützt durch die Macht der römischen Legionen, jede Grausamkeit anwendeten, um die Zahlung sicherzustellen. Cäsar verbot die Steuerverpachtung und schützte die Spenden an den Tempel, die regelmäßig von jüdischen Gemeinden von Spanien bis Babylonien geschickt wurden. Er schützte auch jüdische Bürgerrechte und die Freiheit des Gottesdienstes in der ganzen römischen Welt. Als Julius Cäsar ermordet wurde, betrauerten ihn alle Juden des Reiches.[1] Wenn spätere römische Herrscher wie er gewesen wären, hätte es keinen Jüdischen Krieg gegeben.

Es sollte an diesem Punkt hervorgehoben werden, daß die Juden Palästinas nur einen Teil des jüdischen Volkes bildeten. In Palästina lebten ungefähr drei Millionen und eher mehr als drei Millionen außerhalb (Klausner 1950, 1. Buch, *cap.* 3, p. 47) Die Juden hatten zu so vielen Reichen gehört, daß die zentrifugalen Kräfte von Reichsbildungen sie über die ganze damals bekannte Welt verschlagen hatten. Es gab sogar eine jüdische Gemeinde in Indien, die 175 v.d.chr.Ztr. entstanden war, als Alexanders indische Eroberungen noch Verbindung mit dem Hellenismus hatten.

[1] Übrigens war eines der Gunstzeichen Cäsars gegenüber den Juden, daß Hyrkanus, dem Hohenpriester, und allen jüdischen Gesandten bei römischen Gladiatorenkämpfen und Tierhetzen freie Plätze gewährt wurden. Die Stellungnahmen des Hyrkanus und der jüdischen Gesandten zu diesem Gunstbeweis sind nicht überliefert (Jos. ant. XIV 10,6).

Jüdische Siedlungen in Afrika und Spanien waren in der Folge des Karthagerreiches entstanden. Die Juden waren unternehmungslustige Händler und wurden auch von den sich ablösenden Reichen als Soldaten verwendet. In Alexandria, der bedeutenden hellenistischen Stadt Ägyptens, belief sich die jüdische Gemeinde auf ungefähr 500000. Die große und blühende Gemeinde von Babylon, die unter den Parthern faktische Selbstregierung besaß, stammte aus der Zeit des Babylonischen und des Persischen Reiches. Aber die Juden in der Diaspora oder Zerstreuung, wie man es nannte, behielten ihre Identität aufgrund ihrer besonderen Religion. Außerdem brachten es häufige Pilgerreisen nach Jerusalem zu den Hauptfesten mit sich, daß die Verbindung mit der Heimat erhalten blieb.

Nach Cäsars Tod 44 v.d.chr.Ztr. hatten die Juden in Palästina bald guten Grund zu trauern, denn Cassius, dem es, anders als Brutus, nicht zuwider war, daß er »aus der Bauern harten Hände / die jämmerliche Habe winden sollte / durch irgendeinen Schlich«, forderte sofort Steuern von 700 Talenten. Antipater wurde befohlen, diese Summe zu erheben. Als einige Juden nicht willens waren zu zahlen, verkaufte Cassius die gesamte Bevölkerung von vier Städten in die Sklaverei. Vermutlich als Folge hiervon wurde Antipater mit Gift ermordet, und seine Rolle ging auf seinen Sohn Herodes, später »der Große« genannt, über.

Herodes war so gerissen und unbeirrbar wie sein Vater. Seine außergewöhnlichen Fähigkeiten waren während seines ganzen Lebensweges darauf gerichtet, das jüdische Königreich zu einem wesentlichen Bestandteil des Römischen Reiches zu machen. Er war klug genug zu bemerken, daß dieses Ziel nicht zu erreichen war, wenn man das Judentum unterdrückte oder die spezifische jüdische Kultur zerstörte. Er rückte also die Ansprüche der Juden auf besondere Rücksichtnahme, die sie als Träger eines Glaubens von ehrfurchtgebietendem Alter und großer Reinheit geltend machten, nach besten Kräften in den Vordergrund. Er baute den Tempel wieder auf, mit so großzügigem Aufwand, daß er sogar von den Griechen als eines der Weltwunder bestaunt wurde. Herodes war ein tüchtiger Verwaltungsmann, und seine schlaue Handhabung des Handelsverkehrs mit Arabien brachte seinem Land große Gewinne (Perowne 1957, p. 173*sq.*).

Trotz allem mißglückte es Herodes jedoch auf ganzer Linie, das jüdische Volk mit seiner Zugehörigkeit zum Römischen Reich auszusöhnen. Obwohl nach außen erfolgreich, wurde sein Privatleben immer mehr verdüstert, er entfernte sich von seinem Volk, und er starb als freundloser Tyrann. In dem Augenblick, in dem sein Tod verkündet wurde, erhoben sich die Juden in einem Aufstand gegen ihre römischen Oberherren.

Herodes gelang es vor allem deshalb nicht, sein Ziel zu erreichen, weil er als Fremder das jüdische Naturell und Selbstverständnis nicht begriff. Herodes war, wie sein Vater Antipater, sehr ehrgeizig; aber seinen Horizont bildeten die Grenzen des Römischen Reiches. Der Gipfel seines Ehrgeizes war, auf der Bühne des

Reiches eine bedeutende Rolle zu spielen, als Ebenbürtiger oder fast Ebenbürtiger mit Männern wie Antonius und Augustus befreundet zu sein. Er hatte kein echtes Verständnis für den jüdischen Ehrgeiz. Da sie ihre Hoffnungen auf die Ankunft des Messias gerichtet hatten, waren die Juden von Herodes' ganzer Herrlichkeit nicht beeindruckt und von seiner Vision der jüdischen Rolle innerhalb des Römischen Reiches nicht begeistert. Herodes' Weg war sicher der Weg des gesunden Menschenverstandes. Der andere Weg führte in den direkten Konflikt mit Rom, zur Beseitigung der Sonderstellung und ins Exil; aber der Protest gegen den »Frieden« Roms war Teil der jüdischen Sendung. Sie hatten nicht das Rote Meer durchquert, vierzig Jahre in der Wüste verbracht, die Reiche Assyriens, Babyloniens, Persiens und des Hellenismus überlebt, nur um als zufriedene Teilhaber der römischen Kultur zu enden.

Herodes' Stellung war die eines »Vasallenkönigs«. Das brachte gewisse Privilegien mit sich, denn Vasallenkönigreiche mußten, anders als abhängige Provinzen, nicht direkt an Rom Steuern zahlen oder sich dem Militärdienst im römischen Heer unterziehen. Dennoch war Palästina wie die anderen Vasallenkönigreiche des Nahen Ostens (Armenien, Kappadozien, Galatien und Kommagene) durch und durch Teil des Römischen Reiches. Die Hauptaufgaben eines Vasallenkönigs waren, sein Königreich in gutem Zustand und Rom ergeben zu halten und Angriffe von Roms Feinden an den Grenzen des Reiches zurückzuschlagen. Herodes konnte keine wichtige Entscheidung ohne Erlaubnis des Kaisers treffen, selbst wenn sie seine eigene Familie anging. Er mußte damit rechnen, nach Rom gerufen zu werden, um Rechenschaft über sein Tun abzulegen oder sich zu gegen ihn erhobenen Vorwürfen zu äußern. Er konnte jederzeit abgesetzt werden, wenn er sich als unfähig oder unzuverlässig erwies.

Unter dem Regime des Herodes blieben die Juden Palästinas von den offenkundigeren Demütigungen römischer Herrschaft jedoch verschont. Keine römischen Armeen fielen in das Land ein wie in den Tagen von Pompeius oder Cassius, um Tribut zu fordern und säumige Zahler in die Sklaverei zu verkaufen. Herodes hatte seine eigene, von Juden befehligte Armee. Als der römische Staatsmann Agrippa 15 v.d.chr.Ztr. nach Palästina kam, erschien er nicht mit einer Armee, sondern als Besucher, als Herodes' Freund, und zeigte mit großzügigen Festessen und einer freigebigen Spende für den Tempel, daß er die freundliche Aufnahme durch Herodes zu würdigen wußte. Es war, wenigstens an der Oberfläche, ein Regierungssystem der Koexistenz. Während Herodes rücksichtslos alle Kundgebungen des jüdischen Nationalismus, die eine antirömische Tendenz hatten, unterdrückte, förderte er unpolitische Äußerungen des jüdischen Geistes, so die Rechtsstudien der Pharisäer und die mönchische Askese der Essener. Doch gleichzeitig ging der Prozeß der Romanisierung unauffällig weiter. Herodes errichtete den jüdischen Tempel wieder; aber er baute auch einen Tempel für den »göttlichen« Augustus. Er schickte seine

Söhne nach Rom, um sie dort erziehen zu lassen. Und er führte die »Aktischen Spiele« im griechisch-römischen Stil ein, mit Wagenrennen, Theateraufführungen, sportlichen Ereignissen und Gladiatorenkämpfen um Leben oder Tod.

Nach anfänglicher Opposition gegen Herodes (wegen der ungesetzlichen Hinrichtung des galiläischen Patrioten Esekias in den Tagen, als Herodes' Vater Antipater noch lebte) und nachdem sie Martyrien durch ihn erlitten hatten, als er sich des Throns bemächtigte, wurden die Pharisäer eine Zeitlang durch seine kluge Politik freundlich gestimmt. Aber sie merkten allmählich, in welche Richtung Palästina sich bewegte, und Herodes' Regierung endete, wie sie begonnen hatte, mit der Opposition der Pharisäer gegen seine Romanisierungspolitik. Die Sadduzäer andererseits, die ursprünglich die erbittertsten Gegner des Herodes gewesen waren (weil sie loyal zu den Priester-Königen aus dem hasmonäischen Haus hielten), hörten auf, sich gegen ihn zu stellen. Es gab keine Hasmonäer mehr; Herodes hatte sie alle ausgerottet. Der Hohepriester war jetzt immer ein Geschöpf des Herodes, der Hohepriester nach Belieben ernannte und entließ. Und da der Hohepriester immer der Mittelpunkt des religiösen Lebens der Sadduzäer war, hatte jeder, dem es gelang, ihn zu kontrollieren, auch die Kontrolle über die Sadduzäer. Sie wurden fügsame Kollaborateure des Herodes und der Römer.

Als Herodes nach bemitleidenswerten, von Wahnsinn und Mord verzerrten Altersjahren starb, sahen sich die Juden allmählich den Realitäten römischer Macht gegenüber. Nicht mehr von Herodes' mächtigem Einfluß bei den römischen Führern geschützt, erfuhren sie, wie weit Herodes sie den Römern in die Hände gegeben hatte. Unter den bitteren Bedingungen dieses Erwachens verbrachte Jesus seine Kindheit.

Kapitel 3

Die römische Verwaltung

Nach dem Tod des Herodes 4 v.d.chr.Ztr. gab es keinen, der seine Rolle als Vasallenkönig hätte fortsetzen können, eine Rolle, die gänzlich auf seinen persönlichen Talenten und seiner Fähigkeit, Freundschaften mit den römischen Oberherren zu schließen, beruht hatte. Im wahnhaften Mißtrauen seiner letzten Tage hatte er seine befähigteren Söhne ermordet und seinen Sohn Archelaus zu seinem Nachfolger bestimmt, einen Mann, der die Grausamkeit seines Vaters, aber nicht dessen Schlauheit geerbt hatte. Diese Ernennung mußte jedoch von Kaiser Augustus bestätigt werden, denn kein Vasallenkönig konnte automatisch seinen Nachfolger aussuchen. Ehe Archelaus nach Rom reisen konnte, um Augustus' Billigung zu erhalten, sah er sich einer Empörung der Pharisäer oder »Lehrer der Gesetze« gegenüber, die sich mit Herodes unmittelbar vor seinem Tod im Streit befunden hatten. Er erledigte die Angelegenheit summarisch, indem er 3000 ihrer Anhänger niedermetzelte. Archelaus brach darauf nach Rom auf, gefolgt von seinem Bruder Herodes Antipas, der hoffte, Augustus zu überreden, ihn an Stelle des Bruders zum König der Juden zu machen.

Jetzt drangen die Römer ein. Während Archelaus und Antipas nach Italien segelten, nahmen römische Truppen unter Sabinus Jerusalem in Besitz. Sabinus stand unter der Befehlsgewalt von Varus, dem römischen Legaten von Syrien, der Archelaus zugesichert hatte, die Römer würden sich bis zu seiner Rückkehr aus Rom zurückhalten. Aber Sabinus witterte in der Unordnung, die dem Tod des Herodes folgte, daß da etwas zu holen wäre. Er wußte, daß es Schätze im Palast des Herodes in Jerusalem und noch größere Schätze im Tempel gab. Das Reich war damals noch nicht so straff kontrolliert, wie es später der Fall war. Die Bestechlichkeit und Härte von römischen Beamten hatten in der Zeit der Republik solche Ausmaße angenommen, daß tatsächlich die Gefahr bestand, die Gans zu töten, die die goldenen Eier legte; selbst die reichsten Provinzen des Reiches, Syrien und Ägypten, gingen dem Bankrott entgegen. Augustus war nicht geneigt, irgendeinem anderen als sich selbst zu erlauben, ein persönliches Vermögen zu gewinnen. Aber sein Feldzug gegen die Korruption hatte Palästina nicht erreicht; es wurde während der ganzen Lebenszeit Jesu durch raubgierige Beamte regiert, die ihre Stellung als eine vom Himmel gesandte Gelegenheit betrachteten, ihre Taschen durch jede Art von Erpressung zu füllen.

Sabinus drang in den Palast des Herodes ein und nistete sich dort mit seinen 5000 schwerbewaffneten römischen Soldaten und ungefähr 5000 Hilfstruppen anderer Völker ein. Jerusalem war zu dieser Zeit von jüdischen Pilgern überfüllt, die gekommen waren, um das Erntefest zu feiern. Ihre Bestürzung und ihr Entsetzen kann man sich vorstellen. 37 Jahre lang, während der Regierung des Herodes, waren die Heilige Stadt und tatsächlich ganz Palästina frei von römischen Truppen gewesen. Jetzt waren diese gepanzerten Ungeheuer wieder da, entweihten die Stadt mit ihren götzendienerischen Standarten, waren bereit, zu rauben und zu morden wie in den Tagen von Pompeius und Scaurus. Der Palast des Herodes stieß an den Tempel selbst an, und es war klar, daß Sabinus seine Aufmerksamkeit auf die Plünderung des Tempels richten würde, wenn er mit der Bestandsaufnahme der Schätze des Herodes fertig wäre. Erinnerungen an die Zeit, als der berüchtigte Crassus den Tempelschatz geplündert hatte (53 v.d.chr.Ztr.), um seinen Feldzug gegen Parthien zu bezahlen, wurden geweckt. Das Volk von Jerusalem erhob sich, vermehrt um die Pilger, wie ein Mann gegen Sabinus. Die Schlacht wurde von den Römern mit einiger Mühe gewonnen, und im Verlauf des Kampfes wurde ein Teil des Tempels angezündet. Sabinus ergriff die Gelegenheit, genau das zu tun, was man befürchtet hatte; er plünderte den Tempel. Die römischen Soldaten schleppten Unsummen davon, Sabinus selbst bewilligte sich 400 Talente.

Die Juden setzten Sabinus jedoch weiter kräftig unter Druck, und er wurde in Herodes' Palast belagert. Die Nachrichten von dem, was in Jerusalem vor sich ging, verbreiteten sich im ganzen Land, und die Juden griffen in verschiedenen Regionen, darunter Galiläa, wo Jesus geboren wurde, zu den Waffen. Dies war der erste Auftritt des berühmten antirömischen Guerillakämpfers, Judas von Galiläa, Sohn des Patrioten Esekias (Hezekiah), dessen Hinrichtung durch Herodes die Empörung der Pharisäer nach sich gezogen hatte.

Sabinus befand sich jetzt in einer gewissen Gefahr und schrieb seinen Vorgesetzten Varus um Hilfe an. Varus konnte, mochte er auch über Sabinus freibeuterische Heldentaten verärgert gewesen sein, nicht zulassen, daß eine römische Legion überwältigt wurde. Er brach mit zwei weiteren Legionen und einer großen Zahl von Hilfstruppen zum Entsatz der römischen Truppen in Jerusalem auf. Nachdem er das erledigt hatte, unterwarf er auch die bewaffneten Banden auf dem Land. Jetzt erfuhren die Juden allmählich, was es bedeutete, sich gegen Rom zu empören. Varus führte in Palästina eine Art der Bestrafung ein, die ein vertrautes Merkmal der Landschaft werden sollte. Er ließ 2000 der gefangenen Rebellen kreuzigen. Jesus war zu dieser Zeit ungefähr zwei Jahre alt.

Kreuzigung ist die barbarischste Form von Strafe, die jemals erfunden wurde. Die erlesene Grausamkeit lag in den in die Länge gezogenen, wachsenden Martern. Manche Opfer hielten sogar drei Tage lang durch. Das Kreuz war im allgemeinen T-förmig, und die Füße des Opfers berührten nicht den Boden. Man hielt es für

eine nicht ganz so grausame Methode, wenn die Hände und Füße des Opfers mit Nägeln durchbohrt wurden, weil dies zu einem rascheren Tod führte. Wenn man Stricke benutzte, wurden die Füße überhaupt nicht festgebunden, damit das ganze Körpergewicht von den ausgebreiteten Armen getragen wurde. Diese Haltung, die bald völlige Unbeweglichkeit und Hilflosigkeit bewirkte, führte zu langsam zunehmender Einschnürung und quälenden Schmerzen. Das Opfer war immer nackt, und seine Leiden wurden noch durch die der Kreuzigung vorausgehende Auspeitschung gesteigert. Diese war so hart, daß sein Fleisch danach in Fetzen herunterhing.

Die Kreuzigung war ursprünglich keine Strafe gewesen, sondern eine Form des Menschenopfers, die in Fruchtbarkeitskulten angewandt wurde, weil man annahm, ein langsam sterbendes Opfer übe nützlichere Einflüsse auf die Ernte aus. Sie kam besonders im Kult des Tammuz vor, des sterbenden und wiederbelebten Gottes im Libanon und in Phönizien. Später wurde die Kreuzigung nur noch als eine Form der Hinrichtung benutzt, besonders wenn man meinte, der Verbrecher verdiene die äußerste Verachtung und Demütigung. Die Karthager (die von ihrer Abstammung her Phönizier waren) wandten die Kreuzigung in großem Umfang an, und von ihnen hatten die Römer diese Hinrichtungsmethode übernommen. Nach römischem Recht war die Kreuzigung auf Sklaven oder solche, die besonders abscheuliche Verbrechen begangen hatten, beschränkt. In Palästina benutzten die Römer die Kreuzigung als Abschreckungsmittel gegen rebellisches Verhalten. Sie kreuzigten Tausende, vielleicht Hunderttausende von Juden während der Zeit ihrer Besatzung. Das Kreuz wurde so sehr ein Symbol der römischen Unterdrükkung, wie heute die Gaskammer ein Symbol des deutschen Naziterrors ist. Das muß besonders hervorgehoben werden, weil die Evangelien sich so entschieden bemühen, die Schuld des Kreuzes eher mit den Juden als mit den Römern zu verbinden. Das wäre so ähnlich, wie wenn man die jüdischen Opfer der deutschen Gaskammern mit der Schuld brandmarken wolle, die Gaskammern zu *benutzen* statt unter ihnen zu leiden.

Für die Juden war die Kreuzigung eine besonders verhaßte und erschreckende Form der Unmenschlichkeit. Sie war im jüdischen Recht so sehr verpönt, daß es sogar verboten war, einen toten Körper zu kreuzigen (siehe Dtn. 21,23). Die Tatsache, daß die Römer kreuzigten, reichte aus, um sie als Wilde zu verdammen. Die Evangelien jedoch, welche die Pharisäer, die Hauptopfer der römischen Kreuzigungspolitik, wegen verschiedener angeblicher Verbrechen der Scheinheiligkeit und Selbstgefälligkeit verdammen, verurteilen an keiner Stelle die Römer wegen der Zeit der Kreuzigungen oder überhaupt wegen irgendeiner Sache.

Die Kreuzigung von 2000 Juden durch Varus im Todesjahr des Herodes zeigte den Juden mit schmerzhafter Deutlichkeit, welcher brutalen Behandlung sie nun ausgesetzt waren. Innerhalb eines Jahres hatten sie erlebt, wie ihre heiligen Stätten

entweiht und geplündert und die besten Männer ihres Volkes, die aufgestanden waren, um das Heiligtum zu verteidigen, voller Verachtung zu Tode gequält wurden. Es ist kein Wunder, daß diese Ereignisse und die Verzweiflung, die sich nun breitmachte, apokalyptischen Träumen von der Erlösung durch Gott starken Auftrieb gaben. Solche Dinge, überlegten viele gottesfürchtige Juden, konnten nur in den Wehen der Letzten Tage geschehen. Von dieser Zeit an blühten messianische Bewegungen jeder Art. Eine davon war die Bewegung Johannes' des Täufers. Eine andere führte Jesus von Nazareth an.

Das unmittelbare Ergebnis der Ereignisse im Todesjahr des Herodes war eine Rückkehr zu ähnlichen Verhältnissen, wie sie zu seinen Lebzeiten vorgeherrscht hatten. Augustus beschloß nach langen Überlegungen in Rom, Herodes' Testament zu bestätigen und Archelaus zum Herrscher über Judäa und Samaria zu machen (was etwa die Hälfte von Herodes' Reich umfaßte). In den Rest Palästinas teilten sich die beiden anderen überlebenden Söhne des Herodes, Herodes Antipas und Philipp. Galiläa, wo Jesus lebte, kam unter die Herrschaft von Herodes Antipas. Archelaus erhielt allerdings nicht den Titel eines Königs, wie sein Vater es gewünscht hatte; er bekam eine Probezeit. Wenn er sich als guter Herrscher erwiese, würde er vielleicht König werden. In der Zwischenzeit mußte er sich mit dem Titel »Ethnarch« zufriedengeben. Augustus hatte somit entschieden, Palästina nicht der *direkten* römischen Herrschaft zu unterwerfen, sondern das System der Vasallenfürstentümer beizubehalten. Jedoch war die Abhängigkeit der Juden von Rom, die durch den Glanz von Herodes' Persönlichkeit verschleiert gewesen war, jetzt für jeden deutlich sichtbar. Die jüdischen Fürsten hatten Augustus unterwürfig ihre Aufwartung gemacht, um die Bestätigung ihrer Herrschaft zu erflehen; und in ihrer Abwesenheit hatten römische Truppen dem jüdischen Volk einen bitteren Vorgeschmack davon gegeben, wie eine direkte römische Herrschaft aussehen würde.

Die direkte Herrschaft ließ nicht lange auf sich warten. Archelaus bestand seine Bewährungsprobe nicht und wurde nie König. Nach zehn Jahren wurde Augustus unzufrieden mit ihm und schickte ihn in die Verbannung nach Vienne (Gallien). Sein Fürstentum kam nun zum erstenmal seit der Zeit des Pompeius unter direkte römische Herrschaft. Judäa und Samaria wurden zum Bestandteil der römischen Provinz Syrien erklärt, und ein zweitrangiger römischer Beamter mit dem Titel Prokurator wurde zum Herrscher im Lande Davids und Salomos ernannt. Die Demütigung des Volkes Gottes war nun vollständig. In Galiläa, wo Herodes Antipas sein Vasallenfürstentum behielt, blieben einige Bruchstücke von Eigenstaatlichkeit übrig; aber Herodes Antipas war, verglichen mit seinem Vater, eine sehr unbedeutende Gestalt und eindeutig selbst nicht mehr als ein römischer Beamter. Auch in seinem Lebensstil war er mehr Römer als Jude. Die Menschen seiner Umgebung sind es, die in den Evangelien »Herodianer« genannt werden. Die Juden von Galiläa haßten und verachteten ihn. Sie waren berühmt für ihren

leidenschaftlichen Patriotismus, und die Ereignisse in Judäa berührten sie tief. Jerusalem war für sie ihre Hauptstadt und heilige Stadt, und daß es jetzt unter direkter römischer Herrschaft stand, war für sie genauso ein Schlag wie für die Juden von Judäa. Es ist durchaus verständlich, daß der Führer der antirömischen Bewegung, die nun Kräfte sammelte, ein Galiläer war, Judas von Galiläa. Wenn auch Galiläa selbst nicht unter direkter römischer Herrschaft stand, wuchs Jesus in einer patriotischeren und stärker antirömisch bestimmten Atmosphäre auf, als wenn er in Jerusalem selbst geboren gewesen wäre.

Der Titel »Prokurator« bezeichnete eher einen Finanzbeamten als einen militärischen oder politischen Rang; er bedeutete etwa »Hauptsteuerprüfer«.[1] Die wichtigste Aufgabe des Prokurators war also, Steuern in Judäa zu erheben. Die Juden hatten natürlich auch unter ihren eigenen Königen Steuern entrichten müssen, aber die Situation war jetzt ganz anders. Herodes hatte, trotz seines ungeheuren Aufwands, den Ackerbau des Landes verbessert, und durch seine kluge Politik, den reichen Handel mit Gewürzen aus Arabien an sich zu bringen, hatte er die Einkünfte seines Königreiches verdoppelt und war in manchen Jahren sogar in der Lage gewesen, seinen Untertanen die Steuern gänzlich zu erlassen. Der arabische Handel ging nun geradenwegs nach Rom und trug nicht mehr dazu bei, die Belastung der jüdischen Steuerzahler zu erleichtern. Die Prokuratoren interessierten sich wenig für Pläne zur wirtschaftlichen Hebung des Landes. Sie wußten, daß ihre Amtszeit wahrscheinlich kurz sein würde und daß sie vermutlich nie wieder so eine Gelegenheit haben würden, sich zu bereichern, indem sie ihre Hände in die kaiserlichen Kassen tauchten. Der nächste Kaiser, Tiberius, wandte die Taktik an, solche Beamte für längere Zeit im Amt zu belassen, nach dem Prinzip, wie er sagte, daß vollgefressene Bremsen weniger Blut saugen als frische. Dieser Ausspruch, der im allgemeinen zitiert wird, um Tiberius' menschenfreundliche Rücksicht auf die Untertanen Roms zu zeigen, läßt auch seine zynische Billigung der Tatsache erkennen, daß römische Statthalter auf ihre persönliche Bereicherung aus waren.

Die ersten Jahre der direkten Herrschaft in Judäa sind leider dürftig dokumentiert. Tatsächlich wissen wir jedoch, daß es in dem Zeitraum von 20 Jahren (6–26 chr. Ztr.) vier Prokuratoren gab. Ihre Namen waren Coponius (6–9), Marcus Ambibulus (9–12), Annius Rufus (12–15) und Valerius Gratus (15–26). Nach dem Prinzip des Tiberius müssen solche häufig wechselnden Beamten Bremsen mit ständig ungestilltem Appetit gewesen sein. Wir wissen von dem römischen Historiker Tacitus, daß die Juden in dieser Zeit eine Gesandtschaft nach Rom schickten

---

[1] Eine vor kurzem entdeckte Inschrift (1961) gibt den Titel von Pontius Pilatus, dem fünften Statthalter, mit »praefectus«, nicht »procurator« an. Dies kann eine Beförderung bedeuten oder ein zusätzlicher Titel sein. Der Statthalter von Ägypten wurde sowohl »praefectus« als auch »procurator« genannt. Josephus spricht von den Statthaltern Judäas als Prokuratoren.

und gegen die Überbesteuerung, unter der sie litten, protestierten (17 chr. Ztr.). Wir wissen auch, daß das berüchtigte System der Steuerverpachtung, das von Julius Cäsar abgeschafft worden war, wieder eingeführt wurde, sobald die Römer einrückten. Das lief darauf hinaus, daß man die Steuererhebung privaten Unternehmern (die kaum besser waren als Gangster) übertrug, deren Profit bei dem Geschäft davon abhing, soviel wie möglich über dem Nennwert der Steuern einzutreiben. Einzelheiten zu dem Treiben dieser Steuerpächter (im Neuen Testament »Zöllner« genannt) finden sich in den Schriften Philos. Sie heuerten Banden von Schurken an, die solche ungeheuerlichen Summen verlangten, daß ihre Opfer oft verzweifelt flohen. Wenn dies geschah, folterten die Steuereintreiber die Familie des Flüchtigen auf Streckbänken, Rädern und anderen Foltergeräten, um sie dazu zu bringen, entweder zu verraten, wo sich der Flüchtige aufhielt, oder an seiner Stelle zu zahlen. Selbstmorde waren an der Tagesordnung, um dieser Folter zu entgehen. Wenn alles andere nicht half, wurden das Opfer oder seine Familie in die Sklaverei verkauft. Die Steuereintreiber konnten sich, wenn nötig, immer um Hilfe an die römische Armee wenden. Die Steuerpachtverträge wurden gewöhnlich an römische Bürger vergeben, deren Handlanger aus den schlechtesten Elementen des Landes, an dem sie sich mästeten, rekrutiert wurden. Diese Kreaturen, die bereit waren, für einen Anteil an der Beute bei der organisierten Ausbeutung ihrer Landsleute mitzumachen, wurden von ihren Mitbürgern als Kriminelle angesehen. Dies sind die »Zöllner«, zu denen Jesus sich gesellte, um sie von ihren Sünden abzubringen. Wenn sie aus der Gesellschaft ausgestoßen waren, dann aus gutem Grund. Optimismus und Glaube Jesu lassen sich daran ablesen, daß er hoffte, selbst diese Verworfensten der Folterer und Erpresser zu bessern.

Es ist nicht überraschend, daß das Auftreten der »Zöllner« ein Signal zum Aufruhr war. Die erste Handlung der neuen Regierung war, eine Zählung der Einwohner von Judäa und Samaria anzuordnen. Der Präfekt von Syrien, dessen Name Quirinius war, kam persönlich nach Judäa, um diese Zählung zusammen mit dem neu ernannten Prokurator Coponius zu leiten. Das fand 6 chr. Ztr. statt, nach der Verbannung des Archelaus, als Jesus ungefähr zwölf Jahre alt war. (Das Lukasevangelium irrt sich hier, wenn es die Zählung des »Cyrenius« um zwölf Jahre in die Zeit des Herodes zurückverlegt; in einem Vasallenkönigreich fand nie eine römische Zählung statt, und die Zählung bezog auf jeden Fall nicht Galiläa ein, das ein Vasallenfürstentum blieb.) Die Juden begriffen recht gut, daß die Zählung die Vorbereitung der Besteuerung war. Es war der Widerstand gegen diese Zählung, der zur Gründung der Zelotenpartei durch Judas von Galiläa, einen pharisäischen Rabbi, führte. Von den Zeloten sagt Josephus: »Diese Männer stimmen in allen anderen Dingen mit den Vorstellungen der Pharisäer überein; aber sie haben eine heilige Liebe zur Freiheit und sagen, Gott solle ihr einziger Herrscher und Herr sein.« Die Römer schlugen den Aufstand nieder, und Judas von Galiläa wurde

getötet (Apg. 5,37). Aber seine Bewegung, die der Zeloten, lebte fort; sie waren schließlich die Haupturheber des Jüdischen Krieges von 66 chr. Ztr.

Die Zählung des Quirinius war sehr gründlich. Sie bestand aus einer Schätzung allen Besitzes und aller Einkünfte sowie einer Registrierung der Einwohner. Die auferlegten Steuern waren: eine Grundsteuer, eine Einkommensteuer und eine Kopfsteuer, eine Wassersteuer, Stadtsteuer, Steuern auf Fleisch und Salz, eine Straßensteuer, Haussteuer, Grenzsteuer, eine Marktsteuer sowie verschiedene drükkende Zollgebühren, Brückenzölle usw. (Siehe KLAUSNER 1952, p. 187*sq*.) Die Juden zahlten auch eine freiwillige Steuer für den Unterhalt des Tempels, und die Römer stimmten großzügig zu, diese Steuer nicht zu ihrem eigenen Nutzen zu beschlagnahmen. (Nach dem Jüdischen Krieg wurde dieses Zugeständnis widerrufen, und die Römer machten die Tempelsteuer obligatorisch und zogen sie für sich ein.) Man gab nicht vor, die von den Römern erhobenen Steuern zum Nutzen Palästinas verwenden zu wollen. Gewisse Summen waren tatsächlich für öffentliche Arbeiten bestimmt, aber die Hauptmasse des Geldes und der eingetriebenen Waren wurde nach Rom geschickt und auf das Privatkonto des Augustus, den »Fiskus«, eingezahlt. Die Römer betrachteten ihr Reich ganz offen als ein Mittel zur Ausbeutung. Das höchste, was sie in Richtung auf eine »Treuhandverwaltung« taten, war, darauf zu achten, daß die Steuern nicht bis zum Punkt der bittersten Not hochgetrieben wurden; so rügte Tiberius einen diensteifrigen Statthalter von Ägypten, weil er eine ausgefallen hohe Summe an Steuern nach Rom schickte, und sagte ihm, die Aufgabe eines Statthalters sei es, die Schafe zu scheren, ihnen aber nicht die Haut abzuziehen (Suet. Tib. 32,2). Der römische Denker Cicero gibt zwei Erklärungen für das römische »Recht«, von eroberten Gebieten Tribut zu verlangen (Cic. Verr. II 3,12 und 2,7). Nach der einen ist der Tribut eine Geldstrafe oder Entschädigung dafür, daß man die Tollkühnheit besessen hat, der römischen Macht Widerstand zu leisten. Die andere ist, daß die Römer das eroberte Gebiet durch das Recht der Eroberung besitzen und daher berechtigt sind, von den Einwohnern Pacht zu verlangen. Erst 80 chr. Ztr. dachte ein gescheiter römischer Verteidiger (Tac. hist. IV 74,1) an eine Erklärung, die mehr mit den erbaulichen Selbstrechtfertigungen moderner Imperien übereinstimmt: die Römer hätten einen Anspruch auf Zahlung wegen der Wohltat der »Pax Romana«.

Außer den Plünderungen der »Zöllner« mußten die Juden die Erpressungen der Statthalter oder Prokuratoren selbst ertragen. In den größeren Provinzen begann das Reformprogramm des Augustus gewisse Wirkung zu zeigen, aber in den kleineren unterworfenen Gebieten wie Judäa war die Raubgier der römischen Beamten noch kaum gezügelt. Bis ein Römer es geschafft hatte, einen Posten als Provinzstatthalter zu erhalten, steckte er gewöhnlich tief in Schulden wegen der hohen Bestechungsgelder, die man sowohl an Einzelpersonen als auch an die Öffentlichkeit (in Form von Lustbarkeiten) bezahlen mußte, um im öffentlichen Leben

voranzukommen. Die Statthalterschaft war die Belohnung für die Aufwendungen; hierin lag der Sinn der Übung, die Gelegenheit, seine Schulden zu begleichen und zugleich ein persönliches Vermögen zu begründen. Nicht nur der Statthalter, sondern auch die nachgeordneten Mitglieder seiner Mannschaft gingen darauf aus, die Gelegenheiten zur Bereicherung auszubeuten. Ihre Findigkeit, aus ihren unglücklichen Untertanen Geld herauszuholen, war berüchtigt. Für jeden Dienst wurde »Bakschisch« verlangt; ehe ein Mann in einer Angelegenheit der unteren Gerichtsbarkeit den Statthalter sprechen konnte, mußte er ein ganzes Heer von Beamten und schließlich den Statthalter selbst bezahlen. Für angemessene Geldsummen konnte man »Schutz« vor Befehlen erhalten, Truppen einzuquartieren oder kostenlos Getreide und Transportmittel für die Armee zur Verfügung zu stellen. Die Statthalter waren nicht einmal darüber erhaben, Fonds für »freiwillige« Schenkungen an den Statthalter aus Dankbarkeit für seine Dienste einzurichten.

Die Errichtung der römischen Herrschaft in einem neuen Gebiet gab zugleich verschiedenen finsteren Gesellen aus Rom, deren Gewerbe es war, aus dem Elend der Einheimischen Gewinn zu schlagen, das Signal zum Auftritt. Sie streckten denen, die sich in arger Bedrängnis befanden, Geld zu einem Zinssatz bis zu 50% vor, um die neuen Steuern zu zahlen, und verkauften ihre Schuldner in die Sklaverei, wenn sie den letzten möglichen Pfennig herausgepreßt hatten. Sie kauften mit ihren reichen Geldmitteln die Weizenernte auf und verkauften dann den Weizen in Gebieten mit Knappheit zu unglaublich überhöhten Preisen. Von Rom übernommen zu werden war so ähnlich, wie von einem Heuschreckenschwarm überfallen zu werden. Judäa war nicht der einzige Leidtragende, und es war nicht einmal am schlimmsten dran; die Bauern in Ägypten zum Beispiel, wo die Erträge reicher waren, litten noch mehr.

In den Evangelien wird Kritik an Rom sorgfältig vermieden. Ein schwacher Widerhall der oben beschriebenen Bedingungen schleicht sich dennoch stellenweise ein. Zum Beispiel wird im Lukasevangelium (3,12–14) geschildert, wie Johannes der Täufer den Zöllnern rät: »Fordert nicht mehr, als euch vorgeschrieben ist!« Dann geht es weiter: »Dann fragten ihn auch die Soldaten: Was sollen wir denn tun? Und er sagte zu ihnen: Beraubt und erpreßt niemanden und seid mit eurem Sold zufrieden!«

Um ihre Herrschaft nachdrücklich geltend zu machen, hatten die Römer Truppen in Judäa stationiert. Das Quartier dieser Truppen befand sich in Caesarea, einer Küstenstadt, die von Herodes im griechisch-römischen Stil gebaut worden war. Es gab eine ständige Einheit von 3000 Soldaten in Caesarea und kleinere Garnisonen in den anderen wichtigen Städten. In Jerusalem bestand eine Garnison aus 500 Soldaten. Es ist anzunehmen, daß ein großer Teil dieser Soldaten Samaritaner waren, also Männer aus dem palästinensischen Distrikt Samaria, wo eine Variante des Judentums mit einem eigenen Tempel auf dem Berg Garizim praktiziert wurde. Die

Besatzungstruppen waren also nicht groß, konnten aber in unruhiger Zeit schnell durch die starke römische Streitmacht in Syrien verstärkt werden (15 000 schwerbewaffnete Soldaten und ungefähr ebenso viele leichtbewaffnete Hilfstruppen). Die Samaritaner waren bei den Judäern sehr unbeliebt, nicht nur, weil sie zu einer ketzerischen Sekte gehörten, sondern auch, weil sie gewohnheitsmäßig Juden, die ihr Gebiet betraten, ausraubten und töteten. Es muß die Juden sehr gereizt haben, unter der Gewalt einer römischen Besatzungsstreitmacht zu stehen, in der man den traditionell feindlichen Samaritanern einen führenden Platz eingeräumt hatte (siehe SCHÜRER 1907, p. 55*sq*.).

Das ständige Hauptquartier des Prokurators war zwar in Caesarea, etwa 100 Kilometer von Jerusalem entfernt, aber zu Festzeiten kam er mit großem bewaffnetem Geleit nach Jerusalem, nämlich dreimal im Jahr, wenn die großen Pilgermassen polizeilich überwacht werden mußten. Das erklärt die Anwesenheit von Pilatus in Jerusalem zur Zeit der Gefangennahme Jesu.

Noch bedeutender für die Juden als der Verlust der Freiheit und die körperliche und wirtschaftliche Unterdrückung war die Demütigung, die sie jetzt im Zusammenhang mit ihrer Religion erlitten. Offiziell behielten die Römer die Politik Alexanders des Großen und Julius Cäsars bei, die jüdische Religion zu respektieren; aber in der Periode, mit der wir uns beschäftigen, der Lebenszeit Jesu, wurde diese offizielle Politik sehr unzureichend in die Tat umgesetzt. Die Römer wußten, daß die Juden nichts so sehr reizte wie eine Beleidigung ihrer religiösen Gewohnheiten oder Überzeugungen; also gingen die Anweisungen der Kaiser Augustus und Tiberius (der 14 chr. Ztr. auf Augustus folgte) dahin, Provokationen dieser Art zu vermeiden. Insbesondere war man sich einig, daß keine Götzenbilder, einschließlich der militärischen Standarten der römischen Truppen, in der Heiligen Stadt, in Jerusalem, gezeigt werden durften. Die Prokuratoren waren jedoch rücksichtslose, engstirnige Männer, die kein Verständnis für den jüdischen Monotheismus hatten und in ihm bloß eine Beleidigung ihres Stolzes als Römer sahen. Die Juden waren ständig in Sorge, der Tempel würde durch irgendeinen vorsätzlichen Akt von Götzendienst entweiht. Sie hatten die Entweihungen nicht vergessen, die der syrisch-griechische Tyrann Antiochus Epiphanes verübt hatte; er hatte den jüdischen Tempel in ein Heiligtum des Zeus umgewandelt und dort zur Ehre des Gottes Schweinefleisch geopfert. Die Fortsetzung der Verehrung des Einen Gottes in der Heiligen Stadt hing nun von einer Laune des römischen Kaisers ab, der seine Ansicht jeden Augenblick ändern und beschließen konnte, die Statue eines heidnischen Gottes oder sogar eine Statue seines eigenen »göttlichen« Selbst im Allerheiligsten aufzustellen. Daß diese Sorge nicht grundlos war, zeigte sich nicht sehr viel später (39 chr. Ztr.), als Kaiser Caligula tatsächlich den Befehl erließ, eine Statue von sich selbst im Tempel aufzustellen und als Gott zu verehren. Eine allgemeine Erhebung der Juden wurde nur durch den Tod Caligulas verhindert.

Als die römischen Prokuratoren bemerkten, daß die Juden ein Volk mit ungewöhnlich starkem religiösem Empfinden waren, versuchten sie, dieses Gefühl zu ihrem eigenen Vorteil auszunutzen, indem sie Kontrolle über die jüdische religiöse Verfassung ausübten. Es war nur natürlich, daß die Römer annahmen, der Tempel sei der Mittelpunkt des jüdischen Gottesdienstes und der oberste Würdenträger des Tempels, der Hohepriester, sei der eigentliche Gegenstand der Verehrung und religiösen Treue. Doch hierin irrten sich die Römer. Unter dem Einfluß der Pharisäer hatte der Tempel trotz seiner eindrucksvollen Riten aufgehört, von vorrangiger geistiger Bedeutung für die Juden zu sein, und die Priesterschaft hatte schon lange ihr geistiges und moralisches Gewicht an die pharisäischen Laienführer (oder »Hakamim«) verloren, die in jener außergewöhnlichen Einrichtung, der Synagoge, vereinigt waren. Dennoch wurden die römischen Maßnahmen, die Kontrolle über den Tempel zu übernehmen, zutiefst verübelt. Zum Beispiel wurden die Gewänder des Hohenpriesters, die bei den Zeremonien zu Neujahr und am Versöhnungstag benutzt wurden, in die Obhut des römischen Prokurators genommen, mit der stillschweigenden Drohung, daß sie im Falle von Auflehnung für die Sühnefeierlichkeit nicht zur Verfügung gestellt würden. Zweifelsohne überschätzten die Römer die Bedeutung dieser Gewänder im jüdischen Denken; sie dachten, die Juden glaubten, sie hätten in den Kleidern eine Art von »Mana«, wie der Schleier der Göttin Tanit in der karthagischen Religion, dessen Verlust zum Zerfall der militärischen Moral führte. Dies war nicht der Fall; dennoch waren die Juden tatsächlich erzürnt und aufgebracht bei dem Gedanken, daß diese so geliebten Gewänder in den Händen von Nichtjuden waren.

Wichtiger war die Tatsache, daß die Römer jetzt wirklich nach Belieben Hohepriester ernannten und absetzten. Valerius Gratus, der Prokurator unmittelbar vor Pontius Pilatus, entließ und ernannte vier Hohepriester. Seine letzte Berufung war Kaïphas, der Hohepriester, der an der Gefangennahme Jesu beteiligt war. Wieder erreichten die Römer nicht, was sie mit dieser Taktik erhofften; das Ergebnis war keine tiefere Unterwerfung unter die römische Herrschaft, sondern eine gesteigerte Verachtung für die Inhaber der Hohepriesterwürde. Die feierlichen Riten, bei denen der Hohepriester sein Amt versah, wurden durch die Tatsache, daß er als Kreatur der Römer persönlich verachtenswert war, nicht entwertet; aber so ein Hohepriester konnte natürlich keinerlei Autorität als Lehrer in Sachen der Moral oder der Religion sein. Es war sowieso lange her, daß der Hohepriester eine solche Autorität gewesen war. Herodes der Große hatte die Hohenpriester als Lakaien benutzt. Vor seiner Zeit hatte die Politik der Hasmonäer, die Würde des Hohenpriesters mit dem königlichen Thron zu verbinden, dessen religiöse Autorität in den Augen der Pharisäer und der auf ihre Lehren hörenden Massen zerstört. Dennoch war das Hohepriesteramt selbst immer noch eine Einrichtung von historischer Bedeutung, und die zynische Art, in der die Römer damit umgingen und es zu einem Gegen-

stand des Spottes erniedrigten, wurde sehr übel aufgenommen. Es war schlimm genug, daß Herodes der Große das Hohepriesteramt beeinflußt hatte. Aber Herodes, wenn auch ein ungeliebter König fremder Abstammung, war wenigstens ein Jude gewesen, und in seiner Regierungszeit konnten die Juden sich der Täuschung hingeben, ein freies Volk zu sein. Aber daß der Hohepriester von einem Götzendiener eines fremden Volkes in sein Amt eingesetzt wurde, war ein Kennzeichen für die Sklaverei, in die das jüdische Volk jetzt herabgesunken war.

26 chr. Ztr. begann der fünfte Prokurator, Pontius Pilatus, seine Amtszeit. Wie wir gesehen haben, schildern die Evangelien ihn als wohlmeinenden, menschenfreundlichen Mann. Nach anderen Quellen sieht es jedoch so aus, als sei er der schlimmste Prokurator bis dahin gewesen. Philo von Alexandria, der große jüdische Philosoph, führt dieses Urteil über Pilatus an: »Er war grausam von Natur und hartherzig und gänzlich frei von Gewissensbissen.« Philo schreibt auch das folgende über Pilatus' Herrschaft in Judäa: »... Bestechungen, hochmütiges und unverschämtes Benehmen, Räuberei, Unterdrückung, Demütigungen, Menschen häufig ohne Verfahren in den Tod geschickt und unaufhörliche, schreckliche Grausamkeit« (Phil. legat. ad C. 38). Josephus schildert Pilatus, als habe er absichtlich danach getrachtet, die religiösen Gefühle der Juden mit Füßen zu treten. Er unternahm den beispiellosen Schritt, seine Besatzungsarmee aus ihrem gewöhnlichen Standort Caesarea in die Heilige Stadt marschieren zu lassen, »mit dem Ziel«, sagt Josephus, »die jüdischen Gesetze abzuschaffen«. Die Standarten der römischen Truppen enthielten Bilder des als Gott dargestellten Tiberius Cäsar. Für die Juden bedeutete das Vorhandensein dieser götzendienerischen Bilder in Jerusalem eine Beschimpfung des Einen Gottes. Alle früheren Prokuratoren hatten begriffen, daß die Juden eher bereit waren, ein Massenblutbad zu erleiden, als diese Gotteslästerung zuzulassen, und sie ließen deshalb die kränkenden Standarten draußen, wann immer sie Soldaten nach Jerusalem brachten. Warum wich dann Pilatus so auffällig von der Politik seiner Vorgänger ab und führte absichtlich diesen provokativen Akt aus? Man hat die Ansicht geäußert, er habe geheime Befehle von seinem Gönner Sejanus, dem mächtigen Minister des Tiberius, erhalten.[2] Es wird vermutet, Pilatus habe seine Ernennung in Judäa durch Sejanus' Einfluß bekommen, eines strengen Antisemiten, der mitgeholfen hatte, antijüdische Pogrome in Alexandria zu schüren.

Pilatus' Schritt scheiterte schließlich. Er hatte gehofft, die Juden würden die vollendete Tatsache hinnehmen, wären die Standarten erst einmal in Jerusalem aufgestellt. Offenbar gingen seine Befehle nicht dahin, die Sache bis zu dem Punkt zu treiben, an dem die Juden in eine offene Rebellion ausbrechen würden. Als er feststellte, daß die Solidarität der Juden lückenlos hielt, zog er die kränkenden

---

2 Aberbach 1966, p. 55, der Eus. hist. eccl. II 5,7 und andere Quellen zitiert.

Standarten zurück. Sejanus wünschte die Juden zu kränken, wollte aber deswegen keine Schwierigkeiten mit seinem Herren Tiberius bekommen.

Obwohl Pilatus in dieser Sache scheiterte, war seine allgemeine Führung der römischen Verwaltung brutal und korrupt. In der Zeit der Herrschaft dieses Mannes spielte sich der öffentliche Lebensweg Jesu ab. Es war eine Zeit, als Not, Verzweiflung, apokalyptische Sehnsüchte und hilfloser Haß gegen die römische Tyrannei ihren Höhepunkt erreicht hatten. Es war eine Zeit, als kein Jude sich dem tiefen, durch die römische Anwesenheit verursachten Elend entziehen konnte, als das jüdische Volk und besonders seine ärmsten Menschen durch maßlose Steuern zur Verzweiflung getrieben wurden und als die Juden gezwungen waren, die Wirklichkeit der ständigen Demütigung ihren hochfliegenden Sehnsüchten als Volk gegenüberzustellen. Trotzdem zeichnen die Evangelien Jesus als eine unpolitische Gestalt, für die die Unabhängigkeit seines Volkes vom Joch der götzendienerischen, grausamen und ausbeuterischen Eindringlinge eine bedeutungslose Sache war.

Kapitel 4

Römer und Juden

Wie erschienen die Juden den Römern? Und wie erschienen die Römer den Juden? Es ist wichtig, diese Fragen zu untersuchen, um das Phänomen des jüdischen Widerstands zu verstehen.

Vom Standpunkt der griechisch-römischen Gesellschaft her waren die Juden »Barbaren«. Das bedeutet, die Juden Palästinas bildeten keinen Teil der allgemeinen Kultur, die heute »hellenistisch« genannt wird und die von den Eroberungen Alexanders des Großen stammt und letztlich ihren Ursprung in den kulturellen Errungenschaften Athens hat. Die hellenistische Kultur hatte das gleiche Selbstvertrauen und den gleichen Glauben an ihre zivilisatorische Sendung, die man bis in jüngste Zeit in der westlichen industriellen Kultur der Neuzeit beobachten konnte. Sogar in den Zentren der antiken Kultur wie Ägypten setzte sich die hellenistische Kultur durch und erwies sich als unwiderstehlich. Alexandria in Ägypten war eine bedeutende hellenistische Stadt, ebenso Antiochia in Syrien. Die Faszination der hellenistischen Kultur ging von einer Mischung vieler Dinge aus: die neue militärische Lehre, die von allen militaristischen Mächten einschließlich der Karthager und Römer nachgeahmt wurde; das glanzvolle Leben der hellenistischen Stadt mit ihren Bürgerversammlungen, ihrem Theater mit seinem Tragödien- und Komödienrepertoire, ihrem Amphitheater oder Stadion für sportliche Darbietungen und Wettkämpfe, ihren Bibliotheken und Universitäten; die Literatur mit ihrer außerordentlich großen Breite – Dichtung in verschiedenen Metren und Stilen, Drama, Philosophie, Geschichte; und ihre wunderbaren Entdeckungen in Naturwissenschaft und Mathematik, ein ständig sprudelnder Brunnen von Errungenschaften. Sogar barbarische Könige, deren Länder außerhalb des hellenistischen Kreises lagen, waren von der hellenistischen Kultur tief beeindruckt und nannten sich auf Inschriften und Medaillen stolz »Philhellenen«.

Die Römer waren ursprünglich ein barbarisches Volk, aber sie nahmen die hellenistische Kultur an und wurden schließlich durch ihre Eroberungen die beherrschende Macht im ganzen hellenistischen Raum. Dieses Gebiet deckte sich nicht mit den Eroberungen Alexanders des Großen, die bis nach Indien ausgegriffen hatten. Gebiete im Westen Europas und Afrikas wurden durch die Römer hinzugefügt, Gebiete im Osten gingen an die Parther und andere nichthellenistische Völker ver-

loren, bevor die Römer die Vorherrschaft erlangten. Die Römer wurden ernsthafte Hellenisten. Sie gaben ihre eigene ungeschliffene Kultur auf und gestalteten ihre Literatur nach dem griechischen Vorbild neu. Sie veränderten sogar ihre Legenden, um sich einen hellenischen Hintergrund zu geben; sie setzten eine Legende in Umlauf, nach der sie Abkömmlinge des Äneas waren, eines der von Homer gefeierten trojanischen Helden. Dennoch entspricht es der Wahrheit, wenn man sagt, daß dieser ganze Hellenismus nicht sehr tief ging. Unter der hellenistischen Tünche, auch trotz der glänzenden hellenistischen Literatur, die sie hervorbrachten, waren die Römer immer noch Römer, ein Volk, in dessen Seele Krieg und Gewalt zu Hause waren. Hinter der anmutigen Legende von Äneas, dem Sohn der Liebesgöttin, lag eine andere Legende, die von Romulus und Remus, Zwillingssöhne des Kriegsgottes, die von einer Wölfin gesäugt wurden. In dieser Legende wurde Rom in Blut gegründet, denn Romulus stritt mit Remus und ermordete ihn, als sie an den Fundamenten arbeiteten – eine Kain- und Abel-Geschichte, in der Kain der Held ist. Und das gute Omen, das Romulus sah, während er an den Fundamenten arbeitete, war eine Schar von zwölf Geiern, die zeigte, daß Rom ein kriegerischer und mächtiger Staat werden würde, denn der Geier »liebt Beute und Gemetzel«. In Rom mochte Cicero Reden im Tonfall des Demosthenes halten oder Vergil in goldenen Hexametern von der zivilisatorischen Sendung Roms singen, aber in Judäa war Rom gleichbedeutend mit dem Geier und dem Wolf. Die Einführung der Kreuzigung, des Gladiatorenkampfes und der Tierhetzen waren die spezifisch römischen Beiträge zu hellenistischen Kulturen.

Doch als Vertreter des Hellenismus glaubten sich die Römer berechtigt, sich den Juden überlegen zu fühlen, einem »barbarischen« Volk, das es tatsächlich abgelehnt hatte, sich der hellenistischen Form anzupassen. Die Juden waren nicht etwa unbeeindruckt vom Hellenismus; sie besaßen aber die Kühnheit, sich ihm in einem kritischen Geist zu nähern, ihn im Licht ihrer eigenen kulturellen Tradition zu bewerten, einen Teil davon gutzuheißen und einen Teil davon zu verwerfen. In Alexandria wurden die Juden (die einen großen Teil der Bevölkerung ausmachten) stark hellenisiert. Sie sprachen Griechisch und nahmen griechische Namen an; sie studierten und schrieben sogar griechische Literatur. Aber ihr eigentliches intellektuelles Bemühen war, die hellenistischen Einsichten in ihre eigene jüdische Tradition aufzunehmen. Philo, der alexandrinisch-jüdische Philosoph, dessen Lebenszeit zum Teil mit der Jesu zusammenfiel, schuf eine Synthese aus Judentum und Hellenismus, die später für die christliche Kirche in ihrem Ringen, eine Theologie zu schaffen, zu einem Modell wurde. In Palästina selbst wurde der Hellenismus wirksam zurückgewiesen, weil hellenistische Herrscher ungefähr 200 Jahre vor der Geburt Jesu sich eifrig angestrengt hatten, das Judentum auszurotten und den Hellenismus gewaltsam einzuführen. Doch sogar hier räumte man dem Hellenismus einen gewissen Wert ein. Die Rabbis studierten griechische Naturwissenschaften

und Mathematik und bewunderten die Schönheit der griechischen Sprache. (Eine rabbinische Deutung des Verses der Genesis »Gott gebe Jafet Schönheit und lasse ihn wohnen in den Zelten Sems« lautete: »Dies bezieht sich auf die griechische Übersetzung der Bibel« [Gen. Rabbah 36]).

Aber die Juden hatten keinen Grund, dem Hellenismus ganz nachzugeben, wie die Römer und andere Völker es versuchten, weil die Juden eine geistige und kulturelle Tradition hatten, neben der sich die Tradition des Hellenismus schillernd parvenühaft ausnahm. Die hebräische Bibel ist kein in sich geschlossenes Buch, sondern eine ganze Literatur, die Geschichte, Mythos, lyrische Dichtung und leidenschaftliche Ideologie umfaßt. Wenn auch der hebräischen Literatur die künstlerische Höhe fehlt, die man in der griechischen Literatur findet, besitzt sie Charakteristika, zu denen die griechische Literatur keine Parallelen aufweist: eine Zentralperspektive und einen Allgemeingültigkeitsanspruch, eine Ernsthaftigkeit der Zielsetzung und einen Sinn für soziale Gerechtigkeit. Andere alte Kulturen (die ägyptische zum Beispiel) widersetzten sich dem Hellenismus, aber keine widerstand ihm so erfolgreich. Die jüdische Kultur war nichts Versteinertes, sie war immer noch sehr lebendig.

Die Römer hingegen waren Neulinge auch auf dem Gebiet des Hellenismus. Die literarischen Arbeiten, die den Namen Roms über den eines reinen Eroberers hinausgehoben hatten, waren zu Lebzeiten Jesu Leistungen jüngster Vergangenheit (Vergil starb 19 v.d.chr.Ztr.). Der Durchschnittsrömer, selbst ein Anhänger der herrschenden Patrizierklasse, wußte wenig davon, während bei den Juden die Bibel ein Thema der elementaren Erziehung selbst unter Handwerkern und Landarbeitern war. So ähnelten die Umstände der römischen Besetzung Palästinas stark den Verhältnissen im China des 19. Jahrhunderts, in der Periode des Eindringens der westlichen Mächte, die sich als Vertreter der fortschrittlichsten Zivilisation der Welt betrachteten, während die Chinesen in ihnen ungehobelte Nachzügler sahen.

Nicht nur die Juden verachteten die kulturellen Ansprüche der Römer. Auch die Griechen hielten ihre römischen Herren für plump; aber anders als die Juden nahmen die Griechen ihre militärische Niederlage als endgültig hin. Es waren die Griechen, die ungeheißen als erste dem römischen Kaiser und der Göttin Roma göttliche Verehrung anboten. Die Haltung der Griechen gegenüber den Römern war kriecherisch von vorn und voller Hohn hinter ihrem Rücken. Ein symbolisches Ereignis war Neros Besuch in Griechenland ungefähr 30 Jahre nach dem Tod Jesu. Nero, der römische Kaiser, bildete sich ein, Musiker, Sänger und Dichter zu sein. Er meldete sich zu den verschiedenen künstlerischen Wettbewerben in Griechenland an, nahm die Angelegenheit auch sehr ernst und wartete aufgeregt auf das Urteil der Schiedsrichter. In jedem Wettbewerb wurde er einmütig zum Gewinner erklärt und als Genius bejubelt, während die Griechen untereinander gleichzeitig über die Laienhaftigkeit seiner Darbietungen lachten. Dieser Vorfall kennzeichnet

das Verhältnis zwischen Griechenland und Rom: das rührende Verlangen der Römer, an der hellenistischen Kultur teilzuhaben, und die völlige Unterwerfung der Griechen unter die römische Militärmacht, gepaart mit einem ironischen Überlegenheitsgefühl.

Die Juden nahmen gegenüber Rom nie diese Haltung ein, weil sie sich nie völlig unterwarfen. Die griechische Kultur enthielt trotz ihrer Großartigkeit nicht mehr das Zeug zum Märtyrertum oder den Willen, bis zum Ende für die Freiheit zu kämpfen (obwohl der Glaube des Stoizismus seine individuellen heroischen Märtyrer hatte). Dies ist vielleicht der Grund, warum die Griechen des Römischen Reiches die Juden so haßten. Der historische Ursprung des Antisemitismus liegt bei ebendiesen Griechen, die die Tatsache übelnahmen, daß die Juden nie ihre innerste Freiheit an Rom verloren hatten. In Alexandria, wo der griechische Haß auf die Juden am bittersten war, denunzierten die Griechen die Juden fortwährend bei den Römern als Verräter und waren besonders empört, weil den Juden das Vorrecht gewährt worden war, dem römischen Kaiser keine göttliche Verehrung erweisen zu müssen.

Die Juden achteten den Hellenismus, obwohl sie starke Vorbehalte gegen ihn hatten. Sie hegten dagegen keine Achtung für Rom, das sie für eine rein militärische Macht hielten. Sie setzten Rom mit Esau gleich, dem kriegerischen Bruder Jakobs. Vielleicht war das Bezeichnendste an der jüdischen kulturellen Tradition – ein Charakteristikum, das sie in der antiken Welt einmalig machte –, daß sie keine Verherrlichung des Krieges enthielt. Die Römer (wie die Nazis) dachten, der Krieg sei die Nährmutter aller Tugenden. Die Juden kämpften bei vielen Gelegenheiten tapfer für ihre Freiheit; aber sie betrachteten den Krieg als ein Erzübel. Ihre Helden waren Gesetzgeber und Propheten, keine Krieger. Die Ausnahme war König David, aber ihm war es laut Bibel nicht gestattet gewesen, den Tempel zu bauen, da er Blut vergossen hatte; und sein Sohn Salomo, der den idealen König, den Messias, symbolisierte, trug einen Namen, der »Frieden« bedeutet, und regierte in Jerusalem, was »Stadt des Friedens« heißt. Es war deshalb etwas Empörendes, daß die Römer den Krieg verherrlichten.

Es gab keinen Grund für die Juden zu glauben, die Römer brächten ihnen jene Vorteile der Zivilisation, für die sie dankbar sein sollten. Soweit die Römer die Träger der hellenistischen Kultur waren, hatten die Juden damit bereits seit der Zeit Alexanders des Großen 300 Jahre früher ihre Erfahrungen gemacht, und sie hatten sich davon soviel angeeignet, wie sie benötigten. Soweit die Römer politische Organisatoren waren, die anderen ein System von Recht und Ordnung aufzudrängen vermochten, so hatten die Juden auch daran keinen Bedarf. Sie hatten eine lange Tradition der Selbstregierung; sie hatten schon eine Zivilisation, als die Römer gemäß ihrer sagenhaften Selbstdarstellung noch eine Schar von Vogelfreien waren. Sie hatten ihre eigenen altehrwürdigen Einrichtungen und ihren Rechtskodex, der an

Menschlichkeit und Zivilisiertheit dem römischen an vielen Stellen überlegen war. Die römische Kultur war befleckt durch entwürdigende Sklaverei, Kindermord, Menschenopfer[1], gerichtlich angeordnete Folterung, Grausamkeit gegen Tiere – Züge, die aus der jüdischen Kultur verbannt worden waren.

Jene Historiker, die beklagen, die Juden seien unangenehm »ruhelos« unter der römischen Herrschaft gewesen und hätten sich wie andere Völker abfinden sollen, um die »Pax Romana« zu genießen, liegen damit sehr schief. Es war nicht Dankbarkeit für die »Pax Romana«, was andere Völker dazu brachte, unter der römischen Herrschaft ihre Ruhe zu finden; es war Furcht vor der römischen Macht und, noch wichtiger, Verherrlichung des römischen Erfolgs. Die Juden waren keine Erfolgsanbeter, und sie schätzten ihre eigene Kultur zu hoch, um sie versklavt sehen zu wollen.

Außerdem ist es wichtig, sich klarzumachen, daß sich das Römische Reich zu Lebzeiten Jesu eben erst aus seinem Freibeuterdasein erhob. Obwohl Augustus die ersten Schritte eingeleitet hatte, Achtbarkeit zu erlangen, sollten viele Jahre vergehen, ehe die Idee der Treuhandverwaltung politische Bedeutung erreichte. Augustus (Oktavian) selbst hatte nach seinem Sieg über Antonius und Kleopatra den gesamten Inhalt der ägyptischen königlichen Schatzkammer weggeschleppt. Bei den weiteren Eroberungen wurden nach und nach unermeßliche Schätze in Form von Gold, Silber, Juwelen und Kunstwerken von den Römern in Griechenland, Pontus, Syrien und Ägypten erbeutet. Später, unter den flavischen und antoninischen Kaisern, als die verfügbaren Berge von Reichtümern alle nach Rom gebracht worden waren, wurde das Römische Reich eine einzige Verwaltungseinheit, und es entwickelte sich ein Gefühl der Verantwortung; aber zu Lebzeiten Jesu beuteten die Römer noch hungrig ihren militärischen Erfolg aus. Es sollte auch betont werden, daß die reichsten Teile des Römischen Reiches im Osten waren, wo die größten Anhäufungen von Besitz lagen. Für die Römer dieser Zeit war der Osten das Eldorado, in dem Vermögen gemacht werden konnten, wenn einer nur entschlossen und skrupellos genug war. Wir sollten uns die Römer dieser Zeit nicht nach dem Bild Mark Aurels vorstellen, sondern nach dem Bild der spanischen Konquistadoren, die Südamerika ausplünderten.[2]

---

1 Noch zur Zeit Domitians wurde eine Vestalin lebendig begraben, offiziell nur noch eine bestimmte Strafe, doch klar aus der Tradition gewisser Menschenopfer stammend. Als solche waren diese allerdings schon lange verboten und wurden auch in allen Provinzen unterdrückt.

2 Zu einer wichtigen Korrektur des üblichen Bildes von den »Vorteilen« römischer Herrschaft siehe KAUTSKY 1968, Teil 2. Kautsky zeigt, daß das Imperium selbst in seinen sogenannten besten Tagen durch sein Sklavenhaltersystem einen Bevölkerungsrückgang, Erschöpfung des Bodens und schließlich wirtschaftlichen Zusammenbruch bewirkte, während es alle Formen eines echten politischen Lebens zerstörte. Gegenwärtige Historiker übermalen dieses Bild gerne; aber es gibt nun einmal getreu die leicht und zwingend belegbare Wirklichkeit wieder.

Auch wenn man die Vorstellung von der Überlegenheit der römischen Kultur fallenläßt, könnte man behaupten, die Juden seien unrealistisch gewesen, wenn sie davon träumten, sich von der allmächtigen römischen Kriegsmaschine zu befreien. Dieser Vorwurf ist sehr viel vernünftiger. Palästina war ein kleines Land, und die Juden waren ein verhältnismäßig schwaches Volk. Wie konnten sie überhaupt hoffen, der mächtigsten Berufsarmee, die die Welt gesehen hatte, durch eine ununterbrochene kämpferische Tradition in den letzten 400 Jahren gehärtet, Widerstand zu leisten? Außerdem war Palästina, obgleich selbst kein reiches Land, strategisch wichtig für die Römer, weil es ein Korridor war, der in das reiche Getreideland Ägypten, die Kornkammer Roms, führte. Es war wichtig, daß Palästina nicht in die Hände der Hauptfeinde Roms im Osten fiele, der Parther, die Palästina tatsächlich 40 Jahre vor der Geburt Jesu kurze Zeit besetzt hielten und oft drohten, es erneut zu besetzen. Doch trotz alledem hofften die Juden weiter, sie könnten die Römer hinauswerfen und ihre Existenz als unabhängiges Königreich wiedergewinnen.

Warum entwickelten allein die Juden von allen Völkern, die die Römer unterworfen hatten, eine Widerstandsbewegung, die ungefähr 200 Jahre lang für politische Unabhängigkeit weiterkämpfte? Warum warfen sich die Juden in zwei blutigen Kriegen gegen Rom, die von außergewöhnlichen Erfolgen wie auch von tragischer Niederlage gekennzeichnet waren? Dieses Phänomen, das von Historikern als Undankbarkeit gegenüber der Wohltat römischer Zivilisation oder als bloße Unruhe oder »Ungestüm« beiseite geschoben wurde, hat nie die Aufmerksamkeit erhalten, die es verdient.

Kapitel 5

Religion und Revolte: Die Pharisäer

Die treibende Kraft hinter dem jüdischen Widerstand war die Religion. Dieser Punkt ist für den modernen Leser schwer zu fassen, weil wir nicht daran gewöhnt sind, an Religion als eine politische, aktivistische, revolutionäre Kraft zu denken. Auch ist das Bild von der jüdischen Religion, das im Neuen Testament gegeben wird, dasjenige einer starren, festgefügten Ordnung, die sich, verbündet mit den Römern, an den Status quo klammert und jeder Erneuerung widersetzt. Es gibt im Neuen Testament keinen Hinweis auf irgendeinen Konflikt zwischen jüdischer Religion und römischer Macht. Tatsächlich wird das ganze Problem der römischen Macht in einem solchen Maß heruntergespielt, daß es kaum auch nur die Andeutung irgendeiner Gegnerschaft gegen Rom gibt. Das Ziel der Evangelien ist es, die damalige revolutionäre Streitfrage so darzustellen, als spiele sie sich zwischen Jesus und der *jüdischen* herrschenden Schicht ab. Die Tatsache, daß es eine römische herrschende Schicht gab, gegen die revolutionäre Kräfte existierten, wird verschleiert, so daß die Ordnung, gegen die Jesus sich auflehnt, als ganz und gar jüdisch dargestellt werden kann.

Es gab eine kleine religiöse Partei, die Sadduzäer, die Kollaborateure waren, den Status quo unterstützten und amtliche Stellen unter den Römern und deren Mitläufern, den Herodianern, annahmen. Die Sadduzäer waren die Partei der wohlhabenden Landbesitzer und priesterlichen Familien. Der Hohepriester selbst war ein Sadduzäer, und es ist einer der wichtigsten Punkte, die es beim Studium des Neuen Testaments festzuhalten gilt, daß der Hohepriester von den Römern ernannt wurde. Als Angehöriger einer landesverräterischen Minderheitsgruppe wurde er von der großen Masse des Volkes geringschätzig angesehen. Die religiöse Autorität lag nicht bei den Priestern, sondern bei einer ganz anderen Gruppe von Personen, die Rabbis (Lehrer, Meister) genannt wurden und die Führer der Pharisäer waren.

Folglich ist das Bild, das in den Evangelien von einer jüdischen religiösen herrschenden Schicht, die den Status quo unterstützte, gegeben wird, insoweit wahr, als es sich auf die Sadduzäer bezieht, die eine herrschende Schicht in dem Sinn darstellten, als sie von den Römern eingesetzt und gestützt waren (die sog. »einheimische Elite« aller römischen Provinzen, deren Preislied gegenwärtige Historiker nicht laut genug singen können). In den Augen des größeren Teils des jüdischen Volkes war die legitime herrschende Schicht die entmachtete Partei der Pharisäer,

die keine politisch einflußreichen Positionen innehatten und deren Führer von den Römern weder Anerkennung suchten noch erhielten.

Zwei Kriege führten die Juden gegen die Römer, wenn man von den vielen kleineren Empörungen und Aufständen absieht: den Jüdischen Krieg von 66 bis 70 chr. Ztr. und den Bar-Kochba-Aufstand von 132 bis 135 chr. Ztr. Der erste wird gelegentlich Zelotenkrieg genannt, da er auf die Aktivität der Zelotenpartei zurückging, die Judas von Galiläa zu Lebzeiten Jesu gegründet hatte.[1] Die Zeloten waren Pharisäer. Judas von Galiläa selbst und sein Partner Zadok waren pharisäische Rabbis. Die Zeloten waren der militante aktivistische Flügel der Pharisäerpartei, der in allen religiösen Gesichtspunkten mit seinen Pharisäerbrüdern übereinstimmte und nur in der Frage des richtigen Zeitpunktes für den aktiven Widerstand gegen die Römer von der Mehrheit der Partei abwich. Der zweite große Krieg, der Bar-Kochba-Aufstand, war vom Ziel und der Veranlassung her ganz pharisäisch bestimmt. Bar Kochba selbst war ein Pharisäer (wie eindrucksvoll durch kürzlich entdeckte Briefe von seiner Hand bestätigt wird [Yadin 1961]), und seine Hauptstütze war Rabbi Akiva, der einflußreichste Pharisäerrabbi der Zeit. So ging zu allen Zeiten der Widerstand gegen Rom von der Pharisäerpartei aus.

Diese Behauptung wird für alle, deren Wissen über die Pharisäer auf der Darstellung des Neuen Testaments beruht, überraschend kommen. Die Pharisäer werden dort so dargestellt, als seien sie nur damit beschäftigt gewesen, ihre eigenen amtlichen Stellungen zu sichern. Die Vorstellung, daß solche Menschen an umstürzlerischen Aktivitäten teilnehmen, daß sie ihr Leben für die Freiheit aufs Spiel setzen, daß sie heroisch und qualvoll am Kreuz sterben könnten, wie so viele es taten, scheint mit der Schilderung des Neuen Testaments wenig gemein zu haben.

Wer waren die Pharisäer? Was waren die religiösen Streitpunkte zwischen ihnen und den Sadduzäern? Warum nahmen die Pharisäer einen antirömischen Standpunkt ein, während die Sadduzäer Kollaborateure waren? In den Evangelien werden die Pharisäer dargestellt, als seien sie in ihrer Gegnerschaft zu Jesus und das Eintreten für den Status quo mit den Sadduzäern und Herodianern verbündet gewesen. Die Pharisäer werden nicht direkt als Kollaborateure der Römer gesehen, aber nur deshalb nicht, weil die Römer in den Evangelien solche schemenhaften Gestalten sind, daß sich die Frage, ob man ihnen Widerstand leisten oder mit ihnen kollaborieren soll, kaum stellt. Die maßgeblichen Instanzen sind jüdisch; Pilatus der Römer erscheint nur als Gestalt im Hintergrund, an die sich die Juden wegen ihrer Rachsucht gegen Jesus wenden und die sie auf verschiedene Arten manipulieren und irreführen, um ihre Rache zu üben.

---

1 Einige Gelehrte (S. Zeitlin, A. Richardson, Morton Smith) behaupten, daß die von Judas gegründete Partei nicht identisch mit den Zeloten war. Aber die ununterbrochene dynastische Folge, die von Judas zu den späteren Zelotenführern führt, spricht gegen diese Ansicht.

Glücklicherweise gibt es eine Fülle von Quellenmaterial, aus dem es möglich ist, ein wahrheitsgemäßeres Bild von den Pharisäern zu erhalten. Josephus liefert viele wertvolle Kenntnisse über die Geschichte und Einstellung der Pharisäer, und es gibt auch eine umfangreiche Literatur, die von den Pharisäern selbst geschrieben ist.[2] Der beste Weg, das Klischee von den Pharisäern als knochentrockenen, scheinheiligen Paragraphenreitern zu korrigieren, ist, die schöne Liturgie zu lesen, die sie zusammengestellt haben und die immer noch den Hauptteil des jüdischen täglichen Gebetbuches bildet und grundlegenden Einfluß auf die Entstehung der christlichen Liturgie hatte.

Der wichtigste religiöse Unterschied zwischen den Pharisäern und den Sadduzäern betraf die Frage des »mündlichen Gesetzes«. Die Pharisäer vertraten die Ansicht, daß es zusätzlich zu dem geoffenbarten Wort Gottes in der Heiligen Schrift (d.h. dem »Alten Testament«, wie die Christen es später nannten, und besonders den fünf Büchern Mose, bekannt als Thora oder »Gesetz«) eine mündliche Überlieferung gebe, bestehend aus Auslegungen und Bestimmungen, die das geschriebene Gesetz ergänzen und weiterentwickeln. Die Sadduzäer dagegen vertraten die Ansicht, das ganze Judentum sei in dem geschriebenen Gesetz der Bibel enthalten, die eine in sich geschlossene und endgültige Offenbarung sei, keiner Auslegung oder Entwicklung bedürftig.

Die Sadduzäer, so könnte man sagen, wollten das Judentum einfach halten. Sie wünschten, daß es sich um die drei großen Einrichtungen konzentrierte, die Heilige Schrift, die Priesterschaft und den Tempel. Das Judentum war für sie hauptsächlich die Erfüllung der kultischen Erfordernisse des Tempelritus, wie sie im priesterlichen Kodex festgelegt waren. Was die zeitgenössische Wirtschaft und Politik anging, so konnte darüber nichts in der Schrift gefunden werden, und solche Dinge lagen folglich außerhalb der religiösen Sphäre und konnten rein nach Belieben entschieden werden. Eine derartige Lehre sprach besonders reiche Landbesitzer und praktische Politiker an, die eine Einmischung von religiösen Idealisten und

---

[2] Die Literatur der Pharisäer besteht aus dem Talmud und dem Midrasch, die jeweils aus vielen selbständigen Werken bestehen, die über einen langen Zeitraum nach Stoffen aus verschiedenen Zeiten zusammengestellt wurden. Die Mischna, der wichtigste Bestandteil des Talmud, wurde um 200 chr. Ztr. von Rabbi Juda dem Fürsten zusammengestellt. Manche Forscher behaupten deshalb, daß der humane Standpunkt der Mischna die Ansichten einer späteren Zeit darstellt und nicht als Spiegel der pharisäischen Ansichten zur Zeit Jesu betrachtet werden kann. Heute wird jedoch allgemein anerkannt, daß ein großer Teil der Mischna aus der Zeit Jesu und früher stammt. Bis zu der Zeit, in der die Mischna zusammengestellt wurde, war die Bezeichnung »Pharisäer« allgemein ungebräuchlich geworden, weil die rivalisierenden Sekten unter den Juden inzwischen nicht mehr bestanden und ein Sektenname nicht mehr notwendig war. Es besteht also eigentlich keine Notwendigkeit, zwischen Pharisäismus und einer auf ihn folgenden »rabbinischen« Bewegung zu unterscheiden. Zur Kontinuität des Pharisäismus und der sogenannten »rabbinischen Bewegung« siehe Sanders 1977. Moore 1927 sollte man ebenfalls heranziehen.

Reformern vermeiden wollten. Die Sadduzäer hätten nicht geleugnet, daß die Heilige Schrift neben rituellen Vorschriften auch Regeln des moralischen Verhaltens enthielt, aber sie hegten nicht den Wunsch, die moralischen Regeln neueren Erfordernissen anzupassen oder in irgendeiner Weise zu reflektieren, um sie besser auf die Verhältnisse ihrer eigenen Zeit anwendbar zu machen.

Für die Pharisäer jedoch bedeutete diese Methode »die Thora in eine Ecke zu legen«, wie sie in ihrem anschaulichen Stil sagten (B. Kidduschim 66a). Die Thora war für sie eine lebendige Sache, die ständig neuen Verhältnissen begegnen und sich mit ihnen auseinandersetzen mußte und auf diese Art neue Entscheidungen hervorbrachte, die Teil des entstehenden mündlichen Gesetzes wurden. Das bedeutet nicht, daß die Pharisäer die Bibel für unvollkommen hielten. Es war auch ihrer Lehre nach das Wort Gottes, wie es Moses und den Propheten offenbart worden war. Aber veränderte Verhältnisse zogen aus ihm ständig neue Tiefen an Bedeutung; sein Inhalt war unerschöpflich. Diese zunehmende Entfaltung der Potenzen der Thora, wie sie die Zeit im Ablauf der Geschichte enthüllte, war das mündliche Gesetz. Mit anderen Worten, der Platz der Thora war »nicht im Himmel, sondern in den Händen des Menschen« (B. Baba Metziah 59b), und das mündliche Gesetz war so die wirksame menschliche Umsetzung der göttlichen Offenbarung.

Da sie die Thora nicht »in die Ecke legen« konnten, konnten die Pharisäer weder das Leben in voneinander isolierte Kategorien einteilen noch den Gesichtspunkt der Religion einengen. Für sie gab es weder so etwas wie einen »religiösen Bereich«, noch eine neutrale Sphäre, auf die sich die Religion nicht bezog. Die Thora war in ihrem Inhalt nicht begrenzt oder eingeschränkt. Sie sollte auf das gesamte Leben angewendet werden, und wenn kein bestimmter Text vorhanden war, der als gültig vorgelegt werden konnte, war es notwendig, die Grundsätze und den Geist des Judentums anzuwenden, um zu einem Urteil zu gelangen. Die Pharisäer waren folglich alles andere als Repräsentanten der herrschenden Ordnung, die sie im allgemeinen eher kritisierten. Ursprünglich »Chassidim« genannt, kämpften sie gegen die syrisch-griechischen Militärdynasten und ihre eigenen landesverräterischen Hohenpriester. Bald jedoch waren sie sich mit der neuen jüdischen königlichen Dynastie, den Hasmonäern, nicht mehr einig. Als diese Dynastie von Herodes verdrängt wurde, wurden die Pharisäer schließlich dessen Hauptgegner. Und als nach Herodes' Tod die römische Besatzungsmacht, wiederum durch eine landesverräterische Hohepriesterschaft gestützt, die Herrschaft ausübte, waren es die Pharisäer, die das Rückgrat der Opposition bildeten.

Da die Sadduzäer die Konservativen waren, die sich Neuerungen und Reform widersetzten, ist von den meisten Autoren vorausgesetzt worden, daß sie zuerst dagewesen waren. Die Pharisäer jedoch behaupteten immer, das mündliche Gesetz, dessen Anhänger und Verfechter sie waren, gehe auf die Ursprünge des Judentums zurück und die Sadduzäer seien, indem sie das mündliche Gesetz leugneten, Ket-

zer, die versuchten, einen wesentlichen religiösen Grundsatz abzuschaffen. Sowohl Josephus als auch Philo bestätigen, daß die Pharisäer die Hüter sehr alter Traditionen waren.[3] Es ist möglich, daß die Sadduzäer als pro-hasmonäische Protestbewegung gegen die Anhäufung außerbiblischer Traditionen und das wachsende Ansehen der »Schriftgelehrten« oder »Rabbis«, die die besten Kenner dieser noch in vorstaatlicher Zeit wurzelnden Traditionen waren, begannen.

So wie die Sadduzäer die religiöse Partei der Reichen und Mächtigen waren, so waren die Pharisäer die religiöse Partei der Armen und Machtlosen. Auch dies ist eine Tatsache, die ganz leicht durch Josephus und den Talmud bestätigt werden kann, die aber im Neuen Testament völlig verdunkelt wird. Josephus' Zeugnis lautet so: »... die Pharisäer haben dem Volk sehr viele von ihren Vätern überkommene Bräuche überliefert, die nicht in den Gesetzen Moses geschrieben stehen; und aus diesem Grund lehnen die Sadduzäer sie ab und sagen, daß wir jene Bräuche als bindend achten sollen, die im geschriebenen Wort stehen, aber nicht beachten sollen, was aus der Überlieferung unserer Vorväter übernommen ist. Und was diese Dinge betrifft, so sind zwischen ihnen große Wortstreite und Differenzen entstanden, wobei die Sadduzäer nur die Reichen überzeugen können und nicht die Volksmasse hinter sich haben, die Pharisäer jedoch die Menge auf ihrer Seite haben« (Jos. ant. XIII 10,6). Josephus sagt auch über die Pharisäer: »Diese haben so große Macht über die Masse, daß man ihnen, wenn sie etwas gegen den König oder gegen den Hohenpriester sagen, sofort Glauben schenkt« (Jos. ant. XIII 10,5). Aus dem Talmud erfahren wir, daß die führenden Pharisäer wie Hillel, Schammai, Hanina ben Dosa und Akiva aus dem Handwerkerstand kamen und selbst auf der Höhe ihres Ruhms als Holzfäller, Schäfer, Zimmerleute, Schuhmacher usw. arbeiteten.

Nach Josephus gab es zur Zeit Jesu ungefähr 6000 Pharisäer. Das waren die Mitglieder der Gesellschaft der »Kameraden« (Haverim), wie sie sich selbst nannten. Ihre Führer wurden »Weise Männer« (Hakamim) genannt und erhielten später den Titel »Meister« (Rabbi) ihren Namen vorangestellt. Diese Führer wurden auch manchmal nach dem Titel Esras und seiner Anhänger in spätbiblischer Zeit die »Schriftgelehrten«[4] genannt. Die Pharisäer betrachteten Esra in der Tat als den Begründer ihrer Bewegung, und sie sahen sich als die Erben der prophetischen Überlieferung.

---

3 Jos. ant. XIII 10,6. Philo, ed. Mangey II 629 (erhalten in Eus. praep. ev. VIII 7,6).

4 Es wird gelegentlich vermutet, daß die in den Evangelien erwähnten »Schriftgelehrten« sadduzäische, nicht pharisäische Schriftgelehrte waren. Das ist wenig glaubhaft, da die »Schriftgelehrten« im Text fast immer in engem Zusammenhang mit den Pharisäern stehen. Das Motiv für diese Vermutung ist der Wunsch, die Evangelien gegen die Beschuldigung der falschen Darstellung zu verteidigen. Ähnliche Motive stehen hinter dem Vorschlag, die Schriftgelehrten seien exklusiv Schammaiten gewesen, nicht auch Hilleliten.

Die Priester und die Rabbis waren zwei festumrissene Gruppen mit ganz verschiedenen Funktionen. Die Priester (Kohanim) waren eine erbliche Kaste, die angeblichen Nachkommen von Mosis Bruder Aaron. Ihre Hauptfunktion war, den Tempeldienst zu versehen, unterstützt von den Leviten, die die Tempelmusik spielten, das Wasser für die Waschungen trugen usw. Der ganze priesterliche Stamm Levi (in dem die Kohanim eine Sippe bildeten) durfte kein Land besitzen und lebte von einem freiwilligen Zehnten, den die Gläubigen stifteten. Als der Tempel zerstört wurde, endete die Rolle der Priester und Leviten, und ihre Bedeutung für das Judentum hörte auf. Allerdings erhielten sie als Erinnerung an ihre frühere Rolle gewisse formale Vorrechte im synagogalen Gottesdienst. (So wurden sie zur Lesung des Gesetzes als erste aufgerufen und segneten die Versammlung mit dem Priestersegen, der in die christliche Liturgie aufgenommen worden ist.)

Die Priester als solche hatten keine Rolle als Lehrer und keine Befugnis, sich zu Angelegenheiten der religiösen Lehre oder Praxis zu äußern. Dies war das Feld der Weisen Männer oder Rabbis, die ihrerseits keine Rolle im Tempeldienst hatten. Um Priester zu werden, mußte man von Aarons Stamm sein, aber um Rabbi zu werden, bedurfte es keiner besonderen Auszeichnung durch die Geburt. Die Stellung war für jeden offen, der die notwendige Fähigkeit mitbrachte. Der Rabbi war im wesentlichen ein Laienführer, der seinem eigenen Gewerbe nachging, aber sein Wissen und seinen Rat als Lehrer und Richter gab, wenn er darum gebeten wurde. Diese Tradition des Laientums im Rabbinat blieb lange lebendig. Noch im Mittelalter lehnten es große Rabbis wie Maimonides und Nachmanides ab, sich ihre Dienste bezahlen zu lassen, und verdienten ihren Lebensunterhalt in irgendeinem anderen Beruf, häufig als Ärzte.

Während es Konflikte zwischen Pharisäern und Sadduzäern gab, bestand keine Feindschaft zwischen den Rabbis und den Priestern. Die Aufgabenteilung zwischen ihnen war dafür zu selbstverständlich. Den Priestern fehlte nicht nur die Lehrbefugnis, sie beanspruchten sie auch nicht. Die meisten Priester waren selbst Pharisäer oder Anhänger der Pharisäer. Es waren nur die reichen hohenpriesterlichen Familien, die Sadduzäer waren. Den Priestern wurde ein vornehmerer Rang unter den Sadduzäern eingeräumt, aber das spielte mehr in der Theorie als in der Praxis eine Rolle. Wie Josephus darlegt, folgten sogar die Sadduzäer den Anordnungen der Pharisäer in den meisten Fällen.

Die Aufgabenteilung zwischen Priester und Lehrer begann nicht mit den Pharisäern. Sie war einer der ältesten Züge des Judentums. Moses, der Prototyp des Lehrers, war kein Priester; er übertrug diese Funktion seinem Bruder Aaron. Die Propheten, die auf Moses folgten, waren selten Priester, obwohl es kein *Hindernis* für einen Priester gab, ein Prophet zu werden wie jeder andere, wenn er entdeckte, daß er die Gabe dazu hatte. (Hesekiel zum Beispiel war ein Priester.) Die Unterscheidung zwischen Priester und Lehrer ermöglichte es den Juden, den Kern

des Judentums vor Verfälschung zu bewahren, und da diese aus vorstaatlicher Zeit stammte, verhinderte er immer eine volle Verschmelzung von Religion und Staatsmacht. (Dies traf dauernd zu, obgleich es gewisse Perioden gab, in denen die Rolle von Priester und Lehrer doch verschmolz.) Aber es war für Nichtjuden wie Griechen und Römer sehr schwer zu verstehen, daß der religiöse Amtsinhaber, der die prächtigen Gewänder trug und die religiösen Feierlichkeiten mit Prunk und Zeremoniell anführte, letzten Endes keine religiöse Bedeutung hatte und daß die religiöse Autorität, die die Juden am meisten verehrten, irgendein armer Dorfschuster sein mochte, der die Hauptquelle des Gesetzes war.

Die Pharisäer waren also eine Bewegung, die dem modernen Fragesteller, der daran gewöhnt ist, eine Spaltung zwischen Reform und Tradition oder zwischen Revolte und Konservatismus vorzunehmen, viele Widersprüche vor Augen führt. Die Pharisäer waren sowohl Traditionalisten als auch Reformisten; sie waren sowohl Ausgangspunkt von Autorität als auch Ausgangspunkt kritischen Infragestellens. Sie waren eine Laienbruderschaft mit der Funktion, als Kritiker der Gesellschaft und Hüter des unverfälschten Judentums zu handeln. Sie standen abseits von Machtpositionen im institutionellen Sinn, waren aber bereit, als Ratgeber zu dienen, wenn sie dazu aufgefordert wurden. Wenn die herrschende Macht, ob königlich oder priesterlich, korrupt wurde, bekämpften sie sie unerbittlich, aber niemals in dem Sinn, daß sie bestehende Autorität stürzten, sondern eher in dem Sinn, daß sie sie vor den Ansprüchen mit der Staatsmacht aufgestiegener Ehrgeiziger auf eine fetischisierte Autorität schützten. Sie betrachteten die Heilige Schrift als göttlich offenbart, aber sie beanspruchten das Recht, ihre Lehre zu ergänzen, indem sie ihr inneres Potential entwickelten und ihr gestatteten, wie etwas Lebendiges zu wachsen; sie wie ein mysterienartiges Orakel zu fetischisieren, wie die Sadduzäer das taten, war für sie eine Art von Götzendienst und auch eine Art von Geringschätzung.

Es ist interessant zu sehen, wie Josephus die Pharisäer betrachtet. Er ist insgesamt gegen sie, aber während die Evangelien die Pharisäer als engherzige, an die »Überlieferung der Väter« gebundene Reaktionäre und als Helfer der Herrschenden angreifen, greift Josephus sie als ungestüme Männer und Unruhestifter an. Josephus steht auf der Seite der Römer, und er ist auch stolz auf seine Verbindungen zu der Hohenpriesterschaft. Er bewundert die Pharisäer in vielen Dingen, und an einem Punkt seines Lebens schloß er sich ihnen sogar an. Aber am Ende verdammt er sie. Er nennt sie »Menschen mit dem größten Vermögen, gegen Könige zu handeln« (Jos. ant. XVII 2,4). Die Pharisäer waren nicht gegen Könige an sich, nicht mehr, als sie gegen Hohepriester waren. Aber fast alle Könige und Hohepriester empfanden die Pharisäer als Stachel in ihrem Fleisch, weil sie von ihnen verlangten, sie sollten »wahre« Könige und »wahre« Hohepriester sein, nämlich gemäß den Richtlinien der Thora und des mündlichen Gesetzes. (Etwas Ähnliches gibt es in neuerer Zeit in Gestalt von Demokraten, die ihre Regierenden an die

Verfassung erinnern.) Immer wieder müssen der König und der Hohepriester sich wie Ahab gefühlt haben, als dieser Elia, dem Propheten, entgegenrief: »Bist du nun da, der Israel ins Unglück stürzt?« (1. Kön. 18,17)

Da so viele Autoren geleugnet haben, daß die Pharisäer Reformatoren waren, und versucht haben, das Bild von den Ultrakonservativen, das sie im Neuen Testament abgeben, zu festigen, sind im Anhang 5 einige der tatsächlichen Reformen und Entwicklungen des jüdischen Gesetzes und der jüdischen Religion, die auf die Pharisäer zurückgehen, dargestellt. Jedoch verdient die Haltung der Pharisäer zum Sabbat besondere Erwähnung, da sie im Neuen Testament so scharf kritisiert wird. Auch hier führten die Pharisäer wichtige Reformen durch. Sie setzten fest, daß jede Gefahr für das Leben das Sabbatgesetz aufhob; zum Beispiel waren für den Fall einer Feuersbrunst oder des Einsturzes eines Gebäudes alle Sabbatverbote wie Graben, Feuerlöschen usw. für die Dauer der kritischen Lage außer Kraft gesetzt. Tatsächlich wurde jeder, der versuchte, den Sabbat unter Gefahr für sein eigenes oder eines anderen Leben einzuhalten, von den Pharisäern als Sünder gebrandmarkt; es wurde zur ausdrücklichen Pflicht, das Sabbatgesetz in einer solchen Situation zu mißachten. Als Jesus sagte: »Der Sabbat ist um des Menschen willen geschaffen und nicht der Mensch um des Sabbats willen«, da zitierte er einen bekannten Grundsatz der Pharisäer, der fast im selben Wortlaut in Schriften der Pharisäer erscheint.

Die Frage des Heilens findet in den Evangelien starke Beachtung. Hier werden die Pharisäer dargestellt, als widersetzten sie sich heftig der Praxis, am Sabbat Gesundbetungen vorzunehmen. Die Wahrheit ist jedoch, daß die Pharisäer gegen solche Heilungen keine Einwände gehabt hätten. Heilen gehörte nicht zu den Tätigkeiten, die sie für den Sabbat untersagten; sie sagten lediglich, daß die Behandlung bis nach dem Sabbat verschoben oder daß eine andere Behandlungsmethode angewendet werden sollte, wenn das zu behandelnde Leiden *geringfügig* war und (!) die *Methode* der Behandlung eine Verletzung des Sabbatgesetzes einschloß (z.B. das Zerstampfen von Kräutern, um Arznei herzustellen[5]). Da die Heilmethode Jesu keinen Bruch des Sabbatgesetzes mit sich brachte[6], hätten die Pharisäer nicht den geringsten Einwand dagegen gehabt, nicht einmal im Fall von geringfügigen Leiden. Es ist deshalb unbegreiflich, daß die Evangelien den Pharisäern solche Ansichten zuschreiben; und die wahrscheinlichste Erklärung dafür ist, daß der Streit ursprünglich (d.h. in der ersten Version der Evangeliengeschichten oder historisch) zwischen Jesus und den Sadduzäern entstand.[7] Die Tatsache, daß die Evangelien

---

5 Siehe Anhang 4.B.

6 Aber siehe Anhang 4.C zu Johannes' Änderungen an den Geschichten der Sabbatheilung.

7 Ein sehr klares Beispiel für die Einsetzung von »Pharisäer« anstelle von »Sadduzäer« ist der Streit um die Achtung vor den Eltern, berichtet bei Markus (7) und Matthäus (15). Hier hält Jesus den

überarbeitet wurden, um die Pharisäer in ein immer schlechteres Licht zu rücken, wird später in diesem Buch genauer gezeigt werden.

Die Bewegung der Pharisäer war also der wirkliche Ausdruck des Judentums zur Zeit Jesu. Es war eine Bewegung mit einer langen und würdigen Geschichte mutiger Verteidigung des Judentums gegen Tyrannei und usurpierte Macht. Es war eine Bewegung, die für ein lebendiges, sich weiterentwickelndes Judentum eintrat, die in ihrem strengen Denken und ihrer nicht nachlassenden Aktivität versuchte, das Judentum mehr und mehr an die hohen Maßstäbe von Sittlichkeit, Menschlichkeit und Mitleid anzunähern. Es war eine Bewegung, in der der einfache Mann, der Laie, mehr und mehr in den Vordergrund rückte und die erbliche Aristokratie von Priestern und Landbesitzern wenig geachtet wurde. Dementsprechend war es die Bewegung, die vom einfachen Volk unterstützt wurde.

Es kann kaum überraschen, daß es eher diese Bewegung war als die der Sadduzäer, die für den Widerstand gegen Rom sorgte. Das Sadduzäertum hatte das Judentum in ein geheiligtes, doch totes Zeugnis der Vergangenheit verwandelt. Für die Pharisäer war das Judentum eine lebendige Wirklichkeit.

»Pharisäern« vor, daß sie meinen, ein Mann könne rechtmäßig seine Eltern um den Nutzen gewisser Güter bringen, indem er vorgibt, diese Güter dem Tempel zu weihen. Die wirkliche Vorschrift der Pharisäer zu diesem Punkt bedeutet das genaue Gegenteil (Mischna, Nedarim 3,2). Die Pharisäer stellten die Versorgung der Eltern weit über die Ehrung des Tempels. Die Sadduzäer dagegen könnten bei ihrer übertriebenen Verehrung des Tempels die beschriebene Vorschrift gehabt haben. Jesus vertritt hier nachdrücklich einen pharisäischen Standpunkt; dennoch wird er dargestellt, als vertrete er ihn *gegen* die Pharisäer.

Kapitel 6

Die jüdischen Sekten

Es wäre falsch, als Reaktion auf die Schilderung in den Evangelien die Pharisäer als wilde Fanatiker darzustellen, die bereit waren, bei jeder passenden und unpassenden Gelegenheit zu den Waffen zu greifen. Diese Beschreibung würde allerdings ziemlich genau auf eine kleine Gruppe der Pharisäer, nämlich auf die Zeloten passen. Die Mehrzahl der Pharisäer meinte jedoch, es fehle den Zeloten an gesundem Menschenverstand und Wirklichkeitssinn.

Die Zeloten befanden sich von der Zeit an, als die römische Besetzung begann (6 chr. Ztr.), im offenen Kriegszustand mit den Römern. Sie hatten tatsächlich auch schon früher gegen die Römer gekämpft, nämlich während der verworrenen Zeit nach Herodes' Tod (4 v. d. chr. Ztr.), als Archelaus, Herodes' Sohn, in Rom war und versuchte, sich seine Nachfolge bestätigen zu lassen, und als römische Truppen auf der Suche nach Beute in Palästina einfielen. Zu dieser Zeit eroberte Judas von Galiläa, der Führer der Zeloten, die Hauptstadt von Galiläa, Sepphoris, und hielt sie gegen die Römer. Schließlich nahm Varus, der Statthalter von Syrien, Sepphoris ein und setzte es in Brand, aber Judas entkam und organisierte noch einige Jahre lang den Widerstand.

Die Zeloten leiteten ihren Namen von Pinehas dem Zeloten ab (griechisch zelos [ζῆλως], »Eifer«), dem Enkel Aarons, der mit dem Schwert in der Hand »für seinen Gott geeifert habe« (Num. 25,13). Man glaubte, Pinehas sei – als Belohnung für seinen leidenschaftlichen Glaubenseifer – nie gestorben und er sei kein anderer als der Prophet Elia, der eines Tages wiederkehren würde, um als der Vorläufer des Messias zu wirken (Mal. 3,23). Die Wahl dieses Namens als Losung der Bewegung hatte daher messianische Untertöne.

Die Zeloten hielten nichts davon, die relative militärische Stärke der Juden und Römer in Rechnung zu stellen. Sie glaubten, Gott werde ihnen zu Hilfe kommen, wenn sie sich gegen die Römer würfen, so wie er Judas Makkabäus, Samson, Gideon und Josua, die alle gegen eine offenbar hoffnungslose Übermacht gekämpft hatten, zu Hilfe gekommen war. Andererseits glaubten die Zeloten nicht, Gott würde den Juden helfen, wenn sie einfach untätig auf Gottes Rettung warteten; Gott würde nur jenen helfen, die »Eifer« zeigten und die bereit waren, ihr Leben aufs Spiel zu setzen.

Die Zeloten waren nicht gänzlich wirklichkeitsfremd. Sie erwarteten keine unmittelbaren Wunder. Sie rechneten mit einem langen, harten Guerillakrieg, in dem viele aus ihren Reihen getötet würden, aber sie glaubten, daß der Sieg trotz der überwältigenden militärischen Überlegenheit der Römer am Ende ihnen gehören würde. Die gemäßigten Pharisäer dagegen waren zwar ebenso antirömisch wie die Zeloten eingestellt, glaubten aber nicht daran, daß die Zeit für offenen Widerstand schon gekommen sei. Sie schlossen die Möglichkeit nicht aus, daß ein Retter aufstehen würde, wie es so oft in der jüdischen Geschichte geschehen war, der den Feind schlagen würde; aber sie neigten dazu, vorsichtig und skeptisch zu sein, wenn jemand behauptete, er sei ein solcher Retter, weil sie auch von vielen Enttäuschungen in der jüdischen Geschichte wußten, von Rettungen, die sich doch nicht verwirklicht hatten. Inzwischen nahmen sie die harte Wirklichkeit der römischen Besatzung unter einem Vorbehalt hin: Die Römer durften die grundlegenden Heiligtümer nicht verspotten. Sobald diese bedroht waren (wie durch Caligulas Plan, seine Statue zur Verehrung im jüdischen Tempel aufzustellen), waren auch die gemäßigten Pharisäer bereit zu kämpfen, denn in solchen Situationen war es ein Grundsatz der Pharisäer, den Tod einem Kompromiß vorzuziehen.

Die gemäßigten Pharisäer also warteten den rechten Augenblick und eine günstige Gelegenheit zum Aufstand ab. In der Zwischenzeit zahlten sie ihre Steuern an die Römer und verzichteten auf einen offenen Aufruhr, aber sie nahmen keine amtlichen Posten unter der römischen Besatzung an, und sie weigerten sich, bei den römischen Polizeiaktionen, bei denen die Zeloten aufgespürt und getötet werden sollten, mitzuarbeiten. Schließlich begannen die Zeloten einen regelrechten Krieg, in den alle jüdischen Parteien verwickelt wurden (sogar die Sadduzäer). In diesem Krieg (66–73 chr. Ztr.) kämpften die Zeloten bis zum letzten Mann. Die heldenhafte Verteidigung Masadas bis zum letzten Atemzug ist wohlbekannt. Hier gaben sich die letzten der Zeloten unter der Führung von Eleasar ben Jair, einem Nachkommen des ersten Zeloten, Judas von Galiläa, nach einer hartnäckigen Verteidigung lieber selbst den Tod, als daß sie sich von den Römern hätten gefangennehmen lassen. Die Zeloten verschwanden aus der Geschichte, und das Überleben der Juden und des Judentums blieb den gemäßigteren Pharisäern anvertraut.

Es gibt eine gute Beschreibung der Haltung der Pharisäer im Neuen Testament (Apg. 5). Als Petrus (einige Zeit nach dem Tod Jesu) von der sadduzäischen Partei des Hohenpriesters festgenommen und vor den Sanhedrin gebracht wurde, verteidigte der Pharisäerführer Gamaliel Petrus folgendermaßen: »Da stand aber im Hohen Rat ein Pharisäer mit Namen Gamaliel auf, ein Schriftgelehrter, der vom ganzen Volk in Ehren gehalten wurde, und ließ die Männer für kurze Zeit hinausführen. Dann sagte er: Ihr Männer von Israel, überlegt euch gut, was ihr mit diesen Menschen tun wollt. Denn vor einiger Zeit trat Theudas auf und gab vor, etwas Besonderes zu sein. Ihm schlossen sich ungefähr vierhundert Männer an.

Der wurde erschlagen, und alle, die ihm folgten, wurden zerstreut und vernichtet. Danach trat Judas der Galiläer auf in den Tagen der Volkszählung und gewann viele für seinen Aufruhr; und der ist auch umgekommen, und alle, die ihm folgten, wurden zerstreut. Und nun sage ich euch: Laßt ab von diesen Menschen und gebt sie frei! Stammt dies Vorhaben oder dies Werk von Menschen, so wird's untergehen; stammt es aber von Gott, so könnt ihr sie nicht vernichten – und steht ihr dann nicht als solche da, die gegen Gott streiten wollen?«

Dieser Abschnitt zeigt die abwartende Haltung der gemäßigten Pharisäer. Man beachte, daß die »umstürzlerischen« Aktivitäten von Theudas und Judas nicht einmal andeutungsweise verurteilt werden. Er erkennt ihre Ziele an (d.h. den Sieg über die Römer) und zweifelt nur, ob ihre Eingebung wahrhaftig von Gott war. Es ist besonders interessant zu sehen, wie anders dieses Bild hier ist als das Bild von den Pharisäern, das an anderen Stellen in den Evangelien und der Apostelgeschichte gegeben wird. Was ist mit den verfolgungswütigen Pharisäern geschehen, die Jesus angeblich zu Tode hetzten? Eben dieser Pharisäerführer Gamaliel, wird später behauptet (Apg. 22,3), war der Lehrer von Paulus, der, in seinen angeblich pharisäischen Tagen, die Anhänger Jesu in den Tod trieb. Nun war Gamaliel nicht einfach ein Pharisäerführer; er war der Kopf der ganzen Pharisäerpartei, der Sohn oder vielleicht der Enkel des großen Hillel. Keine Ansicht konnte bezeichnender für die Pharisäer sein als seine; doch hier drängt er auf Duldsamkeit gegenüber den frühen Anhängern Jesu. Wenn Paulus wirklich ein Schüler Gamaliels war, wo hat er dann seine Unduldsamkeit gelernt? Dieser Vorfall, der irgendwie der gegen die Pharisäer gerichteten Faktur der Apostelgeschichte entgangen ist, sollte als ein Hinweis (und es gibt andere, wie wir sehen werden) auf den wahren Charakter der Pharisäer, wie er sogar in antipharisäischen Dokumenten bezeugt wird, im Gedächtnis behalten werden.

So vorsichtig sie bei der Einschätzung der Chancen angeblicher Befreier waren, so waren die gemäßigten Pharisäer doch fähig, in einem richtigen Aufstand loszuschlagen, wenn sie einmal überzeugt waren, daß der richtige Führer gekommen war. In dem zweiten großen Krieg gegen die Römer (132–135 chr. Ztr.) hatte der jüdische Führer Bar Kochba die Unterstützung des höchst einflußreichen Pharisäerführers Rabbi Akiva, der Bar Kochba zum Messias erklärte. Dieser Krieg war besser geplant und erfolgreicher als der Aufstand der Zeloten. Die Römer wurden tatsächlich aus Palästina geworfen, und ein unabhängiger jüdischer Staat wurde errichtet, der über zwei Jahre bestand und Münzen prägte. Unglücklicherweise ist unsere Kenntnis dieses Zeitabschnitts dürftig, da dieser Krieg nicht seinen Josephus hatte, der ihn der Nachwelt in Einzelheiten überliefern konnte, und die Talmudberichte sind spärlich; aber einige Auskünfte kann man von römischen Geschichtsschreibern bekommen, und neuere archäologische Funde haben etwas Licht auf die Zeit geworfen. Bar Kochba wurde schließlich von dem römischen General Julius Severus, der

aus Britannien abberufen wurde, um die Juden zu erledigen, geschlagen und getötet. In dem grausamen Nachspiel des Krieges wurde Rabbi Akiva lebendigen Leibes die Haut abgezogen. Andere Rabbis wurden verbrannt, wobei man ihnen feuchte Wolle über die Herzen legte, um ihre Leiden zu verlängern (B. Avodah Sarah 17b). Sogar die Kreuzigung wurde bei dieser Gelegenheit für unzureichend gehalten. Der jüdische Staat wurde ausgelöscht und fast die ganze übriggebliebene Bevölkerung verschleppt. Dies war das Ende von 200 Jahren Pharisäeropposition gegen Rom.

Der Bar-Kochba-Aufstand zeigt, daß auch die gemäßigten Pharisäer zur offenen Rebellion fähig waren, obgleich es wahrscheinlich ist, daß die Ursache für ihre verzweifelte Aktion nicht nur der Wunsch nach politischer Unabhängigkeit war, sondern die Entscheidung Kaiser Hadrians, die Beschneidung zu verbieten und einen heidnischen Tempel auf dem verwüsteten Ort des jüdischen Tempels errichten zu lassen. Anders als die Zeloten waren die gemäßigten Pharisäer im allgemeinen bereit, fremde Herrschaft zu dulden, vorausgesetzt, ihre Heiligtümer wurden nicht mit Füßen getreten. Doch diese Langmut lief nie auf Billigung hinaus. Es kam ihnen nie in den Sinn, daß die Römer auf immer im Land bleiben könnten. Sie glaubten, Gott werde schließlich einen Befreier schicken, der die Juden vor den Römern rettete, wie sie vor anderen Eindringlingen gerettet worden waren.

Es wäre auch falsch, die Sadduzäer als reine Verräter und Quislinge darzustellen. Anders als die Pharisäer arbeiteten sie mit den Römern zusammen, aber wie die Anhänger Pétains im besetzten Frankreich fühlten sie, daß sie eine Art von landeseigener Unabhängigkeit wahrten und ihre Landsleute vor den Schrecken direkter militärischer Herrschaft schützten, wenn sie offizielle Posten annahmen. Sie glaubten, sie handelten im höchsten Interesse des jüdischen Volkes, wenn sie gegen die Widerstandsbewegung vorgingen, da das jüdische Volk ihrer Meinung nach durch derartige Unnachgiebigkeit gefährdet wurde. Ihre Haltung wird im Johannesevangelium (11,48) gut ausgedrückt: »Lassen wir ihn gewähren, so werden sie alle an ihn glauben, und dann kommen die Römer und nehmen uns Land und Leute.« Solche Menschen sind natürlich Meister der Selbsttäuschung; sie überbewerten ihre Macht und verbergen vor ihrem eigenen Bewußtsein, wieweit das Vergnügen an Amt und Würde sie leitet. Dennoch waren die Sadduzäer immer noch Juden. In den Tagen von Aristobulus und Hyrkanus hatten sie tapfer gegen die Römer gekämpft; und als 66 chr. Ztr. der Würfel zugunsten des Krieges gefallen war, schlossen sie sich dem Kampf an. Nur die Herodianer, die keine religiöse, sondern eine politische Partei waren, unterstützten die Römer in diesem Krieg.

Auch die Pharisäer zogen sich während der römischen Besetzung nicht völlig aus dem öffentlichen Leben zurück. Sie waren im Sanhedrin, dem höchsten Gericht der Juden, weiterhin stark vertreten. Das Judentum war eine Religion des Gesetzes, und es war eine der wichtigsten Aufgaben der Pharisäerführer, der Rabbis, als Richter zu wirken. Die Römer waren hauptsächlich daran interessiert, ihre Steuern zu erheben

und kümmerten sich nicht um rein religiöse Übertretungen. Der Sanhedrin blieb deshalb weiter tätig, ebenso die kleineren Gerichte in jeder Stadt, in denen überall die Pharisäer die Mehrheit stellten. Seit der Zeit der Königin Alexandra hatten die Pharisäer die Mehrheit im Sanhedrin besessen. Der Hohepriester fungierte aufgrund seines Amtes als Vorsitzender des Sanhedrin. Das bedeutet nicht, daß seine Meinung in Gesetzesdingen wichtig, geschweige denn entscheidend war. Die Zahl der Richter im Sanhedrin betrug siebzig, und alle strittigen Angelegenheiten wurden durch Mehrheitsbeschluß entschieden.[1]

Obwohl der Hohepriester im Sanhedrin machtlos war, beherrschte er sein eigenes Gericht, das zusammentrat, um Fälle zu untersuchen, die in seiner Eigenschaft als römischer Beamter unter seine Rechtsprechung fielen. Der Hohepriester war praktisch ein Polizeibeamter, dessen Aufgabe als römischer Angestellter es war, nach Zeichen der Aufwiegelung gegen die Besatzungsmacht Ausschau zu halten. Er war befugt zu Festnahmen und Verhören, und wenn er sich von dem aufwieglerischen Verhalten überzeugt hatte, übergab er den festgenommenen Mann dem römischen Prokurator zur Gerichtsverhandlung und Bestrafung.[2] Nach dem Neuen Testament wurde Jesus vor dem Sanhedrin wegen einer religiösen Anklage, der Gotteslästerung, verhört. Es wird später in diesem Buch bewiesen werden, daß er nie vor den Sanhedrin kam, sondern unter der Anklage der Aufwiegelung im Polizeigericht des Hohenpriesters verhört wurde.

Der Sanhedrin war, was festgehalten werden sollte, keineswegs ein Instrument der Römer. Er befaßte sich mit religiösem Recht, und wann immer ein Fall eine Beziehung zu der Macht der römischen Interessen hatte, lag er außerhalb der Rechtsprechung des Sanhedrin und mußte dem Prokurator übergeben werden. Selbst für diese Verweisung war der Sanhedrin nicht verantwortlich, aber es ist wahrscheinlich, daß der Hohepriester seine Stellung als Vorsitzender des Sanhedrin benutzte, um Kenntnis von Fällen zu erhalten, die einen für die Römer interessanten Gesichtspunkt enthielten.

Noch proromischer als die Partei des Hohenpriesters, die Sadduzäer, waren die Herodianer. Sie waren übriggeblieben vom Hof Herodes' des Großen und seines Sohnes Archelaus, der von Augustus ins Exil nach Vienne verbannt worden war. Die Herodianer hofften, daß ihrem verbannten Herrn oder einem seiner Verwandten eines Tages die Macht wieder zurückgegeben würde. In Galiläa waren die Herodianer in dem Vasallenfürstentum des Herodes Antipas, eines anderen Sohnes Herodes' des Großen, natürlich noch an der Macht. In Judäa versuchten die Herodianer, sich mit den Römern möglichst gut zu stellen, und einige von ihnen

---

[1] Das Neue Testament selbst berichtet von einem Fall, in dem der Sanhedrin den Hohenpriester überstimmte (Apg. 5, der Fall des Petrus).

[2] Büchler 1902; Mantel 1961, p. 92*sqq.*; Zeitlin 1975, p. 263*sqq.*

dienten als Offiziere in den römischen Streitkräften. Die Herodianer waren die einzige wichtige Gruppe der Juden, die nicht religiös motiviert war. Ihr Lebensstil war griechisch-römisch, und ihr Hauptinteresse galt dem Geld und politischer Macht. Sie hatten nicht das geringste mit den Pharisäern gemein. Doch so weit entfernt ist das Neue Testament von den geschichtlichen Tatsachen, daß die Evangelien die Pharisäer und die Herodianer manchmal als Verbündete darstellen!

Bildeten die Herodianer das eine Extrem des religiös-politischen Spektrums, so gab es auf dem entgegengesetzten Extrem gewisse Bewegungen, die noch glühender wirklichkeitsfremd als die Zeloten waren. Dies waren die kurzlebigen Bewegungen, die von Zeit zu Zeit um einen erleuchteten Propheten oder eine Messiasgestalt entstanden. In der Hoffnungslosigkeit, die sich nach der römischen Besetzung breitgemacht hatte, wurden diese Bewegungen recht häufig. Zwei davon werden im Neuen Testament erwähnt: die des Theudas (Apg. 5,36) und die des »Ägypters« (Apg. 21,38). Bei Josephus erfahren wir mehr über diese Erhebungen. Theudas (dessen Erhebung in der Apostelgeschichte zehn Jahre zu früh angesetzt wird) versprach den Menschen, er werde es ihnen ermöglichen, den Jordan trokkenen Fußes zu überqueren wie in den Tagen von Josua (dessen Name, von dem »Jesus« eine Variante ist, »Retter« bedeutet). Er zog eine Gruppe Anhänger an, wurde aber gefangengenommen und durch den damaligen römischen Prokurator Fadus enthauptet. Der »Ägypter« (d.h. Jude aus Alexandria) versammelte die Menschen auf dem Ölberg (einem Lieblingsplatz sogenannter Messiasse wegen der Prophezeiung des Sacharja) und versprach, die Mauer von Jerusalem durch ein Wunder zum Einsturz zu bringen (hier steckt wieder eine Anspielung auf Josua, der die Mauern von Jericho einstürzen ließ). Der Prokurator Felix schickte seine Soldaten gegen die Menge, und in dem anschließenden Gemetzel entkam der Ägypter und tauchte nicht wieder auf. Mehrere andere derartige Bewegungen werden in den Schriften des Josephus erwähnt, aber er behandelt sie alle ohne Sympathie. Der Kern solcher Bewegungen war die Erwartung eines Wunders, das irgendeine biblische Prophezeiung erfüllte. Wachgerüttelt von der charismatischen Gestalt des Propheten rückte ein ungeordneter begeisterter Haufen vor, nur um von römischen Soldaten niedergemäht zu werden. Sie trugen vielleicht ein paar Waffen, rechneten aber nicht damit, sich auf eine ernsthafte militärische Begegnung einlassen zu müssen, da sie davon überzeugt waren, Gott werde zu ihren Gunsten eingreifen. Das waren die »apokalyptischen« Bewegungen, die so genannt wurden, weil sie aus den Hoffnungen auf Erlösung entstanden, die in der »apokalyptischen« (Offenbarungs-)Literatur enthalten waren, zum Beispiel den Büchern Daniel, Joel, Sacharja, Henoch und der »Himmelfahrt Moses«. Die Bewegung der Zeloten hatte ihre apokalyptischen Seiten, obgleich sie sich von den anderen Bewegungen dadurch unterschied, daß sie realistischer in der Haltung war; sie scharte sich nicht um einen inspirierten Propheten, sondern um einen

militärischen Führer, der bewaffnete Banden nach Guerillamethoden organisierte. Auch die gemäßigten Pharisäer glaubten an die Prophezeiungen zumindest einiger apokalyptischer Schriften; aber sie hüteten sich, irgendeinen Mann anzuerkennen, der auftrat und behauptete, der verheißene Erlöser oder Messias zu sein. Nicht daß sie meinten, es sei etwas Unrechtes oder Gotteslästerliches daran, wenn jemand so eine Behauptung aufstellte; sie zogen es einfach vor abzuwarten. In den oben zitierten Worten Gamaliels: »Stammt dies Vorhaben oder dies Werk von Menschen, so wird's untergehen; stammt es aber von Gott, so könnt ihr sie nicht vernichten – und steht ihr dann nicht als solche da, die gegen Gott streiten wollen?«

Es gab eine apokalyptische Bewegung, die von besonderem Interesse ist, nämlich die Essener. Sie waren aus den Schriften von Josephus und Philo bekannt, aber die Entdeckung der Rollen vom Toten Meer hat unser Wissen über sie beträchtlich vermehrt. Die Bedeutung dieser Entdeckungen für das Studium der christlichen Ursprünge wurde anfangs stark übertrieben; zum Beispiel wurde der Lehrer der Gerechten in einer Schrift der Sekte vom Toten Meer von einem Gelehrten mit Jesus gleichgesetzt. Dies geschah auf der Grundlage eines Textes, der fälschlich auf die Kreuzigung des Lehrers bezogen wurde. Gewisse Züge der Sekte vom Toten Meer ließen sie der frühen Christengemeinde ähnlich erscheinen, so ihr Glaube an einen »Neuen Bund«, ihre Gütergemeinschaft, ihre religiösen Gemeinschaftsmahlzeiten und ihre negative Einstellung zur Sexualität. Diese Züge waren jedoch bereits aus Beschreibungen der Essener durch Josephus und Philo bekannt, und das neue Wissen über die Essener, das die Rollen lieferten, ließ sie den frühen Christen eher unähnlich erscheinen.[3]

Die Essener oder Sekte vom Toten Meer (falls sie tatsächlich identisch waren) gehören höchstwahrscheinlich zur Geschichte der Sadduzäer. Sie mögen sich aus

---

[3] Insbesondere sind folgende Merkmale zu erwähnen:

a) Die Sekte konzentrierte sich um die Priesterschaft, der sie eine ungewöhnliche Verehrung entgegenbrachte. Auch die messianischen Hoffnungen der Sekte waren von dieser Haltung gefärbt, denn sie sahen einem von Aaron abstammenden Messias entgegen, der dem davidischen Messias an Rang ebenbürtig, wenn nicht überlegen war.

b) Die Sekte befolgte eine Version des jüdischen Gesetzes, die strenger, weniger human und unflexibler als die pharisäische war; z.B. verbot ihr Kodex, einem Tier zu Hilfe zu kommen, das an einem Sabbat in eine Grube gefallen war. Ihr religiöser Kalender wich beträchtlich von dem pharisäischen ab; die von vielen Forschern vor der Entdeckung der Rollen vom Toten Meer vertretene Theorie, daß die Essener einen Teil der pharisäischen Bewegung ausmachten, hat sich also als falsch erwiesen.

c) Ihre messianischen Erwartungen waren in ihrer Art sehr militaristisch. Die »Kriegsregel«-Rolle beschreibt sehr ausführlich die militärischen Verbände der messianischen Armee, die in einem vierzigjährigen heiligen Krieg die Heiden vernichten würde. Diese Vorstellungen blieben im großen und ganzen im Reich eitler Träume; aber daß die Essener dem Krieg nicht abgeneigt waren, war schon durch die von Josephus berichtete Tatsache bekannt, daß einer der jüdischen Generale im ersten Krieg gegen Rom Johannes der Essener war.

Protest gegen die zunehmende Verweltlichung und Korruptheit der sadduzäischen Hohenpriesterschaft und die daraus folgende Beschmutzung des Tempels vom Hauptteil der Sadduzäer in hasmonäischer Zeit getrennt haben. Es ist beachtenswert, daß sie selbst sich nicht Essener nannten, sondern Zadokiden oder Söhne Zadoks, ein Name, der mit »Sadduzäer« gleichzusetzen ist (der Name ist von Zadok übernommen, der laut Bibel während der Regierung König Davids Hoherpriester war). Dies würde die außerordentliche Verehrung der Priesterschaft, verbunden mit einem heftigen Widerwillen gegen die offizielle Tempelpriesterschaft von Jerusalem, erklären. Es ist durchaus wahrscheinlich, daß die sadduzäische Bewegung, ungeachtet ihrer späteren Verweltlichung, ursprünglich eine Bewegung von wahrhaft religiösem Eifer war, den allein die Sekte vom Toten Meer bewahrte.

Dies ist jedoch Spekulation, und es bleibt noch eine ganze Menge mehr über die Sekte vom Toten Meer zu erforschen. Sicher ist, daß sie antirömisch war. So weit waren sie von Kollaboration entfernt, daß sie sich fast völlig von der allgemeinen Gemeinschaft zurückzogen und in klösterlichen Siedlungen lebten, wo sie vom endgültigen Sieg über die Römer wie über die rivalisierenden jüdischen Sekten träumten.

Wir haben nun einen Überblick über das ganze Spektrum der religiösen Sekten der Juden zur Zeit Jesu gegeben. In den meisten davon haben wir eine antirömische Einstellung, verbunden mit der Hoffnung auf den Messias, entdeckt. Selbst die Sadduzäer, die einzige religiöse Gruppe, die mit den Römern zusammenarbeitete, hatten diese Hoffnung nicht aufgegeben, wenn sie sie auch in die ferne Zukunft verwiesen und es nicht zuließen, daß sie störend auf die praktischen Geschäfte einwirkte. Es ist jetzt an der Zeit, diese Vorstellung vom Messias näher zu untersuchen, die eine so wichtige Rolle im jüdischen Widerstand gegen Rom spielte.

Kapitel 7

Der Messias

Die Bezeichnung »Messias« (griechisch »Christos« [χρῖστός]) war kein göttlicher Titel bei den Juden. Sie bedeutet einfach »gesalbt«. Sie wurde zwei jüdischen Amtsträgern gegeben, dem König und dem Hohenpriester, die beide in der Amtseinsetzungszeremonie mit Öl gesalbt wurden. Als Samuel David salbte, wurde dieser ein Messias oder Christus (1. Sam. 16). Jeder jüdische König aus dem Haus Davids wurde Messias oder Christus genannt, und es war ganz normal, vom »Priester Messias« (= »gesalbtem Priester«), d.h. vom Priester Christus zu reden, wenn man den Hohenpriester meinte; sogar die korrupten römischen Angestellten aus den Tagen Jesu hatten diesen Titel. Es ist notwendig, auf diesen Punkt ausführlich einzugehen, weil das Wort »Christus« inzwischen so von der Vorstellung der Göttlichkeit erfüllt ist, daß es für einen Nichtjuden sehr schwer einzuschätzen ist, was dieses Wort für den Durchschnittsjuden zu Lebzeiten Jesu bedeutete.

Damit soll nicht abgestritten werden, daß das Wort »Messias« mittlerweile von einer Aura von Romantik und Zauber umgeben war. Es bezeichnete nun nicht mehr einfach den »König«, sondern den Befreier, der die Juden aus ihrer Unterwerfung unter die grausame und demütigende Macht Roms retten werde. Es bezeichnete den unbekannten Abkömmling des Hauses Davids, der mit der wunderbaren Hilfe Gottes eines Tages Israels Unabhängigkeit unter der Herrschaft seiner eigenen vielgeliebten davidischen Dynastie wiederherstellen würde. In der englischen Geschichte können wir etwas Ähnliches im Charisma der exilierten Stuart-Dynastie bei jenen sehen, die sich nach 1688 nach einer Restauration sehnten. Ein Unterschied ist allerdings, daß das Haus David 600 Jahre vorher aufgehört hatte zu herrschen. Es hatte seitdem andere königliche Dynastien gegeben, die Hasmonäer und die Herodianer. Die ersteren waren eine Enttäuschung gewesen, und die letzteren waren als fremde Eindringlinge und Handlanger Roms sogar gehaßt worden. Es gab allgemein bekannte Prophezeiungen in der Heiligen Schrift, daß der Stamm Davids nie aussterben und seine Dynastie schließlich wieder eingesetzt werde. Es konnte eigentlich nicht mit Sicherheit bewiesen werden, wer die Nachkommen Davids waren. Einige Familien erhoben Ansprüche auf diese Abstammung, aber es mochte sehr wohl andere geben, die Nachkommen Davids waren, ohne es zu wissen. Das Feld lag weit offen. Jeder beliebige Führer, dem

es gelänge, die Römer hinauszujagen und einen unabhängigen jüdischen Staat zu errichten, würde kaum auf Schwierigkeiten stoßen, als der Messias anerkannt zu werden. Allein sein Erfolg würde seinen Anspruch bestätigen. So wurde Bar Kochba von Rabbi Akiva als Messias anerkannt, obwohl es keinen Beweis für seine Abstammung von David gab.

Es herrschte auch der Glaube, der Messias werde einen *Vorboten* haben: keinen anderen als den Propheten Elia, der nie gestorben war. Die Rückkehr Elias war eine notwendige Vorbereitung aus mehreren Gründen. Erstens war dies eindeutig von dem Propheten Maleachi prophezeit worden: »Siehe, ich will euch senden den Propheten Elia, ehe der große und schreckliche Tag des Herrn kommt« (Mal. 3,23). Zudem müßte ein wahrer Messias von einem wahren Propheten gesalbt werden, wie David von Samuel gesalbt worden war. Noch wichtiger war es, daß die Rückkehr Elias die Rückkehr Gottes zu seinem Volk kundtun würde, denn bereits seit Maleachi (ungefähr 400 v.d.chr.Ztr.) hatten die Juden keinen Propheten mehr gehabt. Indem er ihnen einen Propheten schickte, würde Gott das Bindeglied wiederherstellen, das durch ihre Sünden gebrochen war, und dies wäre das natürliche Signal für ihre Wiederherstellung als souveränes Volk unter ihrem König, eben dem Messias. So nahmen mehrere messianische Bewegungen die Gestalt eines prophetischen Feldzuges an, der den Weg für den Messias vorbereiten sollte. Johannes der Täufer zum Beispiel behauptete nie, der Messias zu sein, aber seine Bewegung war dennoch messianisch und daher von der Absicht her politisch, wie Herodes Antipas erkannte, als er ihn hinrichtete.

Diese Glaubensvorstellungen vom Messias und dem Propheten Elia waren weit verbreitet, besonders unter den Pharisäern und folglich bei der Masse des Volkes. Jedoch waren auch viele andere Lehren verbreitet. Einige glaubten an einen messianischen Sohn Josephs, andere an einen messianischen Sohn Aarons, wieder andere an verschiedene Verbindungen dieser mit dem Messias, Davids Sohn. Manche glaubten, die Befreiung Israels werde durch Gott selbst geschehen, ohne das Eingreifen einer Messiasgestalt; andere, daß Gott einen Engel schikken werde, der Menschensohn genannt, um die Befreiung zu vollenden (siehe besonders das Buch Henoch). Der Menschensohn war *kein* Messias. Er war ein Engel, gleichgesetzt mit dem Schutzengel Israels, mit Metatron, mit dem Engel, der die Kinder Israels in der Wildnis führte (Ex. 23,20–22) und mit Henoch selbst, der, wie Elia, nie gestorben war. (Erst nach dem Aufkommen des Christentums wurden die Gestalt des Messias und die Gestalt des Menschensohnes zu einer einzigen verschmolzen, zu der als zusätzlicher Bestandteil der Gottessohn kam, der vom Gnostizismus und den Mysterienkulten herstammte.) Die Prophezeiungen der Heiligen Schrift über die Letzten Tage waren außerordentlich verschwommen und konnten mit allem und jedem Glauben, der in dieser Zeit gängig war, in Einklang gebracht werden.

Zu Lebzeiten Jesu war die Vorstellung von einem *göttlichen* Messias unbekannt. Diejenigen, die glaubten, daß die Befreiung durch einen Messias, »den König der Juden«, kommen werde, dachten sich ihn als menschliches Wesen, als nächsten Inhaber des jüdischen Thrones. Diejenigen, die glaubten, daß die Befreiung durch ausschließlich übernatürliche Mittel kommen werde, dachten sich den Befreier als Gott selbst oder als Engel. Die Vorstellung von einem menschlichen Wesen, das zugleich göttlich war, war undenkbar. Die ganze jüdische Geschichte verdammte einen derartigen Gedanken. Das erste der Zehn Gebote verbot implizit die Verehrung eines menschlichen Wesens. Gerade wegen ihrer Weigerung, die menschlich-göttlichen Gestalten zu verehren, die die antike Welt von »Pharao« (dessen Titel im Buch Exodus und von dort ausgehend auch im Koran bekanntlich als Eigenname mißverstanden wird) bis hin zu Caligula füllten, waren die Juden ihrer langen Leidensgeschichte ausgesetzt gewesen. Andere Völker erhoben ihre Nationalhelden zu Göttern; die Juden lehnten das ab. Wenn sie Moses, der sie aus Ägypten befreit hatte, nicht zum Gott gemacht hatten, würden sie auch den Sohn Davids, der sie von den Römern befreien würde, nicht zum Gott erheben.[1]

Selbst bei den Pharisäern gab es viele unterschiedliche Meinungen über die Form, in der die Befreiung vor sich gehen würde. Einige glaubten, der Messias würde ein neues Zeitalter für die ganze Welt einleiten, die Völker der Welt würden den Einen Gott und seinen Tempel in Jerusalem anerkennen, die Juden würden als die erwählten Priester des Einen Gottes geehrt, und es würde ein Zeitalter des Weltfriedens beginnen, wenn, in den Worten der wunderbaren internationalistischen Vision Jesajas, man die Schwerter zu Pflugscharen schmiedete und der Wolf sich neben das Lamm legte. Manche jedoch glaubten nicht, daß die Ankunft des Messias unbedingt ein Zeitalter des weltweiten Friedens mit sich bringen würde. Es würde vielleicht noch viele Messiasse – noch viel mehr Leiden und Tröstungen, Niederlagen und Siege – für das jüdische Volk geben, ehe das geschähe. Schließ-

[1] In jüngster Zeit wurden viele Anstrengungen unternommen, um zu zeigen, daß die wichtigsten Gedanken des Heidenchristentums im Judentum wurzeln. Tatsächlich ist soviel Nachdruck auf diese Richtung der Beweisführung gelegt worden wie früher auf die entgegengesetzte Ansicht, daß das Christentum einen vom Judentum unabhängigen gänzlich neuen Anfang darstelle. Viele scharfsinnige, wenn auch gewaltsame Argumente wurden angeboten, um zu zeigen, daß Lehren wie die jungfräuliche Geburt, die Prädestination, das stellvertretende Sühneopfer usw. ihren Ursprung im Judentum hätten. Natürlich finden sich unter diesen Bemühungen auch Versuche zu beweisen, daß die Vorstellungen von einem göttlichen Messias ebenfalls im Judentum zu finden seien. (In diese Richtung gehen die mittelalterlichen Streitgespräche, so zwischen Pablo Christiani und Nachmanides 1263.) Allerdings mußte selbst William David Davies, ein führender Vertreter der Richtung vom »jüdischen Ursprung«, die Versuche H. Windischs und anderer verwerfen, eine Lehre vom göttlichen Messias im Judentum zu finden. (Siehe Davies 1965, p. 162: »Wir haben jetzt alle Abschnitte geprüft, die Windisch anführt, um zu beweisen, daß der Messias im Judentum als die Weisheit Gottes gedeutet wurde, und in allen Fällen haben wir die Beweisführung nicht überzeugend gefunden.«)

lich hatte es schon früher Messiasse gegeben, und keiner hatte ewigen Frieden gebracht. Die Vision Jesajas wurde von jedem Pharisäer als das Wort Gottes anerkannt, aber sie war nicht unbedingt an die Erwartung des kommenden Messias geknüpft, der die Römer besiegen würde. Wie die Assyrer, die Babylonier, die Perser und die Griechen waren die Römer vielleicht nur ein zufälliges Ereignis in der langen Geschichte der jüdischen Sendung, und die Letzten Tage mochten noch weit entfernt sein.

Eine Gruppe unter den Pharisäern, nämlich die Zeloten, war der Vorstellung von einem Messias abgeneigt. Wenigstens ein Teil von ihnen war republikanisch eingestellt und wollte die jüdische Monarchie überhaupt abschaffen. Seine Parole war: »Gott ist unser einziger Herr und Herrscher.« Als Menahem, der Sohn Judas' von Galiläa, sich in der Zeit des Jüdischen Krieges (66 chr. Ztr.) königliche Gewalt anmaßte und so behauptete, der Messias zu sein, wurde er von Mitgliedern seiner eigenen Partei getötet, die nach Josephus so argumentierte: »Es war nicht richtig, als sie aus dem Wunsch nach Freiheit von den Römern abgefallen waren, diese Freiheit an einen aus ihrem eigenen Volk zu verraten« (Jos. bell. II 17,8–9). Noch einmal, der Wunsch der Zeloten, die Monarchie abzuschaffen und somit das Messiastum, war nicht ketzerisch. Er konnte leicht mit der Heiligen Schrift gerechtfertigt werden, die insgesamt antimonarchisch ist. Man vergleiche zum Beispiel Samuels Kritik der Monarchie (1. Sam. 8). Die Zeloten waren gewiß nicht halbherzig in ihrem Verlangen nach Unabhängigkeit von Rom oder in ihrem religiösen Verständnis der jüdischen Sendung; aber sie hatten den Glauben an den Messias über Bord geworfen. Zweifellos wollten sie ein unabhängiges Israel sehen, regiert von einem republikanischen Rat oder Sanhedrin – wie in den Tagen Esras und seiner Nachfolger, den »Männern der Großen Synagoge« (d.h. »großen Zusammenkunft«), und wie in den Tagen der Richter.

Trotz dieser großen Vielfalt von Glaubensvorstellungen und Meinungen in bezug auf den Messias und die Eschatologie (die Lehre von den Letzten Dingen) war der verbreitetste Glaube bei den Pharisäern und dem Volk, daß die Erlösung durch den Sohn Davids, angekündigt durch die Rückkehr des Propheten Elia, kommen werde. Der Sohn Davids würde sein Recht auf den jüdischen Thron geltend machen und an der Spitze einer Armee die Römer in die Flucht schlagen. Er würde von Gott und seiner eigenen Beherztheit gleich den jüdischen Helden der Vergangenheit wie Josua, Gideon und David unterstützt werden. Er würde mehr sein als ein gewöhnlicher König; er hätte vielleicht prophetische Kraft wie König Salomo und könnte Wunder wirken wie Moses oder Elisa. Wie Moses könnte er vielleicht die Menschen in der Wildnis speisen, und wie Elisa (und Elia) könnte er vielleicht Menschen von den Toten erwecken. Solche Wunder würden ihn nicht als göttlich bestätigen, sondern nur beweisen, daß er den Propheten und Wundertätern von früher ebenbürtig war.

Die Vorstellung vom Messias weckte gewiß Begeisterung, besonders in ihrer internationalistischen Form, die sich auf die Prophezeiungen von Jesaja, Joel und Sacharja stützte; in ihnen kam dem Zeitalter des Messias besondere Bedeutung für die Entfaltung der Menschheit insgesamt zu. Selbst in dieser Form jedoch unterschieden sich jüdische messianische Vorstellungen sehr stark von denen, die sich später in der christlichen Kirche entwickelten. Die Vorstellung von einem leidenden Messias, der am Kreuz sterben würde, um das Menschengeschlecht von der Sünde zu reinigen, gab es nicht. Ungefähr hundert Jahre nach dem Tod Jesu drang die Vorstellung von einem leidenden Messias tatsächlich in das Judentum ein, blieb aber vereinzelt und wurde kein Dogma (siehe STRACK/BILLERBECK 1961, p. 282); auch dies konnte nur in dem Zustand der Mutlosigkeit entstehen, der auf die bittere Niederlage des Bar Kochba 135 chr. Ztr. folgte. In manchen jüdischen Sekten glaubte man, der messianische Sohn Josephs werde in der Schlacht sterben und der messianische Sohn Davids dann den Sieg erringen. Dies war ein Versuch, die einander widersprechenden Überlieferungen vom Sohn Josephs (aus dem Nördlichen Königreich stammend) und vom Sohn Davids (aus dem Südlichen Königreich stammend) in Einklang zu bringen. Tod auf dem Schlachtfeld ist jedenfalls etwas ganz anderes als Tod am Kreuz. Die jüdische Vorstellung vom Messias ist »nüchterner« als die christliche. Für die Juden war die Erlösung ein materieller, kein spiritueller Begriff. Das messianische Zeitalter sollte für die Juden der Höhepunkt menschlicher Geschichte auf der Erde sein. Selbst das Jenseits sollte auf der Erde stattfinden, und die Wiedergeburt des Gerechten sollte eine Auferstehung des Körpers in einem irdischen Paradies sein – nicht in einem körperlosen Himmel. Hinter diesem Unterschied lag eine andersgeartete Einstellung zum Körper; die Juden betrachteten den Körper noch mit Respekt als Schöpfung Gottes, während die Christen der hellenistischen Vorstellung erlagen, daß der Körper das Gefängnis der Seele, Besitz und Feld des Satans sei.

Es steckte im jüdischen Verständnis vom Messias auch weniger *Individualismus* als im späteren christlichen Verständnis (siehe KLAUSNER 1955, p. 469). Der Messias war kein Erlöser, der kam, um Individuen von der Sünde zu erretten, sondern ein Vertreter des jüdischen Volkes, der kam, um für den Höhepunkt der jüdischen Rolle in der Geschichte zu sorgen. Er stellte die Erfüllung der jüdischen Vorstellung von der eigenen Sendung dar. Während das christliche Verständnis um die *Person* des Messias/Christus kreist, der aus einer außergeschichtlichen Dimension herabsteigt, um den Gläubigen zu retten, stellt der jüdische Messias eher ein *Zeitalter* als eine Person dar; er ist die Galionsfigur einer bestimmten Stufe der menschlichen Entwicklung. Es findet sich in den prophetischen Schriften des Alten Testaments kaum ein Hinweis auf den Messias als Person. Da gibt es keine herrlich strahlende Gestalt, die die Menschheit richtet und durch ihre Herrlichkeit Gott selbst beinahe in den Schatten stellt. Statt dessen zeigt die Vision eine Welt in Frieden; dann

werden die Menschen ein »neues Herz« haben und »das Land wird voll Erkenntnis des Herrn sein, wie Wasser das Meer bedeckt« (Hes. 11,19; Jes. 11,9).

So wie es falsch wäre, in die zu Jesu Lebzeiten gängigen messianischen Erwartungen die mehr »geistlichen« Bedeutungen einer späteren Zeit hineinzulesen, wäre es falsch und oberflächlich, die messianische Hoffnung für rein politisch und nationalistisch zu halten. Wenn die Sehnsucht nach dem Messias nicht mehr als ein Wunsch nach politischer Unabhängigkeit gewesen wäre, hätte sie nicht die Kraft gehabt, einen so außerordentlichen Widerstand zu bewirken. In anderen Ländern hatte Patriotismus ein beeindruckendes Heldentum gegen Rom hervorgebracht, aber nichts so Anhaltendes und Entschlossenes wie die jüdischen Anstrengungen, die durch ihre Hartnäckigkeit und ihren Mut Staunen, Angst und Haß bei den römischen Geschichtsschreibern weckten. Das messianische Ideal erwuchs aus der ganzen »Weltanschauung« des jüdischen Volkes, die einzig in der antiken Welt war. Das messianische Ideal erwuchs aus dem *Monotheismus*.

Der Monotheismus vereinigte die menschliche Geschichte zu einem einzigen Prozeß, der auf ein endgültiges Ziel zustrebte, die Erfüllung der Absichten Gottes bei der Erschaffung der Welt. Die Vorstellung eines messianischen Zeitalters, das für die Lösung des Knotens im weltumfassenden Drama sorgt, ist untrennbar vom Monotheismus. Der Polytheismus dagegen sah kein solches weltumfassendes Drama vor. Jedes Volk hatte seine eigenen Götter, und es gab kein gemeinsames Ziel für die ganze Menschheit. Die Geschichte wurde in polytheistischen Kulturen als zyklisch gesehen. Völker wie Individuen hatten ihre Lebenszyklen von Jugend, Reife und Verfall. Sogar die Götter waren diesen Lebenszyklen unterworfen, und über Göttern wie Menschen stand ein unerbittliches, gleichgültiges Schicksal. Nur die Juden behaupteten, mit diesem höchsten unsterblichen Schicksal in Verbindung zu stehen, behaupteten auch, daß es gegenüber dem Menschengeschlecht nicht gleichgültig sei, sondern ein liebender Vater, der den Prozeß der Geschichte formte. Dieser Gedanke vom Fortschreiten in der Geschichte auf ein letztes Utopia zu hat die fortschrittliche und utopische Tradition in westlichen Kulturen inspiriert – so sehr, daß es heute schwierig ist, sich ein Bild von der *Einmaligkeit* dieser Vorstellung in der antiken Welt zu machen.

So wie er eine Quelle von unauslöschlichem Optimismus war, so war der Monotheismus auch unfähig, eine Niederlage anzuerkennen. Polytheistische Völker konnten zugeben, daß ihre Götter sich als schwächer als die Götter Roms erwiesen hatten, oder konnten dem römischen Synkretismus nachgeben, durch den die unbesiegten Götter mit den Göttern Roms *gleichgesetzt* wurden (z.B. Jupiter/Zeus/Ammon). Der jüdische Gott, der Schöpfer des Himmels und der Erde, konnte sich einer solchen Einverleibung nicht unterwerfen. Einige römische Kaiser bauten »Pantheone« (d.h. Tempel aller Götter), um ihre religiöse Toleranz zu beweisen. Ein Kaiser schloß in sein Pantheon als hochherzige Geste gegenüber den Juden

ein Bildnis Abrahams ein! (Diese römische religiöse »Toleranz« war in Wirklichkeit eine Art Sammelleidenschaft; und der jüdische Gott ließ sich nun einmal nicht auf diese Art vereinnahmen.) Als die Juden tatsächlich besiegt waren, bedeutete das nicht, daß ihr Gott besiegt worden war, sondern daß das Volk Gottes mit seiner Sendung gescheitert war und sich durch Bußfertigkeit erneut weihen mußte. Dies ist die Bedeutung der Bußfeldzüge (z.B. von Johannes dem Täufer), die oft einer messianischen Bewegung vorausgingen oder sie begleiteten.

Der Monotheismus enthielt auch eine revolutionäre soziale Botschaft. Da alle Menschenwesen von dem einen Gott geschaffen wurden, waren alle Menschen Brüder. Der Monotheismus begann laut Exodus als die Religion eines Haufens entflohener Sklaven, und er drückte ihre Entschlossenheit aus, sich nicht mehr einer tyrannischen Person oder Klasse zu unterwerfen. Der Polytheismus eignete sich für die Aristokratie; denn Könige und herrschende Klassen konnten den Anspruch erheben, von Göttern abzustammen, oder in manchen Fällen, sogar Götter *zu sein*. Der Monotheismus verbot den Kult des Gottkönigs. Wie die jüdische Heilige Schrift zeigt, hatte er ein wachsames, kritisches Auge auf alle Herrscher. Er betonte die Fürsorge des Einen Gottes für jede Einzelperson, ohne vermittelnde Götter, Halbgötter oder halbgöttliche Priester; und eine seiner Hauptbeschäftigungen war soziale Gerechtigkeit. Auch diese Seite des Judentums war ein mächtiger Faktor im Kampf gegen das Römische Reich.

Der Monotheismus, kann man sagen, war die tiefste Quelle des jüdischen Widerstands.

Kapitel 8

Realismus und Mystizismus

Wir haben gesehen, daß der Messianismus, verwurzelt in der monotheistischen Sicht der Geschichte, die treibende Kraft des jüdischen Widerstandsgeistes war. Selbst die Sadduzäer, die einzige religiöse Gruppe, die mit den Römern zusammenarbeitete, hießen diese Ansichten gut. Aber sie verwiesen den Triumph des Monotheismus über das Heidentum in die ferne Zukunft, und in ihrem sorgenfreien aristokratischen Stand spürten sie nicht das Gefühl der Verzweiflung und Not ihrer weniger wohlhabenden Brüder.

Es wäre falsch zu unterstellen, daß Religion die *einzige* treibende Kraft im jüdischen Widerstand war – daß die Juden durch ihre religiösen Träume, in denen sie die Hauptrolle in der Geschichte spielten, mit Blindheit geschlagen waren gegenüber den nackten Tatsachen der römischen Macht und der Wahrscheinlichkeit des Scheiterns jeder Rebellion. Selbst die Zeloten, die verwegensten der organisierten Parteien, waren nicht solche irregeführten Fanatiker, als die sie manchmal hingestellt werden. Es gab praktische Überlegungen, die einen Erfolg gegen Rom zu einer vernünftigen Möglichkeit machten. Gesunder Menschenverstand und die Einschätzung praktischer Möglichkeiten spielten tatsächlich eine gewisse Rolle in den Plänen der Führer des Widerstands.

Wir müssen daran denken, daß die Römer damals relative Neulinge auf der Spielfläche waren. Wir neigen dazu, an die Römer im Licht von 400 Jahren nachfolgender Geschichte zu denken; aber zu dieser Zeit war es keineswegs gewiß, daß den Römern eine langlebige Oberherrschaft bestimmt war. Erst wenige Jahre davor hatte sich das Römische Reich in zwei Hälften gespalten, die sich in dem Krieg zwischen Antonius und Oktavian gegenseitig an die Kehle sprangen. So ein mörderischer Kampf zwischen rivalisierenden römischen Machtblöcken war immer wieder möglich, und die Juden erinnerten sich, daß es genau diese Art von Instabilität im Griechischen Reich nach dem Tod Alexanders des Großen gewesen war, die den Erfolg des Makkabäischen Aufstands ermöglicht hatte. Die Römer erschienen den Juden nicht gewaltiger, als es die Makedonen gewesen waren; tatsächlich hatten die Römer ihre Methode der Kriegführung von den Griechen gelernt. Mit ihrem großen historischen Überblick konnten die Juden die Römer mit vielen früheren Eroberern vergleichen, die ihre Zeit gehabt hatten und aus dem Gesichtskreis verschwunden waren.

Die Verletzlichkeit Roms hatte sich in den schweren Niederlagen gezeigt, die es durch die Parther (53 v.d.chr.Ztr.) und die Germanen (9 chr.Ztr.) erlitten hatte. Diese beiden Niederlagen gaben der jüdischen Moral einen besonderen Auftrieb wegen der betroffenen römischen Generale. Im Fall des parthischen Debakels war der so schmählich besiegte General jener Crassus, der den jüdischen Tempel seiner Schätze beraubt hatte. Bei der Niederlage durch die Germanen, einer der größten Katastrophen der römischen Geschichte, war der römische General kein anderer als Varus, der als Präfekt von Syrien 2000 jüdische Aufständische gekreuzigt hatte (6 chr.Ztr.). (Die Frage bleibt also legitim, ob es z.B. Jesus ohne Arminius je gegeben hätte.) Die Juden müssen geglaubt haben, daß die Hand Gottes zugeschlagen habe.

Achtzehn Jahre vor seiner Niederlage durch die Parther hatte der geldgierige Crassus die römische Armee befehligt, die schließlich den Sklavenaufstand des Spartakus im eigentlichen Italien niedergeschlagen hatte. 73 v.d.chr.Ztr., als Rom sich eben zur bedeutendsten Macht in Europa entwickelt hatte, fand es seine Macht plötzlich von einer Bande entlaufener Sklaven auf seinem eigenen Staatsgebiet herausgefordert. Die Sklaven waren unterschiedlicher Herkunft: Thraker, Gallier, Germanen, sogar Italer, die menschliche Beute römischer Eroberungen. Ihre Führer, einschließlich Spartakus selbst, waren Gladiatoren, Männer, die dazu bestimmt worden waren, einander zum öffentlichen Vergnügen zu töten. Spartakus, ein ausgezeichneter Heerführer, schlug die Armeen, die gegen ihn geschickt wurden, und zog ungehindert zwei Jahre lang durch Italien. Er wollte die Sklaven aus Italien herausführen, um einen neuen eigenen Staat zu gründen, aber sein Plan wurde verworfen, und die Sklaven verkamen zu reinen Plünderern und wurden schließlich geschlagen.

Dies war eine Episode, die alle Kultur, wie sie in der antiken Welt verstanden wurde, an der Wurzel traf. Sie versetzte die Römer in beispiellose Angst. Der Name Spartakus wurde ein Schreckgespenst, mit dem noch lange Zeit danach römische Kindermädchen ungezogenen Kindern Angst machten. Als der Aufstand niedergeworfen war, stellten die Römer gekreuzigte Sklaven entlang der Via Appia auf – eine Reihe von 6000 Kreuzen. Es war ein Anblick, der sich in Palästina oft wiederholen sollte. Aber die Jahre, in denen die Armee des Spartakus triumphiert hatte, erfüllten alle, die unter dem römischen Joch stöhnten, mit Hoffnung.

Es gibt kein Zeugnis von jüdischen Meinungen zum Spartakusaufstand, aber er muß die Juden an den eigenen Ursprung als eine Sklavenschar, die sich gegen die ägyptische Macht auflehnte, erinnert haben. Schließlich hatte Moses getan, was Spartakus zu tun wünschte; der jüdische Staat war das Ergebnis eines erfolgreichen Spartakistenaufstands. Die Episode zeigte auch, daß Rom verwundbar war, und die Zeloten, deren soziale Ziele nicht weniger revolutionär als die des Spartakus waren, müssen an sie gedacht haben.

Die Parther, die Crassus geschlagen und die – als Verspottung seiner Habsucht – flüssiges Gold in seinen toten Mund gegossen hatten, stellten eine weitere Hoffnung auf Rettung für die Juden dar. Die Parther waren ein skythisch-(mongolisch-) persisches Mischvolk, das unter Mithridates I. (etwa 150 v. d. chr. Ztr.) im Osten durch den Sieg über die Griechen ein Reich gebildet hatte. Ihre Religion war die Lehre des Zarathustra, die sie auf gleichgültig lustlose Weise ausübten, anders als die fanatischen, intoleranten sassanidischen Perser späterer Zeiten. Ihr Reich war locker gefügt und nicht straff organisiert, und aus diesem Grund, nicht so sehr aus wirklichem Wohlwollen, erlaubten sie der großen jüdischen Gemeinde Babyloniens, die aus der Zeit der Babylonischen Gefangenschaft herrührte, ein beachtliches Maß an Freiheit und Selbstbestimmung. Die babylonischen Juden waren reich. Sie waren auch dem Judentum und ihrem Heimatland Palästina sehr verbunden und schickten unter starker bewaffneter Bewachung jedes Jahr großzügige Spenden zur Erhaltung des Tempels. Außerdem wurde das Königreich Adiabene, das unabhängig war, aber innerhalb des parthischen Einflußbereichs lag, um 30 chr. Ztr. zum Judentum bekehrt. Königin Helena von Adiabene besuchte 43 chr. Ztr. Jerusalem und wurde mit großer Begeisterung empfangen. Auch das ließ die Juden Palästinas nach der parthischen Einflußsphäre um Hilfe in ihrer Bedrängnis blicken. Da sie selbst unter der maßlosen römischen Besteuerung und der groben Unterdrückung durch Statthalter wie Pilatus stöhnten, müssen sie ihre Glaubensbrüder unter parthischer Herrschaft beneidet haben.

Praktische Gründe dieser Art waren es also, die religiöse Erwägungen im jüdischen Widerstand gegen Rom untermauerten. Diese Art von Überlegungen stand jedoch anderen unterworfenen Völkern ebenso frei wie den Juden. Aber wie wir gesehen haben, sorgten ihre Religionen nicht für den gleichen Antrieb, weil einerseits der Polytheismus nicht das gleiche weltumspannende Bewußtsein für die eigene historische Sendung wie der Monotheismus geben konnte und weil andererseits das Judentum einen immanent revolutionären Gehalt hatte. Es gab jedoch noch einen anderen sehr wichtigen Grund auf religiösem Gebiet für ihre relative Ruhe, der sowohl durch polytheistische Tradition wie militärische Niederlage vorbereitet war. Dies war die außerordentliche Zunahme *auf das Jenseits gerichteter* Religionen in der hellenistischen Welt. Für die Untersuchung des Hintergrunds der Ereignisse, die in den Evangelien beschrieben werden, ist diese Erscheinung so wichtig und übt einen so bedeutenden Einfluß auf die Stimmung der Evangelien aus, daß sie besondere Berücksichtigung verdient.

Von sehr frühen Zeiten an waren »Mysterienkulte« ein charakteristischer Zug des griechischen religiösen Lebens gewesen. In den Eleusinischen und Orphischen »Mysterien« fand ein geheimes Ritual statt, bei dem die Initianden Reinigungszeremonien mitmachten, die sie in eine besondere Beziehung zur Gottheit brachten. Jedoch waren diese »Mysterien« nicht das allgemein Übliche im religiösen Leben

der Gemeinschaft. Sie waren in historischer Zeit im wesentlichen eine private, persönliche Angelegenheit. Für die Mehrheit der Menschen bedeutete Religion die öffentliche Verehrung der olympischen Götter, und diese Verehrung stand fest im Mittelpunkt des Lebens der alltäglichen Welt, über die diese Götter die Aufsicht führten. Die griechische Religion war in ihren größten Zeiten, in Athen, humanistisch in der Haltung, und die Kunst und Zeremonien dieser Religion atmen eine unvergleichliche Liebe zur Schönheit dieser Welt und des menschlichen Körpers. Aber nach dem Niedergang und Fall Athens, nachdem das Leben der griechischen Stadtstaaten von den großen Militärmonarchien, die auf Alexanders Tod folgten, geschluckt worden war, fand eine starke Verschiebung der Gewichte statt. Die Mysterienkulte nahmen allmählich eine wichtigere Rolle als zuvor ein, und ihr Charakter begann sich zu ändern. Sie verlegten sich auf einen leidenschaftlicheren Ton, und sie begannen eine fieberhafte Missionstätigkeit. Sie übernahmen die Funktion einer *Tröstung* für die Schicksalsschläge des Lebens und verhießen mit zunehmender Einengung und Verschlechterung des Lebens in der wirklichen ein besseres Leben in einer anderen Welt. Sie begannen ihren Anhängern Unsterblichkeit zu versprechen, nicht in dem Sinn, daß ihre Körper für immer leben würden, sondern in dem Sinn, daß ihre Seelen vom körperlichen Staub befreit und in die Welt des Geistes aufsteigen würden.

In dem Maß, in dem die Kultur Griechenlands andere Kulturen übernahm, begannen ihre eigenen Mysterienkulte die Mysterienkulte anderer Völker aufzusaugen und von ihnen angesteckt zu werden. Die hellenistische Welt war ein Schmelztiegel von Religionen, und in der politischen Ernüchterung der Zeit waren es die weltmüden, tröstlichen, ekstatischen Elemente, die in den Vordergrund traten. Aus Ägypten kam der Kult von Isis und Osiris, aus Kleinasien der Kult von Attis und der Großen Mutter, aus Persien der Kult des Mithras. Diese Kulte hatten eine lange Geschichte hinter sich; sie stammten letztlich von vorgeschichtlichen Vegetationskulten ab, deren Ziel es war, die Fruchtbarkeit der Erde zu fördern. In ihrer ursprünglichen Form waren sie Kulte mit Menschenopfern, wohl entstanden aus den blutigen Initiationsriten der ältesten Vorzeit, in denen ein ausgewähltes Opfer getötet wurde, um, wie es heißt, die Wachstumskraft der Natur wieder aufzufrischen. Das Opfer kam als Gott wieder ins Leben zurück und wurde verehrt. In ihren späteren hellenistischen Erscheinungsformen wurden in diesen Religionen jedoch keine Menschenopfer mehr dargebracht. Sie waren spiritualisiert und gleichnishaft geworden, und sie waren nicht mehr der Bodenfruchtbarkeit verbunden, sondern der Erneuerung und Erlösung der persönlichen Seele. Sie befaßten sich immer noch mit dem Tod und der Auferstehung eines Gottes, und das Ziel der Mysterien war, den Eingeweihten in die Lage zu versetzen, an diesem Tod und dieser Auferstehung teilzunehmen und so selbst Unsterblichkeit und einen gottähnlichen Rang zu erlangen. Bei manchen dieser Riten badete der Initiand tatsächlich im Blut

eines Tieres, das geopfert wurde, um den getöteten Gott darzustellen. Bei anderen wurde das Opfer durch ein feierliches Ritual ersetzt, bei dem der Eingeweihte den Körper des geopferten Gottes aß und sein Blut trank und so völlige Gleichheit mit ihm erlangte. Die Zeit des rituellen Spiels von Tod und Wiedergeburt des phrygischen Gottes Attis, einer der volkstümlichsten dieser Gottheiten, entsprach der Osterzeit, und die Zeitspanne zwischen dem Tod und der Geburt des Gottes war häufig drei Tage (vermutlich ein Überbleibsel der Mondverehrung, denn dies ist die Zeit zwischen dem Tod des alten Mondes und der Geburt des neuen; siehe Leipoldt 1923, p. 77*sq.*; *id.* 1961, p. 201).

Neben den Mysterienkulten und teilweise von ihnen abgeleitet gab es die als Gnostizismus bekannte Bewegung, die Elemente aus der stoischen Philosophie und der babylonischen Astrologie übernahm. Früher war man im allgemeinen der Ansicht, daß die gnostischen Sekten, die zahlreich waren, alle vom Christentum herstammende Irrlehren seien, aber es ist wahrscheinlicher, daß vor den Anfängen des Christentums gnostische Sekten existierten, und man kommt den Tatsachen wohl näher, wenn man das Christentum vermittels des Gnostizismus erklärt und nicht umgekehrt. Im Gnostizismus gab es einen Erlöser (griechisch »soter« [σωτήρ]), der oft einer von einer Trinität göttlicher Wesen war. Dieser Erlöser wurde auch »Sohn Gottes« genannt. Um das Menschengeschlecht aus seinen Leiden in dieser Welt der Finsternis zu erlösen, die es unter der Tyrannei der Sieben Planeten erlitt, unternahm der Erlöser von seinem Ort in der Welt des Lichts freiwillig eine Reise. Er erlöste die Menschen durch sein Leiden und stieg dann in den Himmel auf, um an der Seite seines Vaters in Herrlichkeit zu sitzen. Eine interessante und bezeichnende Tatsache ist, daß die gnostischen Schriften, selbst vor der Geburt des Christentums, erbittert antijüdisch waren. Sie waren in Zentren wie Antiochia und Alexandria verfaßt, wo die griechisch-jüdische kulturelle Rivalität stark war. Die Gnostiker bezogen den jüdischen Gott, Jehovah, in ihre Theorien ein, aber als eine Art Teufel, als Schöpfer (Demiurg) dieser bösen gefallenen Welt, zu der der Erlöser kommt, um uns zu befreien. Die Juden selbst waren jedoch nicht ganz unempfänglich für die Anziehungskraft des Gnostizismus, und einiges davon gelangte in ihre mystische Tradition, die inoffiziell und in kleinen Zirkeln, die man später die Kabbala nannte, gepflegt wurde. Im ganzen aber widerstanden die Juden dem Gnostizismus, weil er Ausdruck einer dualistischen Lebensanschauung war, eines Hasses auf die Welt und den Körper, einer Spaltung zwischen dem Körper und der Seele, die dem Judentum fremd war. Eine Hauptlehre des Gnostizismus besagte: »Der Körper ist ein Grab« (im Griechischen ein Wortspiel: »soma sema« [σῶμα σῆμα]). Ein wichtiges Merkmal des Gnostizismus war seine Abscheu vor der geschlechtlichen Seite der menschlichen Natur. Gnostische Sekten waren gewöhnlich streng asketisch und verboten Geschlechtsverkehr selbst um der Zeugung willen; aber manchmal (eine Tendenz in allen überspannten asketischen Gruppen) pflegten

sie in das entgegengesetzte Extrem zu fallen und gaben sich wilden sexuellen Orgien hin, in denen sie versuchten, die Sexualität von aller beschmutzenden Schuld zu befreien.[1]

Alle oben beschriebenen Religionen und Sekten haben die gleichen Merkmale: eine Bewegung vom Leben weg zu einer Traumwelt hin, eine Bewegung von gemeinsamem Handeln in der Politik weg zu einer Konzentration auf die persönliche Seele hin. Man kann in diesen Bewegungen das Entstehen einer gesteigerten »Geistigkeit« sehen, einer Abneigung gegen Materialismus und eines Interesses an der Entfaltung eines göttlichen Potentials in der menschlichen Natur. Andererseits muß man hinter diesen Bewegungen ein Gefühl der Verzweiflung erkennen. Ihr Ziel ist Erlösung, gerettet zu werden aus der menschlichen Lage, die für unheilbar in Sünde gefallen und entwürdigt gehalten wird. Gilbert Murray bezeichnete die ganze geistige Bewegung der hellenistischen Welt mit Recht als ein »Versagen der Nerven«, und er nennt sie »das große Versagen« (MURRAY 1955, *cap.* 4). Das Versagen ist nicht nur in der Religion zu sehen, sondern auch auf dem Gebiet der Philosophie, diesem großen humanistischen Unterfangen, das Griechenland in seinen schwungvollen und zuversichtlichen Zeiten der Welt gab. Die Philosophien der hellenistischen Welt waren Stoizismus und Epikureismus, beides edle Philosophien, die viele bedeutende Männer anregten und gelegentlich sogar Menschen zu edlem Handeln bewogen. Aber beide wurden letztlich traurige und resignierte Strömungen, da sie es für weise hielten, Gefühle und Begeisterung eines Menschen zu dämpfen, und keine begründete Hoffnung in der Politik oder in der allgemeinen Zusammenarbeit von Menschen sahen. Wo Platon und Aristoteles die Polis zum Mittelpunkt ihrer Gedanken gemacht und den Philosophen als Staatsbürger und Schöpfer von Verfassungen gesehen hatten, sahen die Stoiker und Epikureer den Philosophen als ein entfremdetes Individuum, das das Beste aus einer schlechten Welt machte.

Diese Verzweiflung erwuchs zweifellos aus einer aussichtslosen politischen Lage. Immer mehr Menschen sahen sich in dem Maß, in dem der militärische Despotismus sich entfaltete, ihres Rechts auf Selbstbestimmung beraubt und fanden sich in einer komplexen Welt von unwiderstehlichen Mächten so beherrscht, daß ein nach außen gerichtetes Handeln sinnlos schien. Sie kehrten sich nach innen auf sich selbst. Die hellenistische Welt litt nicht an einem Niedergang der Religion,

---

[1] Die Entdeckung einer Bibliothek gnostischer Texte in Nag Hammadi, Oberägypten, 1945, hat unser Wissen vom Gnostizismus stark erweitert. Es bleibt noch viel Arbeit an diesen Texten zu tun, aber es scheint sehr wahrscheinlich, daß einige davon nichtchristlich und Übersetzungen oder Bearbeitungen vorchristlicher Texte sind. Siehe die in der Bibliographie angeführten Arbeiten von G. Macrae und Robert McLachlan Wilson. (Siehe auch meine Rezension des nach Maccobys Tod erschienenen Buches von Chr. Markschieß über die Gnosis, welches deren Frühdatierung angreift, in KETZERBRIEFE 175, Anm. d. Hg.)

wie oft gesagt wird; im Gegenteil, die Religion war nie so beherrschend gewesen. Es ist nicht etwa so, daß das Christentum in eine Welt kam, die nach geistigen Lehren über Erlösung, die Seele und die Verheißung des Himmels hungerte. Es war nur die erfolgreichste der Erlösungsreligionen. Das Christentum kämpfte nicht gegen den Strom, sondern wurde sehr stark von ihm getragen. Die Religion, die sich gegen die Zeitströmungen abhob, war das Judentum.

Zwei Völker blieben verhältnismäßig unzugänglich für die Flut von mystischen, tröstlichen Religionen: die Römer und die Juden. Trotz der römischen Härte gegenüber den Juden, trotz der Kriege, in denen sich die Juden gegen ihre Zwingherren warfen, gab es etwas, das beide miteinander gemeinsam hatten: beide standen sie fest in dieser Welt. Es ist eine bemerkenswerte Tatsache, daß die Römer nie richtige Antisemiten wie die Griechen waren. Sie schmähten die Juden ziemlich heftig wegen ihres aufrührerischen Wesens, aber sie verhielten sich nie wirklich antisemitisch, d.h. sie wiesen den Juden nicht die kosmische Rolle der irdischen Vertreter des bösen Prinzips zu. Nach den beiden jüdisch-römischen Kriegen, von etwa 200 chr. Ztr. bis zu der Zeit, als das Römische Reich zum Christentum bekehrt wurde und der lange Alptraum für die Juden begann, behandelten die Römer die Juden mit Achtung.

Die Juden waren für die Religion der Verzweiflung nicht vollkommen unzugänglich. Ihre apokalyptische Literatur, wie das Buch Henoch, das kurz vor der Zeit Jesu geschrieben wurde, weist einen dualistischen, hysterischen Ton auf, der dem Geist des Alten Testaments fremd ist. Aber auch dieses unterscheidet sich stark von den Schriften des Gnostizismus oder der Mysterienkulte. Die apokalyptischen Schriften haben jeden Sinn für politische Realität verloren und sehen erwartungsvoll gewaltigen übernatürlichen Ereignissen entgegen, die zur Erlösung Israels führen, aber das Ergebnis dieser Ereignisse ist ein Reich Gottes *auf Erden*, nicht im Himmel. Auch die Essener, die sich in ein Klosterleben zurückzogen und sich der praktischen Politik versagten, hatten eine Vision (wie die Schriftrollen vom Toten Meer zeigen) von einer auf Erden stattfindenden letzten Schlacht, die mit der Niederlage der Römer und der Errichtung eines Reiches des Friedens und Wohlstands auf der Erde enden würde. Sie hatten sich nicht in eine Phantasiewelt zurückgezogen, die von imaginären Wesen bevölkert wurde, wo keine Römer mehr existierten und wo irdische Dinge keine richtige Bedeutung mehr hatten. Allerdings standen die apokalyptischen Schriften am wahnhaften Randbezirk des jüdischen Lebens. Sie wurden von den Pharisäern nie in den Kanon ihrer heiligen Schriften aufgenommen, und nur ihre Bedeutung für die christliche Kirche war es, was sie bewahrte. Das Buch Henoch zum Beispiel, das im Neuen Testament zitiert wird (Jud. 14–15. Siehe auch Hebr. 11,5), wurde von Christen erhalten. Von der ganzen Engellehre Henochs meinten die Rabbis, sie grenze an Götzendienerei, und Henoch selbst wird im Talmud nur in einem ziemlich abfälligen Abschnitt erwähnt (Gen. Rabbah 25).

Verzweiflung brachte die Juden nie dazu, dem religiösen Standpunkt zu erliegen, der das menschliche Leben für an sich verworfen hielt. Sie hatten wohl eine Lehre der Unsterblichkeit, aber in der Form einer Auferstehung des Körpers, nicht eines Entkommens der Seele aus dem Gefängnis des Körpers, um in einer anderen Welt zu leben. Da sie glaubten, der menschliche Körper sei von Gott und nicht von einem bösen Demiurgen geschaffen, konnten die Juden sich nicht vom irdischen Leben loslösen. Dies ist der grundlegende Gedanke des Judentums, und es erklärt dessen ständiges Bemühen, ein Gesetz zu entwickeln, das die Schwierigkeiten des alltäglichen menschlichen Daseins bewältigt. Dies ist auch der eigentliche Grund, warum die Juden nicht ihr Gemeinschaftsideal aufgeben und ihre Versklavung hinnehmen konnten. Das Reich Gottes auf Erden war die Vision, die sie gegen die Römer aufstehen ließ.

Kapitel 9

Was wirklich geschah

Es ist an der Zeit, im Licht der Bedingungen in Palästina die wirklichen Tatsachen zu betrachten, die dem Bericht der Evangelien über das Leben Jesu zugrunde liegen. Wenn wir die Erzählung der Evangelien außer acht lassen und uns auf das nackte Gerippe der Geschichte konzentrieren, sehen wir die folgenden vier Stadien im Leben Jesu:

1. Jesus begann seinen öffentlichen Lebensweg, indem er die Ankunft des »Reiches Gottes« verkündete.
2. Später beanspruchte er den Titel »Messias« und wurde als solcher von seinen Anhängern begrüßt.
3. Er zog unter dem Jubel der Menschen in Jerusalem ein und ging bei der »Reinigung des Tempels« gewaltsam vor.
4. Er wurde festgenommen, wurde ein Gefangener von Pilatus, dem römischen Statthalter, und wurde von römischen Soldaten gekreuzigt.

Aus früheren Kapiteln können wir verstehen, was es im Palästina des 1. Jahrhunderts bedeutete, das »Reich Gottes« zu verkünden und den Titel »Messias« anzunehmen. Dies waren keine rein geistigen Begriffe, was sie später in der Heidenchristen-Kirche wurden. Es waren politische Losungen, die jene, die sie aussprachen, in Lebensgefahr von seiten der römischen und proömischen Behörden brachten, so wie der Gebrauch von Ausdrücken wie »Diktatur des Proletariats« die Aufmerksamkeit der Polizei z.B. im zaristischen Rußland auf sich zog. Es waren Begriffe mit revolutionärem Gehalt. Wie wir aus den Berichten des Josephus wissen, wurden diese Schlagworte in der unruhigen Periode, mit der wir uns befassen, immer wieder ausgesprochen; und jene, die diese Ausdrücke gebrauchten, wurden Zielscheiben der römischen Besatzungstruppen und der einheimischen Landesverräter, und in vielen Fällen starben sie durch Kreuzigung. Wenn wir unsere Aufmerksamkeit auf die *Tatsachen* des Lebens und Sterbens Jesu lenken (im Gegensatz zu den Auslegungen der Tatsachen, welche die Evangelien hinzufügten), werden wir sehen, daß Jesus ein Führer des jüdischen Widerstands von einem Typus war, wie er in dieser Periode nicht nur einmal vorkam.

Die Evangelien berichten uns, daß Jesus, wenn er Ausdrücke wie »Reich Gottes« und »Messias« verwendete, etwas ganz anderes meinte als das, was alle anderen

Juden seiner Zeit darunter verstanden. Das ist von der Sache her unwahrscheinlich. Warum verwendete er dann diese Ausdrücke, wenn er etwas ganz anderes meinte? Warum sollte man »Diktatur des Proletariats« sagen, wenn man eigentlich »Gott segne den Zaren« meinte? Wenn Jesus sagen wollte, daß sein Königreich nicht von dieser Welt sei, daß er keine politischen Ziele habe und daß er nichts gegen die römische Besetzung des Heiligen Landes vorzubringen habe, warum verwendete er dann Ausdrücke, die von der Gesamtheit seiner Landsleute als politisch und revolutionär in ihrer Bedeutung verstanden wurden?

Die Evangelien haben einen Prozeß der Entstellung durchgemacht, durch den die politische Dimension beseitigt worden ist. Da geht es nicht einfach um eine Entpolitisierung von Schlüsselbegriffen wie »Reich Gottes«, »Messias«, »Evangelium«, »Erlösung« und »Sohn Davids«; die tatsächliche politische Atmosphäre der Zeit Jesu ist bis zur Unkenntlichkeit verändert worden. Anstatt einer Situation der gärenden politischen Unzufriedenheit haben wir das Bild einer befriedeten römischen Provinz vor uns. Jesus lebte in einer Zeit, in der kaum ein Tag ohne irgendeinen Vorfall von Unterdrückung oder Auflehnung verging, in der die Anwesenheit von römischen Soldaten im Heiligen Land eine ständige Provokation für die Bewohner war. Jesus lebte in Galiläa, einem Zentrum revolutionärer Aktivität. Doch das Bild, das uns die Evangelien vermitteln, stellt ein Land dar, in dem die römische Gegenwart so unaufdringlich ist, daß man sie fast nicht wahrnimmt. Wenn ein Römer kurz auftritt, dann nur, um einen wohlwollenden, mäßigenden Einfluß auszuüben oder um als Beispiel der Überlegenheit von Nichtjuden zu dienen. Der Gegensatz zwischen dieser milden Darstellung und der rauhen politischen Wirklichkeit sollte der Ausgangspunkt jeder Deutung der Evangelien sein; doch die überwältigende Mehrheit der Kommentare zum Neuen Testament erwähnen ihn nicht einmal. Man kann ganze Bibliotheken von Büchern über die Evangelien durchsuchen, ohne jemals der auf der Hand liegenden und entscheidenden Frage zu begegnen: »Warum übt Jesus nie Kritik an den Römern?«

Die Evangelien wurden 40 bis 80 Jahre nach dem Tod Jesu geschrieben, zu einer Zeit, als die Bedingungen ganz anders waren als jene, die während der Lebenszeit Jesu herrschten. Außerdem wurden sie außerhalb Palästinas geschrieben, in einer nichtjüdischen Sprache, auf Griechisch, und von Autoren mit einem hellenistischen, nicht einem jüdischen Hintergrund. Die Autoren waren in der Tat proromisch und antijüdisch eingestellt.[1] Es ist deshalb nicht überraschend, daß unter ihren Händen die Lebensgeschichte Jesu eine beträchtliche Verzerrung erlitt. Zum Glück sind die Evangelien nicht aus einem Guß; sie enthalten gewisse Elemente oder Schichten, die aus früheren und glaubwürdigeren Berichten vom Leben Jesu überlebt haben. Es ist möglich, diese früheren Elemente zu erkennen, weil sie in bezug auf die

---

[1] Siehe Kapitel 16.3.

Bedingungen, die tatsächlich zu Lebzeiten Jesu herrschten, wahr klingen; sie sind im Zusammenhang des frühen 1. Jahrhunderts in Palästina verständlich, während es die späteren Elemente nicht sind. In den folgenden Kapiteln werden diese verräterischen Überbleibsel in der Schilderung, die oft nur bei einem oder zwei der vier Evangelienschreiber erhalten sind, aufgezeigt werden.

Auch ohne solche hilfreichen Hinweise ist es jedoch möglich, die wichtigsten Konturen der wahren Geschichte zu entdecken, indem man Schlüsselbegriffe wie »Messias« betrachtet. Was meinte Jesus, wenn er behauptete, der »Messias« zu sein? Was meinte Petrus in erster Linie, als er Jesus mit den Worten »Du bist Christus« begrüßte? (Dies war das als »Petrusbekenntnis« bekannte Ereignis, ein Wendepunkt in der Laufbahn Jesu.) Als Jude mit einem Hintergrund von Pharisäertum und Zelotismus (wie sein Beiname »Barjona« zeigt) betrachtete Petrus »Messias« sicher nicht als Namen eines göttlichen Wesens. Er hatte keine Ahnung von den späteren Bedeutungen, die diese Bezeichnung in den Köpfen der Nichtjuden annehmen würde; er hatte keine Vorstellung von »Christus« als dem mystischen *Beinamen* einer Gottheit nach dem hellenistischen gnostischen Muster, die aus der Welt des Lichts herabsteigt, um in der Welt der Finsternis als göttliches Opfer zu dienen.[2] Und der Gedanke, daß der Mann Jesus, der vor ihm stand, Gott sei, wäre ihm wunderlich und verrückt erschienen. Er verehrte Jesus als seinen Lehrer und als Propheten, und er erkannte ihn jetzt als seinen König an. Aber das Bild, das für ihn durch die Worte »Christus« oder »Messias« beschworen wurde, war das eines Menschen wie König Salomo oder König Hiskia, die beide ein »Christus« waren. Was er sich vorstellte, war Jesus oder besser König Jesus, der in Jerusalem auf dem Thron Salomos regierte, seinem Volk Frieden und Wohlstand brachte und als »Licht der Heiden« handelte. Die Vorstellung von »Christus« enthielt für ihn keine Verbindung mit Opfer oder Gottheit.

Wenn Petrus sich nun seine Vorstellung vom Messiasamt nach einem Menschen wie König Salomo gebildet hatte, dann war seine Handlung, als er Jesus als den Christus begrüßte, eine revolutionäre, aufrührerische Tat. Er forderte die Macht Roms heraus und erklärte, die römische Besetzung sei zu Ende.

In den Evangelien, wie sie uns vorliegen, wird diese Tatsache vollkommen verdunkelt. Die Vorstellung von »Christus« hat sich völlig geändert und enthält keine anti-imperialistische Bedeutung mehr; es ist kein politischer Titel mehr, sondern ein himmlischer, und er drückt keine größere Bedrohung für die Römer aus, als wenn Jesus als Erzengel Gabriel begrüßt worden wäre. Die Heidenchristen, für die die Evangelien geschrieben waren, befanden sich in einer völlig anderen Situation als Petrus oder Jesus selbst. Sie waren keine Juden und lebten nicht in einem Land, das von einer feindlichen Macht besetzt war. Sie bemühten sich im Gegenteil, nicht

---

2 Siehe Kapitel 8.

den Eindruck zu vermitteln, sie seien Umstürzler oder Rebellen; aber sie hatten ein Problem am Hals, denn der Gegenstand ihrer Verehrung war ein Jude, der wegen des Vergehens der Rebellion gegen Rom gekreuzigt worden war.[3] Es war deshalb für die Christen wichtig zu beweisen, daß Jesus trotz allen Anscheins des Gegenteils (wobei der vernichtendste Punkt die Kreuzigung selbst war) eine unpolitische Gestalt war. Die Entpolitisierung des Begriffes »Messias« war ein wichtiges Element in dieser Strategie; und sie bewirkte, daß ein hebräisches Wort mit einer ganz bestimmten historischen Bedeutung eine nichtjüdische Bedeutung erlangte, die Jesus selbst nicht wiedererkannt hätte.

Jesus und seine Anhänger waren Juden, denen die ganze Vorstellung eines Menschen-Gottes fremd und anstößig war, eine direkte Übertretung des ersten und wichtigsten der Zehn Gebote. Für die Juden war der Titel »Messias« oder »Christus« ein menschlicher, kein göttlicher Titel. Als Jesus den Titel »Messias« beanspruchte, behauptete er nicht, Gott zu sein. Diese Erklärung allein, wenn wir allen Folgerungen daraus nachgehen, ist ein Schlüssel zu dem, was sich wirklich ereignete.

Nach den Evangelien war der eigentliche Punkt, der Jesus den Tod brachte, seine Gotteslästerung, indem er behauptete, der Messias oder Christus zu sein. Doch dieser Anspruch wäre von den Juden, gleich welcher Partei, damals keineswegs irgendwie für Gotteslästerung gehalten worden. Dieser Titel gehörte in jüdischen Augen zur Königswürde, nicht zur Gottheit. Auch der Titel »Sohn Gottes« war für Juden (nicht aber für Gnostiker) ein menschlicher Titel, der zu verschiedenen Zeiten in den hebräischen Schriften auf Könige wie David, auf gewöhnliche Juden und auf Nichtjuden (kraft der allgemeinen Vaterschaft Gottes) angewendet wurde. Der Titel »Menschensohn« war ebenfalls kein göttlicher Titel. In gewissen esoterischen Schriften war es der Name eines Engels (niemals eines Gottes); aber der Ausdruck war als eine Art der Anrede für einen Propheten weitaus besser bekannt (siehe Hesekiel, an verschiedenen Stellen), und er wurde auch allgemein in der schlichten Bedeutung »Mensch« gebraucht. Es konnte keinen Grund für eine Anklage wegen Gotteslästerung geben, wenn Jesus diese Benennung gebrauchte.[4]

Jesus wird in den Evangelien dargestellt, als habe er außer dem Vergehen der Gotteslästerung auch anderweitig gegen die jüdische Religion verstoßen und sich so die Feindschaft der Pharisäer zugezogen. Die Geschichte von den Zusammenstößen Jesu mit den Pharisäern halten jedoch einer genauen Prüfung nicht stand. Viele betreffen sein angebliches Vergehen, am Sabbat zu heilen; aber das pharisäische Gesetz verbot solche Heilungen nicht. Die Pharisäer unterschieden sich stark von den reaktionären Heuchlern, die in den Evangelien geschildert werden. Die »neuen

---

[3] Siehe Kapitel 16.1.

[4] Siehe Kapitel 7.

Wahrheiten«, die Jesus verkündete, waren tatsächlich Gedanken, die vorher von Hillel und anderen pharisäischen Denkern formuliert worden waren und in der pharisäischen Bewegung Gültigkeit hatten. Außerdem sind die Argumente, die Jesus *gegen* die Pharisäer verwendet haben soll, selbst pharisäische Argumente. Der Predigtstil Jesu ist ebenfalls typisch pharisäisch. Er war selbst ein Pharisäer, und die Schilderung seiner Person als Gegner der Pharisäer gehört zu dem Versuch, ihn als Rebellen gegen die jüdische Religion zu zeigen und nicht als Rebellen gegen Rom.[5]

Man braucht nicht daran zu zweifeln, daß Jesus oft zu den Menschen über rein religiöse und moralische Themen sprach wie jeder andere pharisäische Lehrer, aber hätte er sich auf diese Themen beschränkt, hätte er sein Leben niemals an einem römischen Kreuz beendet. Das Gewicht liegt in den Evangelien auf den Tätigkeiten Jesu als Prediger, Lehrer und Heiler, während bei ihm ein Bewußtsein von der überwältigenden politischen Realität der römischen Besetzung ausgeschlossen wird. Das Bild, das wir haben, ist das eines Predigers und Heilers, der plötzlich, ohne vorhergehende Vorbereitung oder Andeutung, eine politische Handlung vollzog, indem er Jerusalem in seinem triumphalen Einzug betrat, und sich dann sofort wieder aufs Predigen beschränkte und tatenlos darauf wartete, festgenommen und hingerichtet zu werden.

Dies ist ein falsches Bild, denn das öffentliche Reden Jesu hatte von Anfang an einen starken politischen Aspekt. Als Prediger des »Reiches Gottes« kündigte er das Ende der römischen Herrschaft an; seine Predigten müssen Brandmarkungen der römischen Vergewaltigung des Heiligen Landes, leidenschaftliche Prophezeiungen der unmittelbar bevorstehenden Niederlage und Vertreibung der Römer und Appelle an den revolutionären Eifer, die religiöse Freiheitsliebe und den Patriotismus seiner Zuhörer enthalten haben. Das alles wird von den Evangelien weggelassen, und das »Reich Gottes« ist seines politischen Inhalts beraubt und in einen entrückten jenseitigen Ort der persönlichen Erlösung verwandelt worden.

Wenn Jesus seine Tätigkeit auf Predigen und Heilen beschränkt hätte, dann hätte er nie die Feindschaft solcher politischer Persönlichkeiten wie Herodes Antipas und Kaïphas geweckt. Die Herodianer und die Sadduzäer, deren Führer diese beiden Männer waren, waren jüdische Landesverräter. Sie waren Wachhunde der römischen Besatzungsmacht und höchst gleichgültig in Dingen, die ausschließlich die Lehre betrafen. Sie, und nicht die Pharisäer, waren die Feinde Jesu unter den Juden. Ein Abschnitt von entscheidender Bedeutung in den Evangelien ist der folgende (Lk. 13,31):

»Zu dieser Stunde kamen einige Pharisäer und sagten zu ihm: Mach dich auf und geh weg von hier; denn Herodes will dich töten.« Dieser Abschnitt ist nur in einem der vier Evangelien stehengeblieben und ist einer der Schlüsselsätze,

---

5 Siehe Kapitel 5 und Anhang 4, 5 und 7.

die uns einen flüchtigen Einblick in die wahre Geschichte geben, die hinter den Überarbeitungen durch die Evangelienschreiber liegt. Er wirft den Mythos von der Feindschaft zwischen Jesus und den Pharisäern über den Haufen, indem er zeigt, wie die Pharisäer das Leben Jesu retten.[6] Er beweist auch, daß das Leben Jesu, wie das Johannes' des Täufers, von den Kollaborateuren bedroht war, die sich nicht um religiöse Dinge scherten, aber über Revolutionäre sehr beunruhigt waren.

Ebenfalls aufschlußreich ist der folgende Abschnitt (Lk. 23,2): »Wir haben festgestellt, daß dieser unser Volk aufwiegelt und verbietet, dem Kaiser Steuern zu zahlen, und behauptet, er sei Christus, ein König.« Dies wird als falsche Beschuldigung dargestellt, von den Juden erfunden, um Jesus bei Pilatus in Mißkredit zu bringen. Es ist jedoch in der Tat eine wahre Beschreibung der Handlungen Jesu, die die jüdischen Quislinge Pilatus weitergaben, als sie ihn der Besatzungsmacht als einen gefährlichen Führer des Widerstands überantworteten. Der Hinweis auf den Begriff »Christus« in seinem unverfälschten, politischen Sinn ist einmalig in den Evangelien und zeigt, daß die Behauptung anderswo in den Evangelien, der Anspruch auf das Messiasamt könne eher zur Grundlage einer religiösen Anklage wegen Gotteslästerung als einer politischen Anklage wegen Umsturzes gemacht werden, unsinnig ist. Wenn Kaïphas, der vom römischen Prokurator in sein Amt eingesetzt wurde, das Vergehen Jesu als rein religiös angesehen hätte, wäre er nicht gegen ihn vorgegangen. Wenn Jesus sich als Gott hingestellt hätte, wäre er von Kaïphas für einen harmlosen Verrückten gehalten worden; und was irgendwelche angebliche Kritik betrifft, die Jesus an den Pharisäern übte, so hätte Kaïphas, ein Sadduzäer, das mit großer Genugtuung aufgenommen. Aber »das Volk aufzuwiegeln«, d.h. es zur Rebellion gegen Rom aufzuhetzen, zu verbieten, die Steuern zu zahlen, den explosiv politischen Anspruch zu erheben, »Christus, ein König« zu sein – das sind die eigentlichen Anklagepunkte, die Kaïphas veranlaßt hätten, Jesus den Römern zu übergeben.[7]

Aber gewiß hätte Jesus es doch abgelehnt, sich in der Frage der Steuern auf einen antirömischen Standpunkt festzulegen? Kein Abschnitt in den Evangelien ist besser bekannt oder wird öfter zitiert als die Antwort Jesu auf die Frage: »Ist's recht, daß man dem Kaiser Steuern zahlt oder nicht?« Die Antwort Jesu lautete: »So gebt dem Kaiser, was des Kaisers ist, und Gott, was Gottes ist« (Mk. 12,17). Dies ist der einzige Abschnitt in den Evangelien, in dem Jesus gezeigt wird, wie er sich tatsächlich direkt mit dem Tatbestand der römischen Besetzung befaßt. Seine Antwort scheint zu bedeuten, daß die Römer *berechtigt* waren, von den Juden Steuern zu erheben. Falls es das war, was Jesus meinte, dann billigte er die Invasion der Römer in Palästina

6 Gewisse Autoren (Plummer, Schürer) haben eine Theorie aufgestellt, daß die Warnung der Pharisäer an Jesus eine Falle war. Sie hofften, ihn von Galiläa nach Judäa zu locken, wo er vom Sanhedrin festgenommen werden konnte. Diese sehr phantasievolle Theorie hat nicht die geringste Stütze im Text.

7 Siehe Kapitel 14.

und in anderen Ländern, ihre gewaltsame Unterwerfung einheimischer Freiheit, ihren nackten Imperialismus und ihre unterschiedslose Plünderung schwächerer Völker. Die Römer hatten nicht mehr Recht, in Judäa zu sein, als die deutschen Nazis, im besetzten Frankreich zu sein, und in mancher Hinsicht war das Naziregime weniger grausam und habgierig. Selbst die Sadduzäer und Herodianer, die mit den Römern zusammenarbeiteten, hätten nicht eine so unterwürfige Haltung eingenommen. Wie die Anhänger Pétains in Frankreich hätten sie argumentiert, daß Kollaboration eine üble und bedauerliche Notwendigkeit sei. Die wirklichen Worte Jesu zu den Steuern mögen in den Evangelien richtig berichtet worden sein, aber wenn dem so ist, dann sind sie falsch gedeutet worden.[8] Die gegen Jesus erhobene Anklage, als er Pilatus übergeben wurde, er »verbiete, dem Kaiser Steuern zu zahlen«, war die buchstäbliche Wahrheit, die notwendige Folge davon, daß er das »Reich Gottes« predigte und das Messiasamt in Anspruch nahm.

Wir sehen also, daß die gesamte Tendenz und die Verteilung der Gewichte in den Evangelienschilderungen irreführend sind. Jesus war kein harmloser Prediger, der nur einmal in seinem Leben zur Tat schritt (der triumphale Einzug und die Reinigung des Tempels) und dann in seine frühere Passivität zurückfiel. Er war nicht in erster Linie ein Vertreter von Lehrmeinungen, der sich auf dogmatischem und theologischem Gebiet Feindschaft zuzog, was dann seine Tragödie herbeiführte. Von Anfang an war er ein Mann der Tat. Von dem Augenblick an, als er begann, die Ankunft des »Reiches Gottes« zu predigen, war er ein gebrandmarkter Mann, und als er das Messiasamt beanspruchte, stieß er frontal mit Rom zusammen. Vom Anfang seiner öffentlichen Laufbahn an war er auf der Flucht vor den prorömischen jüdischen Behörden, d.h. den Herodianern und Sadduzäern, und vor den Römern selbst; dies ist der Grund für seinen ergreifenden Ausruf: »Die Füchse haben Gruben, und die Vögel unter dem Himmel haben Nester; aber der Menschensohn hat nirgends eine Stelle, wo er sein Haupt hinlegen kann« (Mt. 8,20).[9] Das Eingreifen

---

8 Samuel George Frederick Brandon hat behauptet, Jesus habe gemeint: »Laßt den Kaiser nach Rom zurückgehen, wohin er gehört, und überlaßt Gottes Land dem Volk Gottes.« Mit anderen Worten, er wollte die Entrichtung von Steuern verbieten, nicht sie zulassen.

9 Einen interessanten Hinweis auf die Verfolgung, unter der Jesus und seine Jünger lebten, liefert ein kaum verständlicher Abschnitt, in dem es um das Ährenpflücken am Sabbat geht. Jesus verteidigt seine Jünger, die Kornähren abgerissen haben, indem er eine Episode aus der Heiligen Schrift zitiert. Als David vor Saul um sein Leben floh, brach er das Gesetz, das es Nichtpriestern verbot, von den heiligen Speisen zu essen. Die Notlage und Gefahr des Verhungerns setzte solche Gesetze außer Kraft. In einer ähnlichen Notlage erlaubten die Pharisäer Verletzungen der Sabbatgesetze, und Jesus zitiert sogar den pharisäischen Grundsatz, der auf solche Fälle zutrifft: »Der Sabbat ist um des Menschen willen geschaffen und nicht der Mensch um des Sabbats willen.« Aber das Zitat Jesu vom Fall David ist nur angebracht, wenn sein eigener Fall ähnlich lag, d.h. wenn auch er um sein Leben floh. Die Evangelien unterdrücken die Tatsache, daß er sich auf der Flucht vor Herodes oder den Römern befand, und zeigen Juden, wie sie pharisäische Haltungen zum Sabbat *angreifen*, während er sie tatsächlich anwendete.

Jesu auf der politischen Bühne mit seinem triumphalen Einzug und seiner eindrucksvollen Reform des Tempels sind daher keine unerklärlichen Ausbrüche von Gewalttätigkeit, sondern der Gipfel seiner ganzen Laufbahn. Dies war sein Griff nach der Macht; und er scheiterte nicht wegen der Gegnerschaft religiöser Führer, sondern weil die Streitkräfte des römischen Imperialismus zu stark für ihn waren. Wie so mancher jüdische Patriot, sowohl vor ihm als auch nach ihm, starb er an dem römischen Kreuz; und das Volk und seine Führer, die Pharisäer, betrauerten ihn als jüdischen Helden und Märtyrer.

Kapitel 10

Jesus, Rabbi und Prophet

IM LETZTEN KAPITEL wurde die Ansicht dargestellt, daß Jesus ein Rebell gegen Rom war, nicht gegen das Judentum, daß sein Königreich von dieser Welt war, daß sein Ziel war, ein irdischer König auf dem Thron Davids und Salomos zu sein, nicht ein Engel, der auf einer Wolke sitzt. Eine der Folgerungen, die wir jetzt ziehen können, ist, daß Jesus *nicht freiwillig in den Tod ging*. Die ganze Vorstellung von einem Gottmenschen, der sich opfert, um die Sünden des Menschengeschlechts zu sühnen, ist der jüdischen Tradition fremd. Sie gehört zu der sadomasochistischen Romantik der hellenistischen Mysterienkulte mit ihrer unwiderstehlichen Anziehungskraft für die, welche die Last der Schuld unerträglich schwer fanden und sich danach sehnten, daß sie ihnen von einer charismatischen göttlichen Gestalt abgenommen würde. Auf die Juden übte es keine Anziehungskraft aus, sich vor der moralischen Last zu drücken; moralische Verantwortlichkeit war für sie keine Last, sondern ein Vorrecht.

Als Jesus zu seinem endgültigen Griff nach der Macht in Jerusalem einzog, wußte er, daß er sein Leben aufs Spiel setzte; aber er hatte es nicht darauf *abgesehen*, sein Leben zu verlieren. Er strebte nach Erfolg, hatte im Sinn, die Römer zu besiegen und das Reich Gottes auf der Erde zu begründen. Er scheiterte und wurde gekreuzigt, wie hundert Jahre später Rabbi Akiva scheiterte und von eisernen Kämmen zerrissen wurde. Sowohl Jesus als auch Akiva waren jüdische Helden, deren Bedeutung in ihrem Leben, nicht in ihrem Tod liegt. Es blieb späteren, den Tod anbetenden Mystagogen überlassen, jenes Foltergerät, das römische Kreuz, zu einem religiösen Symbol zu erheben und im Tode Jesu mehr Sinn als in seinem Leben zu sehen.

Soviel können wir mit Sicherheit sagen. Aber können wir uns weiter vorwagen, um die Einzelheiten des Lebens Jesu zu erforschen? Können wir etwas über seine Kindheit erfahren, über die einzelnen Etappen seiner Laufbahn, über seine praktischen Entscheidungen und seinen Führungsstil, über die Taten, die ihn zu einem gejagten Flüchtling werden ließen, über die sich zuspitzenden Ereignisse seines Feldzugs der Empörung? Man könnte denken, daß die Evangelien aufgrund eines antijüdischen Vorurteils so verzerrt sind, daß wir die Suche nach einem leidlich genauen Lebenslauf Jesu aufgeben müßten. Zum Glück jedoch haben wir vier

Evangelien, nicht nur eines, und indem wir sie vergleichen und ihre inneren Widersprüche festhalten, können viele Tatsachen zusammengetragen werden, besonders wenn wir die Reihenfolge ihrer Entstehung berücksichtigen. Oft ist eine verräterische und vielsagende Aussage in einem Evangelium erhalten, in den drei anderen dagegen der Zensur zum Opfer gefallen. Wenn ein derartiges Ereignis dem vorherrschenden prorömischen Tenor der Schilderung *widerspricht*, kann man davon ausgehen, daß es glaubwürdig ist, denn ein solches Ereignis wäre nicht in einem späten Stadium der Entstehung der Evangelien hinzugefügt worden und muß ein Überbleibsel aus den frühesten Fassungen sein.

Als wichtigstes Ergebnis hat die Erforschung des Neuen Testaments gezeigt, daß das früheste Evangelium das des Markus ist; diese Tatsache allein ist nützlich, um die wirklichen Umstände des Lebens Jesu aufzudecken. Oft können wir die Wahrheit entdecken, indem wir die »Vergeistigung« der Schilderung berücksichtigen und sie rückübersetzen in die irdischeren Begriffe, die zum Hintergrund und zur Zeit passen. Petrus' »Begrüßung« zum Beispiel kann eher als Ausrufung Jesu zum König der Juden, zum Erben Davids und Salomos, als zum Opfergott gesehen werden.

Alles, was wir über die Kindheit Jesu wissen, ist, daß er in Galiläa geboren und erzogen wurde und das Handwerk des Zimmermanns erlernte. Zwei der Evangelienschreiber, Matthäus und Lukas, lassen ihn in Bethlehem geboren werden, indem sie behaupten, seine Eltern hätten sich wegen einer Volkszählung von Galiläa dorthin begeben müssen. Aber die einzige Volkszählung zu Lebzeiten Jesu fand in Judäa statt, als Jesus zehn Jahre alt war, und sie berührte nicht die Einwohner Galiläas; auch wurden die Menschen nicht aufgefordert, sich an einem anderen Ort als an ihrem gewöhnlichen Wohnort einzutragen (siehe Schürer 1907, p. 119–172). Die ganze Geschichte wurde unverkennbar zu dem Zwecke erfunden, den Anspruch Jesu zu bekräftigen, der Messias zu sein, der nach der Prophezeiung Michas in Bethlehem geboren werden sollte wie sein Ahne David.

Als Legende außer acht lassen können wir die Geschichte vom bethlehemitischen Kindermord des Herodes (aus der biblischen Geschichte von Moses übernommen)[1], die Geschichte von der Reise der Weisen aus dem Morgenland (aus einer außerbiblischen Legende über Moses übernommen), die Geschichte von der jungfräulichen Geburt oder der wundersamen Schwängerung Marias durch Gott Vater (Teil der späteren Vergöttlichung Jesu und übereinstimmend mit zahllosen mythologischen Geschichten über die Geburt von Helden und Halbgöttern) und die Geschichte von der Geburt Jesu in einer Krippe oder Höhle (wie in manchen apokryphen Evangelien) und seine Begrüßung durch Hirten (der Legende von

[1] Als Motiv schon aus dem ›Papyrus Westcar‹ (ca. 1500 v.d.chr.Ztr.) bekannt, dann eine Wandersage. Eine gute Analyse derselben bietet Otto Rank, Der Mythos von der Geburt des Helden (Anm.d.Hg.).

der Geburt des Mithras entnommen). Keine dieser Geschichten ist im frühesten Evangelium, bei Markus, zu finden. Sie sind Ausschmückungen des entstehenden Dogmas vom göttlichen Ursprung Jesu und alle ausgedacht, um Jesus an frühere Helden der Legenden und Mythen anzugleichen. Diese Geschichten haben nicht den geringsten historischen Wert.

Jesu Abstammung von David war nicht bewiesen. Sehr wenige Personen unter den Juden dieser Zeit konnten ihre Ahnen so weit zurückverfolgen. Die in zwei Evangelien eingefügten Genealogien, die zeigen, daß Jesus durch seinen Vater von David abstammte, sind spätere Fälschungen, erfunden, um die Behauptung zu stützen, Jesus sei der Messias. Diese Genealogien widersprechen sich nicht nur untereinander, sie widersprechen auch gründlich der Geschichte von der unbefleckten Empfängnis und der jungfräulichen Geburt.

Wie steht es mit der Erziehung Jesu? Es kann nicht angezweifelt werden, daß er als Pharisäer erzogen wurde; denn dies war die einzige Art von Bildung, die für die Armen erreichbar war, und der Lehr- und Predigtstil Jesu ist von pharisäischen Merkmalen geprägt (z.B. seine Verwendung von Gleichnissen und von geläufigen pharisäischen Sentenzen). Die Behauptung von Johannes (dem letzten Evangelienschreiber), daß Jesus ein ungebildeter Mann war, wurde vermutlich erfunden, um das Wunder seiner angeblichen theologischen Siege über gelehrte pharisäische Gegenspieler zu vergrößern und den Vorrang des Glaubens über die Vernunft zu betonen, eine Bewertung, die für ekstatische Sekten kennzeichnend ist. Die eigenen Aussprüche Jesu, seine genaue Kenntnis der Heiligen Schrift und die Tatsache, daß er als »Rabbi« angeredet wurde, zeigen ihn als mindestens nach den landesüblichen Maßstäben hochgebildet. Es gab eine begeisterte Bruderschaft von pharisäischen Lehrern, die sich in Galiläa konzentrierte, so daß es für einen aufgeweckten Jungen nicht schwierig gewesen wäre, eine gründliche Einführung in biblisches und traditionelles Wissen, dazu Kalenderastronomie und die anderen pharisäischen Disziplinen zu erhalten.

Jesus erwarb sich also die Befähigung und Anerkennung als Rabbi; aber das bedeutet nicht, daß er aufhörte, Zimmermann zu sein. Wahrscheinlich arbeitete er in seinem Handwerk weiter, bis er seine Sendung als Prophet auf sich nahm. Die Pharisäer billigten die berufsmäßige Ausübung der Religion nicht, und die Rabbis verdienten ihren Lebensunterhalt im allgemeinen in gewöhnlichen Gewerben und Berufen. Große Führer wie Hillel und Schammai nahmen nie Bezahlung für ihre Dienste als Rabbis an.

Jesus wurde nicht nur als Pharisäer erzogen; er blieb auch sein ganzes Leben lang ein Pharisäer. Viele Leser mögen diese Behauptung für erstaunlich halten, wenn sie an den angeblichen Haß der Pharisäer auf Jesus und die Brandmarkung der Pharisäer als Heuchler und Unterdrücker durch Jesus selbst denken. Diese Abschnitte in den Evangelien sind unhistorisch und erwuchsen aus der späteren

Geschichte der christlichen Kirche, die sich *in der Zeit, als die Evangelien geschrieben wurden* (40–80 Jahre nach dem Tod Jesu), in einem Zustand der Feindschaft mit den Pharisäern befand. In der Tat hatten die Pharisäer zu Lebzeiten Jesu, wie wir gesehen haben, keinen Grund, ihn zu hassen, und die Evangelien selbst haben Ereignisse bewahrt, die auf die Freundschaft verweisen, die in Wirklichkeit zwischen Jesus und den anderen Pharisäern bestand. Die »antipharisäischen« Abschnitte sind in vielerlei Hinsicht verfälscht worden. In mehreren Abschnitten ist das Wort »Pharisäer« deutlich eingesetzt worden, wo in der ursprünglichen Geschichte »Sadduzäer« stand; in diesen Episoden vertritt Jesus die typische pharisäische Richtung gegen einen sadduzäischen Standpunkt. In einigen Episoden ist das Wort »Pharisäer« nicht an die Stelle eines anderen getreten, sondern *hinzugefügt* worden, mit dem unsinnigen Ergebnis, daß die Pharisäer mehrmals mit den Herodianern in ihren Intrigen gegen Jesus zusammengetan werden! (Das ist so ähnlich, als würfe man Gaullisten und Pétainisten im Frankreich der Kriegszeit als Waffengefährten in einen Topf.) Jesu angebliche Brandmarkungen der Pharisäer sind späte Einfügungen, und einige davon (besonders Mt. 23) sind schändliche Beispiele des hellenistischen Antisemitismus. Jesus selbst wäre betrübt und entsetzt gewesen von den Reden, die ihm in den Mund gelegt wurden und in denen er gesagt haben soll, die Juden und die Pharisäer seien die Erzschurken der Geschichte.[2]

Als Rabbi war Jesus ein typischer pharisäischer Lehrer. Sowohl stilistisch als auch inhaltlich zeigen seine religiösen Lehren eine unverkennbare Verwandtschaft zum Pharisäismus und besonders zur Lehre des großen Apostels des Pharisäismus, Hillel. (Die Goldene Regel Jesu zum Beispiel ist fast identisch mit der Hillels.[3]) Wie

---

[2] Es mag zutreffen, daß Jesus gewisse Elemente in der pharisäischen Partei wegen Prahlerei und Heuchelei tadelte, denn die pharisäischen Schriften enthalten selbst solche Tadel. Das Problem der Heuchelei war eine Sache, die den Pharisäern voll bewußt war. Zum Beispiel warnte Rabban Gamaliel II.: »Kein Schüler, dessen Inneres seinem Äußeren nicht entspricht, trete in das Lehrhaus ein« (B. Berachot 28a). Die Mischna (Sota 3,4) erwähnt die Heuchelei als die »Pest der Pharisäer«, und der Talmud kommentiert diese Aussage mit einer Aufzählung verschiedener Typen scheinheiliger Pharisäer, deren Beschreibung in manchen Fällen an Jesus zugeschriebene Reden erinnert. (Z.B. kann der »Schulterpharisäer« des Talmud mit dem Satz Jesu irgendeine Verbindung haben: »Sie binden schwere und unerträgliche Bürden zusammen und legen sie den Menschen auf die Schultern.«) Selbstkritik war eine pharisäische Tradition, und Jesus übte zweifellos Kritik an der Bewegung, zu der er selbst gehörte; aber spätere Verfasser der Evangelien verdrehten diese gesunde Selbstkritik in eine Verurteilung der *gesamten* pharisäischen Bewegung. Auch das Alte Testament ist voll von Selbstkritik; kein Volk hat seine eigenen Schwächen so schonungslos bloßgestellt wie die Juden. Antisemiten haben aus dieser Offenheit immer ihren Nutzen gezogen und die jüdischen Berichte gegen die Juden verwendet. Ein Beispiel für antisemitischen Gebrauch der Selbstkritik im Alten Testament ist Matthäus (23,32–37). Solcher Gebrauch freimütiger Berichte läßt die gute Seite des Bildes außer acht, glaubt nicht an Ehrlichkeit und begreift nicht, daß Selbstkritik nur denen möglich ist, die im Grunde ein gutes Gewissen haben. Siehe RANKE-GRAVES/PODRO 1953, *cap.* 13, »Erfundene Pharisäer«.

[3] Siehe Anhang 4.A.

andere Pharisäer legte Jesus Gewicht auf die Gnade und Liebe Gottes, auf Liebe gegenüber Feinden und Vergebung gegenüber dem Reumütigen.

Es gibt in den Evangelien keinen Beleg dafür, daß Jesus versucht hätte, eine neue Religion zu gründen. Er ließ die hebräische Heilige Schrift als das Wort Gottes gelten und unternahm keinen Versuch, zum Beispiel die jüdischen Speisevorschriften oder die Gesetze über die rituelle Unreinheit abzuschaffen. Wie andere pharisäische Rabbis hatte er seine persönlichen Ansichten zu einigen Punkten: Er hatte untypisch strenge Ansichten zur Ehescheidung; er mag die Handwaschung vor den Mahlzeiten abgelehnt haben; es heißt, daß er Sündern besonders gern mit dem Höllenfeuer gedroht habe. (Die Bergpredigt ist durchsetzt von solchen Drohungen, die allerdings eine spätere, aus dem gnostischen Dualismus stammende Einfügung sein können.[4])

Bestimmte Äußerungen Jesu, die zeigen, daß er nie die Absicht hatte, das Judentum zu untergraben, sind erhalten geblieben. Vom Gesetz der Heiligen Schrift hatte er dies zu sagen:

»Wer nun eins von diesen kleinsten Geboten auflöst und die Leute so lehrt, der wird im Himmelreich der Kleinste heißen; wer es aber tut und lehrt, der wird im Himmelreich groß heißen« (Mt. 5,19).

Von den pharisäischen Ergänzungen und Reformen hatte er dies zu sagen:

»Auf dem Stuhl des Mose sitzen die Schriftgelehrten und Pharisäer. Alles nun, was sie euch sagen, das tut und haltet« (Mt. 23,2).

Diese Äußerungen sind völlig unvereinbar mit der späteren Lehre der heidenchristlichen Kirche, derzufolge Jesus den Großteil des in der hebräischen Heiligen Schrift enthaltenen Rechts aufgehoben und die Pharisäer insgesamt abgelehnt haben soll. Doch auch die Evangelien zeigen trotz der Überarbeitung, die sie erlebt haben, nicht, daß Jesus ein einziges biblisches Gesetz verspottet oder angreift. Er hob den Sabbat nicht auf. Er riet zur großzügigen Auslegung desselben. (Sein Grundsatz: »Der Sabbat ist um des Menschen willen geschaffen und nicht der Mensch um des Sabbats willen« war eine wohlbekannte pharisäische Äußerung.) Er hob die Speisevorschriften nicht auf; sie wurden von seinen unmittelbaren Jüngern in der Jerusalemer Kirche nach seinem Tod weiter befolgt. Er hob die Gesetze der rituellen Reinheit nicht auf; nach der Heilung eines Aussätzigen sagte er zu ihm: »Bringe das Reinigungsopfer dar, das Mose geboten hat« (Mk. 1,44). Das einzige »Unreinheits«-Gesetz, das er kritisiert haben soll, ist die oben erwähnte nichtbiblische Sitte der Handwaschung.

[4] Es wurde behauptet, besonders von D. Flusser und Geza Vermes, daß Jesus Ähnlichkeit mit einer besonderen Gruppe von Pharisäern hatte, mit den Chassidim, die charismatische Gestalten und Wundertäter waren (z.B. Hanina ben Dosa). Es läßt sich viel für diese Ansicht anführen, aber es gibt keinen Grund für Vermes' Behauptung, daß die Chassidim sich mit den anderen Pharisäern in den Haaren lagen. Die pharisäische Bewegung war flexibel genug, um viele Richtungen zu umfassen, die sich gegenseitig achteten (z.B. die Schulen von Hillel und Schammai).

Die Echtheit seiner überlieferten Kritik an den Pharisäern (»und hebt so Gottes Wort auf durch eure Satzungen, die ihr überliefert habt« [Mk. 7,13]) ist zweifelhaft. Diese Kritik ist eine typische *sadduzäische* Beschwerde, die mit der Begründung vorgebracht wurde, daß die Pharisäer durch ihre Reformen die alten Gesetze der hebräischen Heiligen Schrift (»das Wort Gottes«) ungültig gemacht hätten. Diese Beschwerde, wenn sie echt ist, würde bedeuten, daß Jesus alle Reformen mißbilligte, durch welche die Pharisäer das Recht der Heiligen Schrift weniger primitiv und streng gemacht hatten. Es würde bedeuten, daß er eine Rückkehr zu der buchstäblichen Auslegung des »Auge-um-Auge«-Gesetzes empfähle, zu dem Gottesurteil durch »bitteres Wasser« bei verdächtigten Ehefrauen, zur Vorführung der »Beweise der Jungfräulichkeit« einer Braut und anderen primitiven biblischen Bräuchen, welche die Pharisäer durch ihre »Überlieferungen« abgeschafft hatten. Es ist jedoch aus anderen Äußerungen Jesu klar, daß er weit davon entfernt war, die pharisäischen »Ergänzungen« zu mißbilligen, sondern statt dessen sehr für sie eintrat, obgleich die Herausgeber der Evangelien die Tatsache verbergen, daß Jesus pharisäische Reformen vertrat, und nahelegen, daß sie echte moralische Lehren von Jesus selbst waren.

Wir haben im Kapitel 5 gesehen, daß der Pharisäismus eine Bewegung der Armen und Unterdrückten war, im Gegensatz zu den Sadduzäern, der Partei der Reichen. Solche Äußerungen wie »Es ist leichter, daß ein Kamel durch ein Nadelöhr geht, als daß ein Reicher ins Reich Gottes kommt« (Mk. 10,25) sind bezeichnend für die Pharisäer und besonders ihren extremen Flügel, die Zeloten, deren Ziele kommunistisch waren. Der Anfang der Bergpredigt, »Selig sind, die geistig arm sind; denn ihnen gehört das Himmelreich« (Mt. 5,3), atmet Pharisäismus und ist zugleich ein Widerhall vieler Abschnitte in der hebräischen Heiligen Schrift. Eine Kenntnis der historischen pharisäischen Partei, die der boshaften, in den Evangelien zu findenden Karikatur entgegengesetzt ist, führt unvermeidlich zu dem Schluß, daß Jesus ein Mitglied dieser Partei war.[5] Manche der bitteren Auseinandersetzungen zwischen Jesus und den »Pharisäern«, über die in den Evangelien berichtet wird, waren vermutlich in der ursprünglichen Fassung freundschaftliche Diskussionen. Wenn man Markus' Fassung der Unterhaltung Jesu mit den »Schriftgelehrten« (Mk. 12) mit den späteren Fassungen desselben Ereignisses (Mt. 22; Lk. 10) vergleicht, kann man den tatsächlichen Prozeß der Bearbeitung in den Evangelien selbst stattfinden sehen.

Als Rabbi hätte sich Jesus auf das Lehren konzentriert, aber als er Prophet wurde, dürfte sein Leben eine viel stärker politische, aktivistische Richtung angenommen haben. In den Evangelien, wie sie uns vorliegen, wird jedoch das *Lehren* zur zentralen Beschäftigung seines Lebens. Dieser Schwerpunkt kommt dadurch zustande, daß die

[5] Siehe hierzu Anhang 4.

Originalität seiner Lehren übertrieben wird, so daß er als epochemachender Pionier erscheinen konnte, der zwangsläufig die Gegnerschaft der jüdischen Führer seiner Zeit wecken mußte. All das gehört zu den Bemühungen, die wirkliche Ursache für den Tod Jesu, nämlich seine Opposition gegen Rom, zu verschleiern.

In diesem Zusammenhang verlangt ein besonderer Gesichtspunkt der Lehre Jesu eine Stellungnahme: sein angeblicher Pazifismus. Falls Jesus wirklich Pazifist war, dann bedeutete er natürlich keine Bedrohung für die Römer. Allerdings sind, falls er Pazifist war, gewisse in den Evangelien berichtete Episoden sehr schwer zu verstehen. Warum jagte er die Geldwechsler mit der Peitsche aus dem Tempel? Jeder Geldwechsler, auf dessen Schulter die Peitsche Jesu niederschlug, würde mit gutem Recht Jesus für eine seltsame Art von Pazifisten gehalten haben. Sollen wir es so verstehen, daß Jesus nur gegenüber den Römern Pazifist war und nicht gegenüber den Juden? Wenn er so sehr gegen die Entweihung des Tempels durch jüdische Geldwechsler war, warum hatte er nicht genauso viel gegen die Entweihung von Gottes Heiligem Land durch römische Götzendiener?

Wenn Jesus ein Pazifist war, warum sagte er dann: »Ich bin nicht gekommen, Frieden zu bringen, sondern das Schwert« (Mt. 10,34)? Und warum verteilte er in der entscheidenden Nacht, nach dem letzten Abendmahl, Schwerter an seine Jünger? (Dieser Vorfall schlüpfte nur in einem Evangelium, dem von Lukas [22,36–38], durch die Maschen der Zensur.)

Jesus war eindeutig überhaupt kein Pazifist. Sein »Pazifismus« ist Teil der Geschichte von seiner Ungefährlichkeit und dem nicht vorhandenen Widerstand gegen das Römische Reich, der Geschichte, mit der die christliche Kirche hoffte, den Argwohn der Römer, die Christen seien eine umstürzlerische Gruppe, zu zerstreuen.

Nach Matthäus (5,39–40) sagt Jesus:

»Ich aber sage euch, daß ihr euch dem Bösen nicht widersetzen sollt, sondern: wenn dich jemand auf deine rechte Backe schlägt, dem halte die andere auch hin. Und wenn jemand gegen dich klagen und dir deinen Rock nehmen will, dem laß auch den Mantel.«

Diese Gesinnung ist ein perfektes Rezept zur Vermehrung des Bösen. »Widersetzt euch dem Bösen nicht« ist eine Formel der Beschwichtigung. Was Jesus vielleicht gesagt hat, war »Vergeltet nicht Böses« (übernommen aus den Sprüchen 20,22), was bedeutet: »Sucht keine ›Wie du mir, so ich dir‹-Rache. Zweimal Unrecht ergibt kein Recht.« Die Äußerung »Widersetzt euch dem Bösen nicht« ist eine Verneinung all dessen, für das die Juden eintraten. Die hebräische Heilige Schrift ist voller Beispiele von Menschen, die sich dem Bösen widersetzten – die »Retter«, die gegen die Unterdrükkung durch Philister, Assyrer, Griechen und schlechte jüdische Herrscher kämpften. Hellenistischen Mystikern, durch politische Verzweiflung und ein Gefühl der Machtlosigkeit in die Verinnerlichung getrieben, mochte die Äußerung Trost spenden, aber

für die Juden mit ihrer unauslöschlichen Hoffnung auf das Reich Gottes auf Erden war sie sinnlos. Nur die fast aussichtslosen Umstände der christlichen Kirche nach 70 chr. Ztr. konnten dazu geführt haben, daß man diese Äußerung Jesus zuschrieb.

Aufgewachsen in Galiläa, im Zentrum des idealistischen Widerstands gegen Rom, dem Geburtsplatz der zelotischen Bewegung und ihres Führers, Judas von Galiläa, muß Jesus von der Tragödie des Verlustes der jüdischen Unabhängigkeit und der Anwesenheit rücksichtsloser Götzendiener in den heiligen Orten des Volkes Gottes gewußt haben. Er hätte sich voller Spannung auf alle Zeichen kommender Erlösung gefreut, auf einen Erlöser, von Gott gesandt, um die Juden von fremder Besetzung zu retten. Er hätte das landesweite Entsetzen über Pilatus' Versuch, die Heilige Stadt zu entweihen, empfunden. Das war im Jahr 26, als Jesus 30 Jahre alt war und sich bereits als Rabbi bewährt hatte. Er wäre vom Auftritt Johannes' des Täufers mit seiner prophetischen Botschaft von der Ankunft des Reiches Gottes erregt gewesen. Und kurz darauf spürte er selbst den Ruf zu einer ähnlichen prophetischen Sendung.

Es geht aus den Evangelien eindeutig hervor, daß das erste Erscheinen Jesu als öffentliche Persönlichkeit als *Prophet* stattfand, nicht als Messias oder Christus. Wie Johannes der Täufer verkündete er die Ankunft des Reiches Gottes und rief die Menschen auf, die »frohe Botschaft« zu glauben und Buße zu tun. In dieser Zeit beschreibt er sich immer als »Propheten« (z.B. Mt. 13,57) (außer im Johannesevangelium, das sich von den früheren Evangelien in seiner Darstellung der Persönlichkeit und Lebensgeschichte Jesu unterscheidet und das, wie wir sehen werden, ein Ergebnis der kirchlichen Mythologisierung und Christologie war).

Es steht auch fest, daß Johannes der Täufer sich Jesus nie unterordnete. Im Gegenteil – die Bewegung Johannes' und die Bewegung Jesu hatten ähnliche Ziele und ließen sogar eine gewisse Rivalität erkennen. Den Szenen, die beschreiben, daß Johannes die Überlegenheit Jesu anerkennt (»Ich bin nicht gut genug, mich vor ihm zu bücken und die Riemen seiner Schuhe zu lösen«), widersprechen andere in den Evangelien bewahrte Ereignisse, die zeigen, daß Johannes sich als Ebenbürtiger verhielt. Wir wissen, daß die Bewegung Johannes' nach seinem Tod weiterlebte und seine Anhänger nur schrittweise in der christlichen Kirche aufgingen. Die Szenen, die die Unterordnung Johannes' unter Jesus darstellen, sind dazu bestimmt, dieses Aufgehen zu fördern und zu beschleunigen, und haben keinen historischen Wert. Lukas' Einleitung in sein Evangelium, in einer sorgfältigen Kopie oder Nachahmung des alttestamentarischen Stils geschrieben, enthält eine Episode, in der das ungeborene Kind Johannes in Anerkennung der Überlegenheit des ungeborenen Kindes Jesus im Schoß seiner Mutter hüpft![6]

---

[6] Bei der Taufe wird Jesus unmißverständlich als Sohn Gottes ausgezeichnet, indem der Heilige Geist herniederschwebt (Lk. 3,22); doch später läßt Johannes der Täufer Jesus fragen: »Bist du es, der kommen

Das »Reich Gottes«, das sowohl Johannes der Täufer als auch Jesus verkündeten, war kein »geistiges« Reich, das in den entlegenen Himmeln oder an irgendeinem zeitlich fernen Punkt lag; es war ein irdisches Königreich, gelegen in Palästina in der unmittelbar bevorstehenden Zukunft. Das Schlagwort »Reich Gottes« war die Losung der Zeloten und anderer antirömischer Gruppen; sie bedeutete die *Herrschaft* Gottes (nicht sein himmlisches Territorium) und verwies auf eine geplante Rückkehr zum jüdischen System der Theokratie – eine Rückkehr, die nur auf einem Weg geschehen konnte, nämlich dem der Vertreibung der römischen Besatzungstruppen.

Indem die Evangelien alles politisch Bedeutsame aus ihren Berichten herauslassen, vermitteln sie einen irreführenden Eindruck von den Volksbewegungen Johannes' und Jesu. Die Tatsache, daß Judäa sich in einem Zustand der politischen Gärung befand und die schwelende Unzufriedenheit mit der römischen Herrschaft ständig in revolutionäre apokalyptische Bewegungen ausbrach, wird kaum angedeutet. Ganz im Gegenteil vermitteln die Evangelien den Eindruck einer befriedeten Provinz des Römischen Reiches, die sich seit langem mit der römischen Herrschaft abgefunden hatte.

Johannes der Täufer selbst war eine Gestalt von starker politischer Ausdruckskraft. Er verlangte »Bußfertigkeit«, und da das verbunden war mit der »frohen Botschaft« von der Ankunft des Reiches Gottes, war es ein Aufruf, zur Vernichtung der Römer bereit zu sein. Es bedeutete, daß die von den Propheten vorhergesagten großen Tage nahe bevorstanden, die Tage, da die fremden Eindringlinge geschlagen und die Juden ein souveränes Volk sein würden, dem alle Völker sich beugten. Es war wesentlich, zu »bereuen«, weil die Ankunft des großen Tages durch diese erneute Hinwendung zu Gott beschleunigt würde, und auch, weil die Ankunft des Reiches Gottes von großen Kriegen und Umwälzungen begleitet würde, in denen

---

soll, oder sollen wir auf einen andern warten?« Offensichtlich war Johannes' Unterordnung unter Jesus vorher übertrieben worden. Markus (2,18) zeigt Rivalität zwischen Johannes und Jesus, aber diese wird in späteren Berichten verhüllt (Mt. 9,14; Lk. 5,33). In der Apostelgeschichte (18,25) lesen wir von einem gewissen Apollos, der »redete brennend im Geist und lehrte zutreffend von Jesus, kannte aber nur die Taufe des Johannes«. Dies zeigt, daß die Johanniter auch nach dem Tod Jesu noch als selbständige Bewegung fortbestanden. Eine gewisse Zeit nach Johannes' Tod wurde Jesus von vielen Menschen für eine Reinkarnation Johannes' gehalten, was zeigt, daß die Vorstellung von der Unterordnung des Täufers unter Jesus nicht verbreitet war (Mk. 8,28; Mt. 14,2). Heute noch gibt es eine Sekte von 15000 Menschen im Irak, die Mandäer, die Johannes den Täufer als ihren wichtigsten Propheten betrachten und Jesus für einen falschen Messias halten. Diese Sekte kann bis ins 2. Jahrhundert und vielleicht noch weiter zurückverfolgt werden, obgleich Zweifel bestehen, wann und aus welcher Quelle die Überlieferungen von Johannes in ihre Lehre eindrangen. (Siehe YAMAUCHI 1970.) Nach Matthäus (11,14) wies Jesus in einem frühen Stadium Johannes die Rolle Elias zu; doch nach der Verklärung sehen wir Jesus, wie er seinen Jüngern erklärt, daß Johannes Elia verkörpere, als sei es ein neuer Gedanke (Mt. 17,10–13). Offenbar hat die frühere Ankündigung nie stattgefunden. Eine interessante, nur bei Lukas (11,1) erhaltene Einzelheit ist, daß Jesus das Vaterunser in Nachahmung Johannes' des Täufers einführt.

viele Juden den Tod fänden und nur jene, welche durch Reue völlig geläutert wären, überleben könnten. Um diese Eignung zum Überleben zu symbolisieren, bediente sich Johannes auf seinem Feldzug des alten jüdischen Rituals der Taufe.

Jesus war anfangs fast genau die gleiche Art von Persönlichkeit wie Johannes, d.h. eine prophetische Vorläufergestalt, die die Menschen auf die Ankunft großer Ereignisse vorbereitete, aber diese nicht selbst direkt herbeizuführen suchte. Es gab eine große Veränderung im Leben Jesu, als er sich auf den Weg des Propheten begab. Anstatt ein seßhafter Rabbi zu bleiben, der an einem Ort zu Hause war und einer einheimischen Gemeinschaft diente, wurde er eine nationale Gestalt mit einer Sendung an das ganze jüdische Volk. Das hatte ein Reiseleben zur Folge; er zog von Stadt zu Stadt und von Provinz zu Provinz, versammelte an jedem Ort Volk um sich und ermahnte die Menschen mit den Worten: »Die Zeit ist erfüllt, und das Reich Gottes ist herbeigekommen. Tut Buße und glaubt an das Evangelium!« (Mk. 1,15). Er brachte eine kleine Schar von auserwählten Jüngern zusammen, mit denen er eine reisende Gemeinde bildete; dies war das uralte Muster jüdischer prophetischer Organisation, wie wir an Propheten wie Elia und Elisa im Alten Testament sehen. Er war zu dieser Zeit kein militärischer Führer; seine Sendung war, als Verkünder und »Wegbereiter« zu handeln. Dennoch war er unverkennbar ein *politischer* Führer. Das Ziel seiner Sendung war, die Menschen daran zu hindern, sich in die Unterordnung unter Rom zu schicken, und ihre Hoffnung auf Befreiung in naher Zukunft zu wekken. Diese Tätigkeiten wurden daher unter Gefahr für sein Leben durchgeführt; solche Prophetengestalten weckten die unmittelbare Feindschaft der römischen und prorömischen Behörden, und fast alle fanden ein gewaltsames Ende. Josephus stellt klar, daß Johannes der Täufer zum Beispiel aus politischen Gründen hingerichtet wurde (Jos. ant. XVIII 5,2).

In den Berichten über das Predigen Jesu, die in den Evangelien erhalten sind, können wir sehen, daß das vorherrschende Merkmal »apokalyptisch« war, d.h. eine leidenschaftliche Prophezeiung der unmittelbar bevorstehenden Ankunft des »Reiches Gottes«. Gleichnis über Gleichnis bringt dieselben Gedanken ins Bewußtsein: Die Ankunft des Reiches Gottes wird plötzlich sein und jene, die sich darauf vorbereitet haben, werden gerettet werden und die Unvorbereiteten untergehen. Dies ist das Predigen eines Mannes, dessen Botschaft drängend und praktisch ist. So predigt kein Mann, dessen Botschaft in erster Linie belehrend ist, der eine neue Religion zu gründen versucht oder neue moralische Haltungen oder geistige Einsichten vertritt.

Es muß gesagt werden, daß die Sendung Jesu als Prophet sich ausschließlich an die Juden richtete, nicht an die Nichtjuden. Die Vorstellung, daß Jesus die Juden zurückwies und die »Verheißungen« des Alten Testaments auf die Nichtjuden übertrug, war eine spätere Erfindung der heidenchristlichen Kirche[7]. Jesus betonte

---

[7] Zur Erklärung dieses Begriffs siehe Kapitel 16.2 und Anhang 8.

wiederholt, daß er »zu den verlorenen Schafen des Hauses Israel« gesandt war (Mt. 10,6), d.h. zu den Sündern unter den Juden, die in Gefahr waren, bei den Wirren, die die Ankunft des Reiches Gottes begleiten würden (»die Geburtswehen des Messias«), vernichtet zu werden. In einem Abschnitt, der echt sein muß, weil er der späteren Richtung christlichen Denkens stark widerspricht, weist Jesus die Nichtjuden als »Hunde« ab, denen das »Brot der Kinder« hinzuwerfen sich nicht schickte (Mt. 15,26; Mk. 7,27).

Als Volksführer war Jesus also Prophet und »Wegbereiter«. Aber bald eröffnete sich eine neue und noch gefährlichere Phase seiner Laufbahn. Er gelangte zu der Überzeugung, daß der Messias und Befreier, dessen Ankunft er prophezeit hatte, kein anderer als er selbst sei.

Kapitel 11

Das Reich Gottes

Die apokalyptische Bewegung, deren Führer Jesus war, gewann große allgemeine Unterstützung, was teilweise auf seinen Erfolg als Wunderheiler zurückging[1] Der Tod Johannes' des Täufers bedeutete, daß Jesus die einzige übriggebliebene Prophetenpersönlichkeit war, obgleich die Bewegung Johannes' weiter ihre unabhängige Existenz behielt. In einer kurzen Zeitspanne der jüdischen Geschichte wurde Jesus zur einzigen Hoffnung einer großen Zahl, vielleicht sogar der Mehrheit, des jüdischen Volkes. Jesus muß über die Bedeutung des Verschwindens Johannes' und die Verwandtschaft zwischen Johannes' Bewegung und seiner eigenen reiflich nachgedacht haben. Diese Fragen verwirrten auch seine Jünger, und sie baten ihn dringend um eine Erklärung.[2] Die Situation konnte nicht statisch bleiben. Bis hierher hatte Jesus die Rolle des Vorläufers oder Verkünders gespielt und auf Ereignisse hingewiesen, die in der nahen Zukunft geschehen würden. Jetzt machten Johannes' Tod und das explosive Anschwellen seiner eigenen Bewegung eine abwartende Rolle unmöglich. Seine Anhänger, überzeugt von seiner Größe, erwarteten kühne Entwicklungen von ihm. Sie drängten ihn, sich zu offenbaren und die nationale Bühne in Jerusalem offen zu betreten (Joh. 14,22). Jesus selbst muß durch den Erfolg seiner Bewegung überzeugt gewesen sein, daß eine größere Rolle, als er bisher angenommen hatte, auf ihn wartete.

Es ist lohnend, an diesem Punkt zu verweilen, um über das Wesen der Prophezeiungen Jesu über das künftige »Reich Gottes« nachzudenken, die er im früheren Teil seiner Laufbahn gemacht hatte. Was würde nach den Erwartungen Jesu geschehen, wenn sich dieses große Ereignis tatsächlich einstellte?

Das Hauptmerkmal, das Jesus in seinen Prophezeiungen, Gleichnissen und anderen apokalyptischen Äußerungen hervorhebt, ist die Plötzlichkeit, mit der das Reich Gottes kommen würde. Er erwartete, daß die Erlösung auf wunderbaren Wegen und mit atemberaubender Schnelligkeit stattfinden würde.

»Dann werden zwei auf dem Felde sein; der eine wird angenommen, der andere bleibt zurück. Zwei Frauen werden die Mühle drehen; die eine wird angenommen,

---

1 Siehe Anhang 6.

2 Siehe z.B. Mk. 8,28 und 9,11, wo sich die Verwirrung der Jünger zeigt.

die andere bleibt zurück. Darum seid wachsam; denn ihr wißt nicht, an welchem Tag euer Herr kommt« (Mt. 24,40–42).

Was für ein Ereignis würde mit solcher Plötzlichkeit stattfinden? Jesus selbst beschäftigte sich mit der Vorstellung vom »Tag des Herrn«, die er von den hebräischen Propheten übernommen hatte. Diese dunklen, hochfliegenden Prophezeiungen sprachen von einem »großen und schrecklichen Tag«, an dem Gott die Feinde seines Volkes vernichten würde. Sie sprachen von einer großen letzten Schlacht im »Tal der Entscheidung«.

»Die Heiden sollen sich aufmachen und heraufkommen zum Tal Josaphat; denn dort will ich sitzen und richten alle Heiden ringsum ... Es werden Scharen über Scharen von Menschen sein im Tal der Entscheidung; denn des Herrn Tag ist nahe im Tal der Entscheidung. Sonne und Mond werden sich verfinstern, und die Sterne halten ihren Schein zurück. Und der Herr wird aus Zion brüllen und aus Jerusalem seine Stimme hören lassen, daß Himmel und Erde erbeben werden. Aber seinem Volk wird der Herr eine Zuflucht sein und eine Burg den Israeliten« (Joel 4).

Jesus sprach oft von »jenem Tag«. Zum Beispiel sagte er: »Von dem Tag aber und von der Stunde weiß niemand, auch die Engel im Himmel nicht, auch der Sohn nicht, sondern allein der Vater.«

Die Propheten sprachen von dem schrecklichen Feind, der die Juden unterdrükken werde:

»Vor ihm her geht ein verzehrendes Feuer und hinter ihm eine brennende Flamme. Das Land ist vor ihm wie der Garten Eden, aber nach ihm wie eine wüste Einöde, und niemand wird ihm entgehen ... Sie werden laufen wie Helden und die Mauern ersteigen wie Krieger; ein jeder zieht unentwegt voran und weicht von seiner Richtung nicht« (Joel 2).

Dies muß wie eine gelungene Beschreibung der Römer gewirkt haben. Aber die Antwort, sagt der Prophet, ist Bußfertigkeit: »... bekehret euch zu mir von ganzem Herzen mit Fasten, mit Weinen, mit Klagen! Zerreißet eure Herzen und nicht eure Kleider und bekehret euch zu dem Herrn, eurem Gott! Denn er ist gnädig, barmherzig ... Dann wird der Herr um sein Land eifern und sein Volk verschonen ... Und ich will den Feind aus Norden von euch wegtreiben und ihn in ein dürres und wüstes Land verstoßen ... Die Sonne soll in Finsternis und der Mond in Blut verwandelt werden, ehe denn der große und schreckliche Tag des Herrn kommt. Und es soll geschehen: wer des Herrn Namen anrufen wird, der soll errettet werden. Denn auf dem Berge Zion und zu Jerusalem wird Errettung sein, wie der Herr verheißen hat, und bei den Entronnenen, die der Herr berufen wird« (Joel 2).

Nur die »Entronnenen«, ein kleiner Teil, würde gerettet werden, jene, die rechtzeitig bereuten. Die anderen Juden würden an dem »großen und schrecklichen Tag des Herrn« untergehen. »Der eine wird angenommen, der andere bleibt zurück«,

wie Jesus sagte. Deshalb war es so dringend, dem »verlorenen Schaf des Hauses Israel« die Botschaft der Reue zu bringen.

Gerade aus seinen Predigten über die Reue kann man die charakteristische Stimme Jesu heraushören. Hierin erhebt er sich über den Stand des Erwekkungspredigers, der Schauergeschichten vom »Weltende« erzählt. In einer wunderbaren Reihe von Gleichnissen drückte Jesus pharisäische Stoffe von der Gnade Gottes und der Wirksamkeit der Reue in einer Weise aus, der kaum etwas in der pharisäischen Literatur den Rang streitig macht. Diese Gleichnisse atmen so sehr die geistige Atmosphäre des Pharisäismus, daß sie der einschlägigste Beweis dafür sind, daß Jesus wirklich lebte und ein pharisäischer Lehrer von ursprünglicher Kraft war.

Die Pharisäer waren die Schöpfer des Gleichnisses als einer Kunstform. Ihre schlichte Lebendigkeit, die auf vertraute Szenen wie Säen und Ernten zurückgreift, drückt ihre wirklichkeitsnahe, direkte Einstellung zum Leben aus. (Es ist bemerkenswert, daß das Johannesevangelium, das am stärksten hellenistisch geprägte der Evangelien, keine Gleichnisse im eigentlichen Sinn des Wortes enthält.) Die Pharisäer verwendeten Gleichnisse, um ihre Darlegung fesselnder und verständlicher zu machen; das gehörte zu ihren Bemühungen, das einfache Volk zu erreichen.[3] Leider stellen die Evangelienschreiber die Gleichnisse Jesu als *Rätsel* dar, die Jesus verfaßte, um zu *verhindern*, daß die Mehrzahl seiner Zuhörer seine Botschaft verstand (siehe Mk. 4,11). Dies gehört zu der späteren heidenchristlichen Darstellung Jesu als einem Mann, der sich seinem eigenen Volk entfremdet und keine ernsthafte Absicht gehabt habe, es für sich einzunehmen.

Das vielleicht schönste Beispiel der Bußpredigten Jesu ist das Gleichnis vom verlorenen Sohn (Lk. 15). Die Moral dieses Gleichnisses leitet es ein: »Ich sage euch: So wird auch Freude im Himmel sein über *einen* Sünder, der umkehrt, mehr als über neunundneunzig Gerechte, die die Umkehr nicht nötig haben.« Das ähnelt der talmudischen Rede: »Wo die reuigen Sünder in der künftigen Welt stehen, werden die ganz Gerechten nicht stehen dürfen« (B. Berachot 34b). Für den verlorenen Sohn, der reuig zu seinem Vater zurückkehrte, wurde das gemästete Kalb geschlachtet; und als der ältere Sohn protestierte, antwortete sein Vater: »Mein Sohn, du bist immer bei mir, und alles, was mir gehört, das gehört auch dir. Du solltest aber fröhlich sein und dich freuen; denn dieser dein Bruder war tot und ist wieder lebendig geworden, er war verloren und ist wiedergefunden worden.« Mit dieser Art Gleichnis versicherte Jesus den Sündigen und Hoffnungslosen, daß es für sie nicht zu spät sei, zu Gott zurückzukehren, daß es auch für sie, obgleich der »Tag des Herrn« bevorstehe, möglich sei, in das Reich Gottes im letzten Augenblick einzutreten, wenn sie wirklich bereuten, mehr noch, daß ihr

[3] Siehe Anhang 7.

Platz in dem Reich höher sein werde als der Platz jener, die nie gesündigt hatten, denn »die Letzten werden die Ersten sein«, und die zuletzt angeworbenen Arbeiter würden ihren Groschen vor jenen erhalten, »die wir des Tages Last und Hitze getragen haben« (Mt. 20,12). Ähnlich heißt es im Talmud: »Es gibt solche, die einen Platz in der künftigen Welt nach vielen Jahren erhalten, und es gibt solche, die ihn sofort erhalten« (B. Avodah Sarah 17b und anderswo). Ernsthafte Reue kann ein ganzes Leben voller Sünden auslöschen, selbst bei Schurken und Gangstern wie den »Zöllnern«.[4]

Obgleich Jesus glaubte, seine prophetische Sendung gelte nur den Juden und besonders den sündigen unter ihnen, bedeutet dies nicht, daß seine Einstellung provinziell beschränkt war. Er betrachtete die Juden als Schlüsselelement der Weltgeschichte; denn die hebräischen Propheten hatten gelehrt, daß der »Tag des Herrn« ein Zeitalter des allgemeinen Friedens einleiten werde, in dem die Schwerter zu Pflugscharen gemacht und die Wölfe bei den Lämmern wohnen würden. Sein Aufruf zur Reue war die Forderung nach einer besonderen geistigen Anstrengung durch ein geweihtes Volk, dessen Rolle es war, den Durchbruch zu einem neuen Weltalter zu vollbringen. Jesus zielte auf die erneute Weihung des ganzen jüdischen Volkes, wobei er seine Anstrengungen auf den hingebungsvollen Kern der Pharisäer, der bereits existierte, stützte und die Erlösung der ganzen Welt von der Herrschaft des Schwertes im Sinn hatte.

So lassen sich die Überzeugungen und Ziele Jesu folgendermaßen zusammenfassen: Er glaubte, die Zeit für die Erfüllung der Prophezeiungen Sacharjas, Joels und Jesajas sei gekommen, wobei die fremden Feinde, von denen in diesen Prophezeiungen die Rede war, die Römer seien; eine große Schlacht gegen die Römer werde stattfinden, in der die Juden von einem Nachkommen König Davids, einem Messias oder Christus, der der rechtmäßige König der Juden sei, angeführt würden; die Schlacht werde von außergewöhnlichen Ereignissen (darunter ein Erdbeben und Seuchen) begleitet sein, in denen die Römer und die Unwürdigen unter

---

4 Es sollte zur Kenntnis genommen werden, daß in den erwähnten Gleichnissen nicht die Ansicht gestützt wird, Reue sei der einzige Zugang zu Gottes Gnade. Der treue Sohn im Gleichnis vom verlorenen Sohn ist kein selbstzufriedener Tugendbold; es wird auch nicht behauptet, daß es nicht »neunundneunzig Gerechte« geben kann. Einige Jesus zugeschriebene Gleichnisse können so ausgelegt werden, daß sie bedeuten, Verdienst existiere überhaupt nicht und Gnade könne nur erreicht werden, indem man sich Gottes Barmherzigkeit überlasse. Im Gleichnis von den ungleichen Söhnen (Mt. 21) ist der Gegensatz nicht der zwischen einem rechtschaffenen Sohn und einem sündigen, aber reumütigen Sohn; es ist der Gegensatz zwischen zwei Söhnen, von denen der eine reumütig und der andere ein Heuchler ist. Dieses Gleichnis ist vielleicht tatsächlich eine spätere Fassung des Gleichnisses vom verlorenen Sohn, das verändert wurde, um mit der heidenchristlichen Lehre von der Erbsünde übereinzustimmen, nach der es keine »Gerechten« geben kann. Im Gleichnis vom verlorenen Sohn symbolisiert der treue Sohn die Pharisäer, von denen Jesus sagte: »Die Gesunden brauchen keinen Arzt.« (Die Vorstellung, dies sei sarkastisch gemeint gewesen, bildete sich erst später.)

den Juden untergehen würden; die Schlacht werde mit einem Sieg des Messias und der Juden enden, für die dann ein Zeitalter der Unabhängigkeit beginnen werde, und dies werde auch ein Zeitalter des Friedens und geistigen Fortschritts für die ganze Welt sein, in dem die gottgegebene Sendung der Juden als Volk Gottes von allen Völkern anerkannt und der Tempel in Jerusalem als das geistige Zentrum der Welt angesehen werde. Die Grundsätze der sozialen Gerechtigkeit und Freiheit, wie sie in der hebräischen Heiligen Schrift und der jüdischen Überlieferung erläutert sind, würden von den Völkern der Welt anerkannt, und die Zeit räuberischer Soldatenreiche würde enden.

Wenn dies die Vision Jesu war (was bei seiner besonderen Abhängigkeit von den Prophezeiungen Sacharjas und Joels wahrscheinlich ist), dann war es eine sehr edle. Es war zugleich eine revolutionäre Vision, die den Sturz der römischen Macht einschloß.

Gleichzeitig muß man sich klarmachen, daß Jesus kein Zelot war. Wie wir gesehen haben, waren die Zeloten trotz ihres religiösen Eifers auf ein realistisches Programm eines langfristigen Guerillakampfes festgelegt, und apokalyptische Visionen spielten in ihrem Denken eine geringe Rolle. Sie machten keine prophetischen Kräfte geltend, und viele von ihnen fühlten sich zu sehr als Republikaner, um an die Ankunft des Messias zu glauben. Jesus war zuallererst ein Apokalyptiker: Er glaubte an die wunderbare Art der kommenden Erlösung, wie sie in den Schriften der alttestamentarischen Propheten geschildert wird. Immer wieder beschrieb er ihr plötzliches, wunderbares Erscheinen; sie werde kommen »wie ein Dieb in der Nacht«, »wie der Blitz vom Osten kommt«, »zu einer Stunde, in der ihr's nicht erwartet«. Wichtig war geistiges Bereitsein, nicht militärische Bereitschaft, obwohl man werde kämpfen müssen, wenn die Stunde schließlich komme, denn die Propheten hatten gesagt, es werde eine Schlacht geben. Jesus hatte wahrscheinlich das Beispiel Gideons im Sinn, zu dem Gott gesagt hatte: »Zu zahlreich ist das Volk, das bei dir ist, als daß ich Midian in deine Hände geben sollte; Israel könnte sich rühmen wider mich und sagen: Meine Hand hat mich errettet« (Ri. 7,2). Also wurde Gideons Armee von 22000 auf 300 verkleinert. Doch jene 300 mußten noch kämpfen, und alle, die »ängstlich und verzagt« waren, wurden fortgeschickt. Die Erlösung würde einen militärischen Aspekt haben, und die Gläubigen würden nicht einfach Zuschauer der Wunder Gottes sein; aber der Ruhm des Sieges würde zuerst Gott gebühren.

Jesus war folglich kein Guerillaführer. Er bildete seine Anhänger nicht militärisch aus und ließ sich nicht auf Scharmützel mit römischen Truppen ein. Vom Standpunkt des wissenschaftlichen Skeptizismus im 20. Jahrhundert aus mag er als ein Selbsttäuschungen hingegebener Träumer erscheinen, doch folgte er einem Verhaltensmuster, das in der jüdischen Geschichte ganz gewöhnlich war, und wäre nach den allgemein gültigen Maßstäben des jüdischen Glaubens nicht für

geisteskrank gehalten worden. (Hätte er dagegen erklärt, Gott zu sein und die Absicht verkündet, freiwillig die Kreuzigung zu erleiden, wäre er sicher für verrückt gehalten worden.) Andere antirömische Gruppen hätten von seiner Tätigkeit keineswegs gemeint, sie richte sich gegen ihre eigene. Auch Menschen, die sich seiner Bewegung nicht anschlossen, dürften seinen Lebensweg mit Bewunderung und Hoffnung verfolgt haben. Und es gab vermutlich einen ständigen Zulauf von neuen Anhängern – von Männern, die angezogen wurden von der Kühnheit seiner Forderungen, vom Charisma seiner Persönlichkeit, vom Ruhm seiner Wundertaten und von der Aussicht auf einen raschen Sieg über die Römer an Stelle eines sich hinziehenden Feldzugs. Dies erklärt, warum fünf der engsten Jünger Jesu, der zwölf Apostel, aus den Reihen der Zeloten kamen (Simon der Zelot, Judas Iskariot, Simon Petrus, bekannt als Barjona, und Jakobus und Johannes, die Söhne des Zebedäus, bekannt als Boanerges oder »Donnersöhne«). Diese Jünger behielten ihre zelotischen Spitznamen auch bei, nachdem sie sich Jesus angeschlossen hatten, was vermuten läßt, daß es keinen grundlegenden Unterschied zwischen den Zielen Jesu und denen der militanten Zeloten gab.[5]

Die Evangelien vermitteln den Eindruck, Jesus sei von der Masse des jüdischen Volkes und von den religiösen und politischen Strömungen seiner Zeit, von den Pharisäern (den »Schriftgelehrten«) wie von den Sadduzäern und den Herodianern isoliert gewesen. Und die Zeloten werden nicht einmal erwähnt. Dieses Gefühl der Isolation ist am stärksten im Evangelium nach Johannes, in dem die Feinde Jesu einfach als »die Juden« bezeichnet werden, wobei Jesus so jenseitig geworden ist, daß man an ihn selbst überhaupt nicht mehr als Juden denkt. Bis die Evangelien ihre endgültige Form erreichten, wurden die Juden von den Mitgliedern der heidenchristlichen Kirche mit ihrem hellenistisch-antisemitischen Hintergrund so gehaßt, daß sie nicht glauben konnten, Jesus habe jemals ernsthaft gewünscht, sie für sich zu gewinnen. Im Gegenteil glaubte man jetzt, die Juden seien als verfluchtes Volk dazu bestimmt gewesen, den Tod Jesu herbeizuführen und so unwissentlich die Erlösung der Menschheit, sich selbst ausgenommen, zuwege zu bringen.

---

[5] *Zelotische Spitznamen der Jünger.* Simons Spitzname, »der Zelot« (griechisch »zelotes« [ζηλωτής]), wird deutlich von Lukas (6,15) genannt, während Markus und Matthäus ihn als »Kanaäus« verhüllen. Die Kanaaniter gab es zu dieser Zeit nicht mehr, aber das hebräische Wort für Zelot ist »kanai« (קנאי), das Markus und Matthäus fälschlich als »kena'ani« (Kanaaniter) lasen.

Zur Ableitung von Judas' Spitznamen »Iskariot« siehe p. 100.

Simon Petrus' Spitzname »Bar-jona« (Mt. 16,17; auch übersetzt als Jonas Sohn) ist offenbar von »baryona« abgeleitet, einem aramäischen Wort mit der Bedeutung »Vogelfreier«, das oft auf die Zeloten angewendet wurde.

Der Spitzname »Boanerges« für Jakobus und Johannes wird bei Markus (3,17) als »Donnersöhne« gedeutet, vermutlich dem hebräischen »benei ra'asch« (בני רעש) entsprechend. Der Spitzname hat einen kriegerischen Klang, wie er zu Zeloten paßt. Das erklärt wahrscheinlich, warum der Name in den anderen Evangelien ausgelassen ist.

Der Eindruck der Isolation Jesu wird noch verstärkt, indem Jesus geschildert wird, als sei er mit seiner eigenen Familie uneins gewesen. Die »Brüder« und »Verwandten« Jesu werden dargestellt, als hätten sie ihn für einen Verrückten gehalten und nicht an ihn geglaubt. Doch das kann nicht so sein, denn ein Bruder Jesu, Jakobus, wurde unmittelbar nach dem Tod Jesu der Führer der Bewegung (die Nazaräer oder Judenchristen); ein anderer Bruder, Judas, war ebenfalls führend in der judenchristlichen Kirche, und man schreibt ihm einen Brief im Kanon des Neuen Testaments zu. Diese beiden Brüder waren vermutlich Mitglieder der zwölf Apostel zu Lebzeiten Jesu und dürften mit Jakobus dem Jüngeren und Judas Thaddäus identisch sein.[6] Dies ist in den Evangelien unterdrückt worden, um die Isolation Jesu zu unterstreichen.

Wir sind jetzt am entscheidenden Punkt des Lebensweges Jesu angekommen. Seine Bewegung hat einen aufsehenerregenden Erfolg erreicht – so groß, daß sich schwierige Probleme für ihn stellen. Er wird von großen Menschenmengen bejubelt, die von ihm irgendeinen wichtigen Schritt erwarten. Herodes Antipas, der proömische Herrscher von Galiläa, hat die von der Bewegung Jesu drohende Gefahr erkannt und versucht, ihn festzunehmen. Doch der von Jesus prophezeite Messias ist ausgeblieben, und Johannes der Täufer, sein Mitprophet, ist festgenommen und getötet worden. Jesus berät sich mit seinen nächsten Jüngern, den zwölf Aposteln, und die Lösung wird gefunden. Hier ist der Bericht von dieser wichtigen Besprechung im Evangelium nach Markus:

»Jesus ging mit seinen Jüngern fort in die Dörfer, die zu Caesarea Philippi gehörten. Und auf dem Wege fragte er seine Jünger: Für wen halten mich die Leute? Sie antworteten: Sie sagen, du seist Johannes der Täufer; einige sagen, du seist Elia; andere, du seist einer der Propheten. Und er fragte sie: Ihr aber, für wen haltet ihr mich? Da antwortete ihm Petrus: Du bist der Christus!« (Mk. 8,27–29)

Hier darf man nicht die eigentliche Bedeutung von »Christus« (»Messias«) vergessen, nämlich »Gesalbter« oder »König«. Petrus grüßte Jesus zum erstenmal als König von Israel. Man achte darauf, wie klar aus diesem Abschnitt hervorgeht, daß die Vorstellung von Jesus als Christus oder Messias zu dieser Zeit völlig neu war. Dieser Rollenwechsel vom Propheten zum König war dramatisch, etwas noch nie Dagewesenes in der jüdischen Geschichte. Hier, wenn irgendwo, ist die Einmaligkeit Jesu zu finden. Es hatte schon Propheten-Herrscher gegeben (z.B. Moses, Samuel), und es hatte sogar Könige mit prophetischem oder nahezu prophetischem Rang gegeben (z.B. David und Salomo, denen beiden kanonische Werke zugeschrieben wurden), aber es hatte nie zuvor einen Propheten gegeben, der in der Mitte seines Lebensweges sich als König verkündete. Dennoch lag darin nichts, was jüdischen Vorstellungen zuwiderlief. Der König, als der Jesus sich jetzt

---

[6] Siehe Anhang 3.

verkündete, war kein gewöhnlicher König, sondern der endgültige König-Messias, dessen Ankunft der Höhepunkt der menschlichen Geschichte war, der heilige König, dem sich die Welt als ihrem geistigen Oberhaupt zuwenden würde. Es erschien sehr passend, daß sich herausstellen sollte, daß dieser König prophetische Gaben hatte. Indem er König wurde, hörte er nicht auf, Prophet zu sein. Er würde tatsächlich der erste König werden, der auch ein größerer Prophet war; in ihm wären die Monarchie und das Prophetenamt, die sich oft in den Haaren gelegen hatten, vereint und versöhnt, und die Tage der Propheten-Richter (wie Deborah und Samuel) würden wiederkommen, erhöht durch das Charisma des Thrones Davids. Der Riß zwischen geistiger und weltlicher Macht, vor dem Samuel so eindringlich gewarnt hatte, wäre endlich geheilt.

Die Hasmonäerkönige hatten versucht, den Riß zu kitten, indem sie die Monarchie und das *Priesteramt* verknüpften. Die Pharisäer widersetzten sich heftig der hasmonäischen Neuerung, weil sie das Priesteramt verdarb und zwei Einrichtungen vermengte, die, wie sie meinten, besser getrennt bleiben sollten. Das Prophetenamt war jedoch keine Einrichtung im gleichen Sinn wie das Priesteramt. Ein Mann wurde zum Propheten durch die Erwählung Gottes, nicht durch menschliche Verfahren, und wenn Gott entschied, seinen Heiligen Geist seinem gesalbten Messias zu geben, konnte man darin nur ein Zeichen größter göttlicher Gnade sehen. Jesus schuf keine neue Einrichtung, wenn er das Prophetenamt mit dem Messiasamt verknüpfte, sondern brachte zwei Ämter zusammen, die sonst vielleicht nie mehr zusammengebracht würden.

Die Pharisäer glaubten, es habe seit dem Tod Maleachis vor etwa 400 Jahren keinen wahren Propheten mehr in Israel gegeben. Jedoch glaubten sie nicht, daß es mit den Prophezeiungen für immer vorbei sei, und sie waren immer auf einen neuen Propheten gefaßt[7], besonders weil sie glaubten, die Erneuerung der Prophezeiung sei das Zeichen der Ankunft des messianischen Zeitalters. Die Behauptung Jesu, ein Prophet zu sein, war schon nichts Alltägliches, denn solche Behauptungen wurden selten aufgestellt; nun seine Vorstellung gar, ein Prophet und König zu sein, war ehrfurchtgebietend und ermutigend. Sie muß bei seinen Anhängern ungeheure Begeisterung und im ganzen Land große Hoffnungen geweckt haben. Diese hochfliegende neue Vorstellung, verbunden mit der charismatischen Persönlichkeit Jesu und seiner Gabe zu heilen, erklärt die Tatsache, daß Jesus, im Gegensatz zu anderen Anwärtern auf das Messiasamt, nach dem Scheitern seines Griffs nach dem Thron nicht vergessen wurde. Seine Anhänger konnten nicht glauben, seine Kreuzigung sei das Ende. Sie glaubten, er sei, wie Elia, noch am Leben und werde

[7] Zwei pharisäischen Rabbis, Hillel und Hanina ben Dosa, wurde ein beinahe prophetischer Rang beigemessen. Hillel wurde für »würdig, ein Prophet zu sein« gehalten. Hanina ben Dosa wurde gefragt: »Bist du ein Prophet?«, aber er stellte diesen Titel in Abrede (B. Baba Kamma 50a).

bald zurückkehren, um sie zum Sieg zu führen. Dieser Glaube entartete in der heidenchristlichen Kirche unter Paulus' Einfluß in einen abgöttischen Glauben an die *Göttlichkeit* Jesu. Im jüdischen Denken war die Idee der Auferstehung nicht mit Göttlichkeit verbunden. Wir sehen in dem oben zitierten Abschnitt, wie natürlich die Juden annahmen, Jesus selbst sei der auferstandene Johannes der Täufer, obgleich sich die Lebenszeiten dieser zwei Männer überschnitten. Die Pharisäer glaubten, daß alle Helden der jüdischen Geschichte schließlich wieder zum Leben erweckt würden, zusammen mit den Gerechten jeder Generation, auch den gerechten Nichtjuden. Daher war die Verbindung von Auferstehung und Göttlichkeit, die für die Heidenchristen so unvermeidlich war, den Juden völlig fremd.

Jesus hatte also mit seinem einmaligen Anspruch, Prophet und König zu sein, einen neuen und verhängnisvollen Abschnitt seines Lebensweges begonnen. Auch als Prophet war sein Leben ständig in Gefahr, denn das Ziel und die Wirkung seiner Predigten war, die Menschen aus der Ergebung in die römische Herrschaft aufzurütteln und ihre Hoffnung auf Befreiung lebendig zu halten. Aber jetzt kündigte er die Befreiung selbst an und erhob Anspruch auf den Titel des Befreiers. Indem er Petrus' Begrüßung als Christus oder Messias annahm, zog Jesus das Banner der Revolte gegen Rom auf. Wir müssen uns jetzt folgende Frage stellen (die notwendig wird mit dem Versuch der Evangelien, die ganze Angelegenheit zu verdecken): »Welche Schritte unternahm Jesus, um seinen Anspruch, der König der Juden zu sein, durchzusetzen?«

Kapitel 12

König der Juden

DIE EVANGELIEN sagen so wenig wie möglich zu dem Anspruch Jesu, der König der Juden zu sein. Dieser Ausdruck taucht völlig unvermittelt auf, als Pilatus Jesus fragt: »Bist du der König der Juden?« Nirgendwo in den Evangelien finden wir die Ereignisse oder Tätigkeiten, die wir nach dieser Frage vermuten würden: die Verkündigung der Thronbesteigung Jesu, die Salbung Jesu als König, die Ernennung von Beamten seines Hofes, die Planung Jesu für seine königliche Regierung. Als Jesus vor dem jüdischen Gericht erscheint, wird kein Wort über seinen Anspruch auf den Thron gesagt; statt dessen wird er der Gotteslästerung beschuldigt. Doch als er Jerusalem bei seinem triumphalen Einzug betritt, kennen die Menschen offenbar seinen Anspruch, denn sie grüßen ihn mit dem königlichen Titel »Sohn Davids« und (nach Lukas) »König«. Jesus selbst streitet schließlich jede Absicht ab, ein weltlicher König sein zu wollen, indem er zu Pilatus sagt: »Mein Reich ist nicht von dieser Welt« (nur nach Johannes [18,36]), was seinen triumphalen Einzug als sinnlose Irreführung des Volkes erscheinen läßt. Obgleich das jüdische Gericht während seines Prozesses nichts über seinen Anspruch auf den Thron sagt, macht es diesen Anspruch zur Grundlage der Anzeige gegen ihn vor Pilatus, und die Anklage, die tatsächlich auf sein Kreuz geschrieben wird, lautet »König der Juden«. Die Evangelien sind in dieser Sache äußerst verworren, und die übliche Deutung (Jesus habe diesen politischen Titel beansprucht, ohne politische Absichten zu haben) vergrößert nur die Verwirrung.

Diese Schwierigkeiten entstehen, weil die Verfasser der Evangelien einerseits den königlichen Anspruch Jesu nicht leugnen konnten, ihn aber andererseits für äußerst peinlich hielten, da sie wußten, daß er Rebellion gegen Rom bedeutete. Sie verschleierten ihn deshalb in jeder nur möglichen Weise: indem sie vorgaben, er sei nur metaphorisch gemeint, indem sie damit verbundene Begleiterscheinungen unterdrückten und indem sie ihn als Erfindung seiner Feinde darstellten, dazu bestimmt, ihn in Schwierigkeiten mit den Römern zu bringen. Während der Anspruch Jesu, der »Messias« oder »Christus« zu sein, in den Evangelien stark herausgestrichen wird, berauben sie den Titel seines politischen Gehalts und zeigen die Juden, als verstünden sie die Bedeutung dieser Idee nicht, die doch aus ihrer eigenen Literatur und Geschichte erwuchs.

Wenn wir die Berichte der Evangelien jedoch näher betrachten, besonders die der drei synoptischen Evangelien Markus, Matthäus und Lukas, stellen wir fest, daß die Tatsachen nicht so sehr unterdrückt als vielmehr verschleiert werden. Wenn wir uns die Methode der »Entspiritualisierung« zu eigen machen, d.h. Begriffe wie »Christus« in ihren ursprünglichen Zusammenhang und Sinn rückübersetzen, können wir einen großen Teil der Geschichte von der kurzen Regierung Jesu als König der Juden freilegen. Die synoptischen Evangelien folgen, anders als Johannes, hauptsächlich den Grundzügen eines früheren Evangeliums oder einer Gruppe von Evangelien, in denen eine judenchristliche Darstellung vom Lebensweg Jesu gegeben wurde, eine Darstellung, in der Jesus als menschlicher Prophet und König geschildert wird, nicht als göttliches Opfer. Diese ursprüngliche Darstellung kann unter den »vergeistigenden« Tricks, die die Synoptiker verwendeten, entdeckt werden.

Das erste wichtige Ereignis, das wir auf diese Art entdecken können, ist nicht weniger als die Krönung Jesu zum König der Juden. Nach der Begrüßung Jesu durch Petrus als »Christus« (d.h. »König«) kommt das geheimnisvolle Ereignis, das als die »Verklärung« bekannt ist. Dieses Ereignis stellt sich bei näherer Prüfung als ein entstellter, »vergeistigter« Bericht von der Krönung Jesu heraus.

Sehen wir uns die Darstellung der Verklärung bei Markus an: »Nach sechs Tagen nahm Jesus Petrus, Jakobus und Johannes mit sich und führte sie auf einen hohen Berg, nur sie allein. Da wurde er vor ihnen verklärt, und seine Kleider wurden hell und leuchtend weiß, wie sie kein Bleicher auf Erden so weiß machen kann. Und es erschienen ihnen Elia mit Mose, und sie redeten mit Jesus. Da nahm Petrus das Wort und sagte zu Jesus: Rabbi, es ist gut, daß wir hier sind. Wir wollen drei Hütten bauen, für dich eine, für Mose eine und für Elia eine. Er wußte aber nicht, was er sagen sollte; denn sie waren ganz verstört. Und es kam ein Wolke, die überschattete sie. Und eine Stimme kam aus der Wolke: Das ist mein lieber Sohn; auf den sollt ihr hören!« (Mk. 9,2–7)

Trotz des wundersamen Beiwerks, mit dem das Ereignis hier geschmückt ist, kann der zugrundeliegende Krönungsbericht erkannt werden. Die Verkündigung »Dies ist mein lieber Sohn« ist dem Krönungspsalm entnommen (Ps. 2), der bei der Krönung jedes jüdischen Königs vorgetragen wurde. (Man sollte im Gedächtnis behalten, daß »Sohn Gottes« ein königlicher Titel war und nicht die Nebenbedeutung der Göttlichkeit hatte.) Es war ein vorgesehener Bestandteil einer jüdischen Krönung, daß der König von einem Propheten, der den König ansprach und von ihm eine Antwort erhielt, gekrönt (oder vielmehr gesalbt) wurde. Wenn kein wirklicher Prophet dabei war, verkörperte gewöhnlich ein Mann den Propheten. Bei der Krönung Jesu nahmen zwei Personen offensichtlich diese Aufgabe wahr und verkörperten Moses und Elia. Die Anwesenheit Elias ist natürlich, da der Ankunft des Messias nach dem jüdischen Glauben die Wiederkehr Elias vorausgehen muß-

te, der das Amt des Propheten bei der Krönung des Messias wahrnehmen würde. Die zusätzliche Anwesenheit von Moses kann vielleicht mit der Tatsache erklärt werden, daß Jesus der endgültige Messias und dazu ein Prophet war, also wurde Moses selbst, der größte aller Propheten, gebraucht, um bei seiner Krönung mitzuwirken.[1]

Das Errichten der »Hütten« durch Petrus kann mit der Tatsache erklärt werden, daß es ein Bestandteil der vorderasiatischen Krönungsriten, auch der jüdischen, war, den König in einer »Hütte« (hebräisch »sukka« [סכה]) auf den Thron zu setzen. Dieser Teil der »Verklärung« war den Verfassern der Evangelien so unverständlich geworden, daß sie Petrus schildern, als wisse er selbst nicht, was er sage, als er anbietet, die Hütten zu errichten. Petrus errichtete vermutlich nur *eine* Hütte, nämlich für Jesus. Die beiden anderen wurden vielleicht von den Evangelienschreibern aus Ehrfurcht für Moses und Elia und aus Unkenntnis der wirklichen Bedeutung der Hütte hinzugefügt.

Ein interessanter Punkt ist, daß die »Verklärung« in einem genau bestimmten Abstand von »sechs Tagen« nach der Begrüßung stattfand. Eines der Merkmale vorderasiatischer Krönungsriten war, daß es eine Proklamation gab, der eine Woche später das volle Krönungszeremoniell folgte. Dies ist eines der wenigen Beispiele in den Evangelien, wo eine bestimmte Zeitspanne zwischen zwei Ereignissen verzeichnet wird. Offenbar hatten die Verfasser der Evangelien eine verschwommene Vorstellung, daß diese Zeitspanne etwas zu bedeuten hatte. Wir sehen jetzt, daß die Begrüßung durch Petrus, als er Jesus mit »Christus« anredete, nicht einfach ein zufälliges Ereignis war, sondern ein förmlicher Teil des Krönungsrituals, d.h. der einleitende Abschnitt oder die Proklamation.

Ein wichtiger Bestandteil vorderasiatischer Krönungsriten war, daß sie auf einem Berg stattfanden. Der Ort der Krönung Jesu war tatsächlich der Berg Hermon, der nahe Caesarea Philippi lag, wo Petrus sein Bekenntnis ausgesprochen hatte. Der Hermon ist der höchste Berg Palästinas, ein ehrfurchtgebietender Ort, der Jesus als der ideale Krönungsplatz erschienen sein muß. Wir sehen wieder, daß die Reise Jesu nach Caesarea Philippi (außerhalb des Territoriums von Galiläa) nicht einfach ein zufälliger Ausflug war, wie es in den Evangelien scheint, sondern zu dem ausdrücklichen Zweck seiner Krönung unternommen wurde.

Ein weiteres Merkmal einer jüdischen Krönung war die Anwesenheit von Vertretern der zwölf Stämme Israels. Dies würde die Gegenwart von Petrus, Johannes und Jakobus erklären, Führer der zwölf Apostel, die wiederum die zwölf Stämme verkörperten. Petrus' recht seltsame Bemerkung »Rabbi, es ist gut, daß wir

---

[1] Siehe Midrasch, Dtn. Rabbah, wo geschildert wird, wie Gott Moses verspricht: »Moses, ich schwöre dir ... in den kommenden Tagen, wenn ich ihnen Elia, den Propheten, bringe, werdet ihr beide zusammenkommen« (3,17).

hier sind« ist möglicherweise eine Formel, mit der die Führer der Stämme die Herrschaft des neuen Königs anerkennen.

Schließlich stellt der Begriff »Verklärung« selbst ein gewöhnliches Merkmal des Krönungsrituals dar. Der neue König wurde als wiedergeboren betrachtet und unterzog sich einem bestimmten Ritual, um zu zeigen, daß er »umgewandelt und ein anderer Mensch« geworden sei (1. Sam. 10,6). Dies bedeutet nicht, daß er zum Gott erhoben wurde; aber es bietet sich den Evangelienschreibern zur phantasievollen Ausbeutung im Hinblick auf eine Vergöttlichung an. Jesus war in Wirklichkeit durch diese Seite seiner Krönung nicht mehr vergöttlicht oder »verklärt« als Saul, David, Salomo und alle anderen jüdischen Könige, die sich der gleichen Zeremonie unterzogen. Die Evangelienschreiber benutzten dieses Merkmal der jüdischen Krönungszeremonie jedoch als Grundlage für ihre Vorstellung von der »Verklärung« als einer Offenbarung oder Annahme der Göttlichkeit durch Jesus; sie verbanden es mit anderen Merkmalen, die dem Erlebnis des Moses auf dem Berg Sinai entnommen sind (die göttliche Wolke und das Leuchten der Kleider und des Gesichts Jesu), und erweckten so die Vorstellung, daß dieses Ereignis eine neue Offenbarung und die Gründung einer neuen Religion bedeutete.

Wir sehen, daß die Verklärung Jesu nicht mehr und nicht weniger als seine Krönung war, die im prachtvollen traditionellen Stil an einem sorgsam ausgewählten Ort, dem erhabenen Berggipfel des Hermon, der in den Psalmen mit Salbungszeremonien verbunden ist (Ps. 133,3), ausgeführt wurde. Von jetzt an war er in Wahrheit König Jesus; und seine Handlungen, wenn man sie richtig versteht, zeigen ihn im Bewußtsein seines königlichen Ranges und entschlossen, seine Pflicht zu erfüllen und seine Untertanen von den grausamen, habgierigen Eindringlingen zu befreien, die ihnen die Unabhängigkeit und Freiheit genommen hatten.[2]

---

[2] Die Ansicht, daß die Evangelien einen verhüllten Bericht von der Krönung Jesu enthalten, wurde von Ranke-Graves/Podro (1953) geäußert. Diese Autoren stützten sich auf die Arbeit von Raphael Patai, Hebrew Installation Rites, der wichtige Schlüsse aus vorderorientalischen Krönungsriten zog, indem er sie mit afrikanischen Riten verglich, die Tor Irstam, The King of Ganda: Studies in the Institution of Sacred Kingship in Africa, 1944, beschreibt. Ranke-Graves und Podro erkannten jedoch nicht die Bedeutung der Verklärung in diesem Zusammenhang und hielten die Taufe Jesu durch Johannes den Täufer für die Gelegenheit der Krönung. Die Taufe enthält einige Züge einer Krönung, und sie ist auf jeden Fall ein apokryphes Ereignis, dazu bestimmt, eine unhistorische Unterwerfung Johannes' unter Jesus zu zeigen (siehe p. 82, Anm. 6). Ranke-Graves und Podro mußten daher der Ansicht sein, die meisten zur Krönung gehörenden Einzelheiten seien von der Taufszene verlagert worden. Wenn die Verklärung wirklich die Krönung war, hat kaum eine Verlagerung stattgefunden. Das Wunder der Brote zum Beispiel, das von Ranke-Graves und Podro richtig für eine verhüllte Form des Krönungsritus gehalten wird, bei dem der König Brot an das Volk verteilte, geschieht unmittelbar vor der Verklärung. Der Vorfall, bei dem Jesus, in ein purpurnes Gewand gekleidet, von Herodes und seinen Soldaten verspottet wurde (Mk. 15,17), ist vielleicht ein echter Fall von zeitlicher Verschiebung, denn eine rituelle Verspottung und das Anlegen des Purpurgewandes waren beides Merkmale einer Krönung.

Anschließend an seine Krönung begann Jesus eine königliche Rundreise auf seine Hauptstadt Jerusalem zu. Einer der vorgesehenen Riten oder Bräuche für einen neuen König war, eine Antrittsreise durch sein Königreich zu machen. Jesus konnte dies nicht sofort ausführen, weil seine vorrangige Aufgabe war, in Jerusalem zu erscheinen und gegen die Römer vorzugehen. Aber er plante, seine Antrittsreise durch sein ganzes Reich zu unternehmen, sobald er dazu frei wäre. Das zeigt der Vers bei Lukas kurz nach dem Bericht von der Verklärung (Lk. 10,1): »Danach setzte der Herr weitere siebzig[3] Jünger ein und sandte sie zu zweien vor sich her in alle Städte und Orte, *wohin er gehen wollte.*« Dies ist ein weiteres Beispiel, mit dem Lukas nachlässig einen Abschnitt stehen läßt, den die anderen Evangelienschreiber gestrichen haben. Es geht aus den folgenden Aufträgen an die siebzig klar hervor, daß sie nicht in die wenigen Städte geschickt wurden, die bei der Reise Jesu nach Jerusalem am Weg lagen, sondern in die Mehrzahl der bewohnten Stätten Palästinas. Diese Gruppe der siebzig wird von keinem der anderen Evangelienschreiber auch nur erwähnt. Die Zahl siebzig ist von Bedeutung, denn es war die Mitgliederzahl eines Sanhedrin. Jesus als Prophet und König ernannte seinen Sanhedrin und schickte seine Mitglieder aus, um die Städte und Orte seines Reiches auf seine königliche Rundreise vorzubereiten. Jesus hatte eindeutig weder die Absicht, noch rechnete er damit, in Jerusalem am Kreuz zu sterben; er plante eine Rundreise durch sein Königreich, die *nach* seinem Auftritt in Jerusalem stattfinden sollte.

Den Evangelien zufolge prophezeit Jesus zu diesem Zeitpunkt seines Lebens jedoch wiederholt seinen Tod in Jerusalem und die nachfolgende Auferstehung. Die Jünger werden geschildert, als verstünden sie diese Prophezeiungen nicht, und einmal kommt es sogar zu einem ernsthaften Streit zwischen Jesus und Petrus in dieser Frage. Während wir die Vorstellung, Jesus habe seinen eigenen Tod in Jerusalem erwartet, verwerfen können, ist es sehr gut möglich, daß es zu dieser Zeit Meinungsverschiedenheiten zwischen Jesus und seinen engsten Anhängern, den zwölf Aposteln, gegeben hat. Bei diesen Meinungsverschiedenheiten ging es höchstwahrscheinlich darum, wie sich der Widerstand gegen die Römer gestalten sollte. Die Jünger Jesu mit ihrem zelotischen Hintergrund wollten vielleicht militärischen Widerstand in vollem Umfang

[3] In einigen Manuskripten von Lukas (10,1) wird die Zahl 72 angegeben, wenn auch in den meisten von 70 die Rede ist. Diese Verwechslung ist insofern interessant, als jüdische Quellen für den Sanhedrin 72 Mitglieder angeben für den Fall, daß gleichzeitig zwei Vorsitzende berufen wurden (siehe Mischna, Zevahim 1,3; Yadaim 3,5; Yadaim 4,2). Häufiger wird die Anzahl des Sanhedrin mit 71 angegeben, nämlich 70 Mitglieder (beschrieben in Num. 11,16) und der Präsident. Eine der Quellen, Rabbi Juda, war der Ansicht, daß die Zahl 70 den Präsidenten einschloß (siehe Mischna, Sanhedrin 1,6). Daher sind 70 (mit oder ohne Präsidenten), 71 und 72 gleichermaßen mögliche Zahlen für den Sanhedrin. Dem König war es per Gesetz verboten, Präsident des Sanhedrin zu werden, daher war Jesus selbst nicht in den 70 enthalten. Die zwölf Apostel wurden, nach der Ernennung Jesu zum König, zu Hofleuten und waren somit aus dem Sanhedrin ausgeschlossen, der in erster Linie eine richterliche Instanz war.

organisieren. Die landesweite Begeisterung über die Ankunft Jesu als Prophet und König muß als ideale Gelegenheit erschienen sein, eine große Armee zu mobilisieren, die die Römer in einen Kampf verwickeln konnte. Jesus dagegen als überzeugter Apokalyptiker glaubte, der Kampf gegen Rom werde hauptsächlich durch übernatürliche Mittel gewonnen, und traf deshalb keine ernsthaften militärischen Vorbereitungen. Petrus mit seiner Erfahrung im Zelotenkampf, die ihm den Spitznamen »Barjona« (»Vogelfreier«) eingebracht hatte, war besonders hartnäckig, fügte sich aber, als Jesus ihn streng zurechtwies. Judas Iskariot, ein anderer ehemaliger Zelot (»Iskariot« ist von »sicarius« oder »Dolchmann«, einer anderen Bezeichnung für »Zelot«, abgeleitet), spielte vermutlich bei diesen Diskussionen ebenfalls eine wichtige Rolle, und dies mag die Tatsache erklären, daß er in einer späteren Lesart die Rolle des Verräters Jesu zugewiesen bekam. Das persönliche Charisma Jesu war so groß, daß er die Zweifel seiner Anhänger überwinden und sie davon überzeugen konnte, das wunderbare Eingreifen Gottes werde kommen, wie in der hebräischen Heiligen Schrift prophezeit, und es sei nur eine scheinbare militärische Vorbereitung notwendig. Jesus war kein politischer oder militärischer Opportunist. Er war bereit, für seinen Glauben an das kosmische Ausmaß seiner Sendung sein Leben aufs Spiel zu setzen. Die Römer mit Waffengewalt zu vertreiben, wie Judas Makkabäus die Griechen vertrieben hatte, war nicht sein Ziel; ein solcher Erfolg würde nur zur Gründung einer weiteren Dynastie wie der hasmonäischen führen. Jesus wollte das Reich Gottes begründen, eine neue Ära der Weltgeschichte, oder gar nichts. Diese Geringschätzung des gewöhnlichen Militarismus war es, die von der heidenchristlichen Kirche in eine pazifistische Lehre verdreht wurde. Jesus wollte den Sieg, aber nicht seinen persönlichen Sieg, sondern den Sieg Gottes; mit anderen Worten: den ideologischen Weltsieg des Judentums.

Vom Berg Hermon zog Jesus auf seiner Reise nach Jerusalem durch Galiläa, dann durch Peräa am Ostufer des Jordan, bis er nach Jericho kam. Hier schloß sich ihm eine große Menschenmenge auf der Prozession an. Unmittelbar außerhalb Jerichos kam er an dem blinden Bettler Bartimäus vorbei, der ihn als »Sohn Davids« grüßte. Dies ist die erste Erwähnung dieses Titels im Markusevangelium, und sie zeigt, daß der Zug Jesu nach Jerusalem so stark mit seinem Anspruch auf den jüdischen Thron verknüpft war, daß nicht einmal Markus ihn als etwas anderes als eine königliche Prozession darstellen kann. *Alle* Evangelien berichten, daß Jesus, als er Jerusalem betrat, von der Menge mit unmißverständlich königlichen Titeln wie »Sohn Davids« und »König Israels« begrüßt wurde.

Freudig begrüßt als der rechtmäßige König der Juden ritt Jesus, in bewußter Erfüllung der Prophezeiung Sacharjas, auf einer Eselin mit Füllen in Jerusalem ein (Sach. 9,9):

»Du, Tochter Zion, freue dich sehr, und du, Tochter Jerusalem, jauchze! Siehe, dein König kommt zu dir, ein Gerechter und ein Helfer, arm und reitet auf einem Esel, auf einem Füllen der Eselin.«

Als die Menschen ihn als König begrüßten, den alten Ruf der Unabhängigkeit »Hosianna!« anstimmten und Palmwedel vor ihm ausstreuten, wußten sie sehr wohl, daß sie sich auf einen Akt der Rebellion gegen Rom einließen. Doch hält man sich an die Evangelien, so forderte Jesus kein irdisches Königreich; seine Jünger mißverstanden ihn, als sie dachten, er wolle in Jerusalem einen Sieg erringen; die Juden insgesamt irrten sich, wenn sie erwarteten, er werde ein Messias sein, wie ihn ihre Überlieferung beschrieb. Er weckte politische Hoffnungen, die zu erfüllen er nicht die Absicht hatte, und veranlaßte das Volk von Jerusalem, sich auf politische Handlungen einzulassen, für die es mit schweren Strafen würde büßen müssen. Die Darstellung der Evangelien ist vor lauter Widersprüchen zum hoffnungslosen Rätsel geworden. Die einfache Lösung ist die auf der Hand liegende: Jesus griff nach der Macht als wirklicher, nicht metaphorischer oder »geistiger« König der Juden.

Der triumphale Einzug war der Höhepunkt der politischen Laufbahn Jesu. Die apokalyptischen Hoffnungen, die sich um ihn, zuerst als Propheten und dann als Propheten und König, konzentriert hatten, machten sich in einem ekstatischen Willkommensgruß Luft, als die wimmelnde Menge von Jerusalem, darunter viele Festpilger aus den Ländern der Diaspora, ihn mit dem Ruf »Hosianna! Erlöse uns!« grüßten.

Zu welchem Zeitpunkt fand der triumphale Einzug Jesu statt? Nach den Evangelien war es zur Zeit des Passahfestes, d.h. im Frühling. Es gibt jedoch viele Hinweise, daß das nicht zutrifft und der triumphale Einzug im Herbst stattfand, zur Zeit des jüdischen Festes, das als Laubhüttenfest bekannt ist.[4]

Die ganze Folge der Ereignisse, vom triumphalen Einzug bis zur Kreuzigung Jesu (dazu gehörte ein Verhör durch den Hohenpriester, eine Verhandlung vor dem Sanhedrin, eine Verhandlung vor Herodes Antipas und eine Verhandlung vor Pilatus, gar nicht zu sprechen von den verschiedenen vorangehenden Taten wie Reinigung des Tempels, Predigt im Tempel und das letzte Abendmahl), soll nur sechs Tage beansprucht haben, von Palmsonntag bis Karfreitag. Dies ist ein undenkbares Tempo für menschliche, politische und gerichtliche Aktionen, selbst wenn man berücksichtigt, daß kein richtiger Aufstand stattfand. Die Theorie, die hier erörtert werden soll, setzt den triumphalen Einzug Jesu direkt vor dem Laubhüttenfest und seine Hinrichtung am Passahfest, etwa sechs Monate später, an.

Das augenfälligste Merkmal, das auf den Herbst als Datum des triumphalen Einzugs hinweist, sind die Palmen, die am Palmsonntag auffielen. Zur Passahzeit gibt es in der Region keine Palmzweige, und es ist unwahrscheinlich, daß seine Bewunderer Jesus mit verwelkten Palmzweigen vom vergangenen Herbst begrüßt hätten. Palmzweige spielten außerdem (und spielen heute noch) eine wesentliche Rolle beim Zeremoniell des Laubhüttenfestes. Die »Zweige von Bäumen«, die in

---

[4] Zu verschiedenen Theorien über das Datum des triumphalen Einzugs siehe Burkitt 1916, p. 139–152; Farmer 1952, p. 62–66; Manson 1950–1951, p. 271–282; Mastin 1969, p. 76–82.

den Berichten vom triumphalen Einzug erwähnt werden, sind ebenfalls bei diesem Zeremoniell wichtig, da sie in großen Mengen gebraucht werden, um die »Hütten« zu überdachen, die dem Fest seinen Namen geben, und zusammen mit den Palmen verwendet werden (Lev. 23,40).

Eine kuriose Bestätigung, daß der Herbst die Zeit des triumphalen Einzugs in Jerusalem war, kann man aus der Geschichte ersehen, in der Jesus den Feigenbaum verflucht, was unmittelbar nach seinem Einzug geschah. Jesus kam, wie es heißt, an einem Feigenbaum ohne Früchte vorbei und sagte: »Für alle Zeit soll auf dir keine Frucht mehr wachsen!« (Mk. 11,14). Worauf der Feigenbaum verdorrte. Dies muß sich nun aber im Herbst ereignet haben, da niemand erwarten würde, im Frühjahr einen fruchttragenden Feigenbaum zu finden. Die Ursache für die ärgerliche Reaktion Jesu ist vermutlich folgende: Die hebräischen Propheten hatten vorhergesagt, daß die Zeit des Messias durch eine beispiellose Fruchtbarkeit der Tiere und Pflanzen gekennzeichnet sein werde (z.B. Joel 2,22: »... und die Feigenbäume und Weinstöcke sollen reichlich tragen«). Jesus mit seinem galiläischen Glauben an böse Geister mag gedacht haben, der Feigenbaum beherberge einen bösen Geist, der gegen das Reich Gottes kämpfe.

Die Verwendung des Rufes »Hosianna« von der Menge (hebräisch »hoschana« [הושע נא] bedeutet »erlöse uns doch«) spricht ebenfalls dafür, daß der Einzug Jesu im Herbst stattfand. Dieser Ruf hat eine besondere liturgische Bedeutung beim Zeremoniell der Laubhütten, sonst aber bei keinem anderen Fest.[5] Der Ruf richtete sich an Gott, nicht an Jesus, und bedeutete etwa soviel wie »Erlöse uns, Gott, durch deinen Messias«. Das Wort »erlösen« wird in der ganzen hebräischen Heiligen Schrift besonders assoziiert mit Gottes Gnade, vermittelt von Herrschern und Kämpfern, die Israel vor seinen Feinden schützten. Ein Gebet um eine solche Erlösung wurde am Laubhüttenfest dargebracht und wäre als Begleitung zum Einzug Jesu bei einem Erlösungsauftrag besonders passend gewesen.

Dies führt uns zu dem noch wichtigeren Punkt, nämlich daß das Laubhüttenfest in einem besonderen Sinn ein königliches Fest war. Im allgemeinen hatte die jüdische königliche Familie bei den Zeremonien der jüdischen Religion kaum eine Rolle zu spielen; aber das Laubhüttenfest bildete eine Ausnahme. Bei diesem Fest betrat der König sogar den Tempelhof und verlas »den Königsabschnitt«, d.h. den Teil des Mosaischen Gesetzes, der sich auf seine Pflichten bezog (Dtn. 17,14–20). Die Mischna beschreibt diesen Ritus so:

»Wie [war] der Königsabschnitt? Am Ausgange des ersten Tages des [Hütten]festes, [bei Beginn des] achten, am Ende des siebenten, errichtet man für ihn im

[5] Die andere Form »Hoschija-na« kommt, nicht an auffälliger Stelle, im Hallel eines jeden Festes vor. Vielen Forschern ist jedoch der Unterschied zwischen den beiden Formen entgangen, und sie haben so die Einmaligkeit des »Hosanna« in Verbindung mit dem Laubhüttenfest unterschätzt.

Tempelhofe eine Tribüne aus Holz, auf der er Platz nimmt ... Der Synagogendiener nimmt die Thorarolle und reicht sie dem Synagogenvorsteher, der Synagogenvorsteher reicht sie dem Priesterpräses, der Priesterpräses reicht sie dem Hochpriester und der Hochpriester reicht sie dem König; der König steht dann auf, nimmt sie in Empfang und liest sitzend vor. Der König Agrippa stand auf, nahm sie in Empfang und las stehend vor, und die Weisen lobten ihn dieserhalb. Als er heranreichte [zum Schriftverse]: *du darfst über dich keinen Fremdling [zum König] einsetzen*, flossen Tränen aus seinen Augen. Da sprachen sie zu ihm: Sei getrost, Agrippa, du bist unser Bruder, du bist unser Bruder.«

Dieser Abschnitt zeigt, daß die Lesung des Gesetzes durch den König alle sieben Jahre vorgenommen wurde. Zweifellos richtete Jesus seinen Einzug zeitlich so ein, daß er mit dem Ende des Erlaßjahres zusammenfiel, bei dessen Auslaufen die Lesung des Gesetzes durch den König stattfand. Bestimmt hatte er die zeitliche Festlegung seiner Krönung und des königlichen Umzugs sorgfältig geplant, so daß er in Jerusalem gerade rechtzeitig zum Fest ankommen würde. Dann würde er den Tempelhof als König betreten und den Ritus erneuern, den seine großen Vorgänger auf dem jüdischen Thron vollzogen hatten. Diese Handlung würde mehr als jede andere seine Thronbesteigung und seine Absicht kennzeichnen, die Pflichten eines Königs und Erlösers zu erfüllen.[6]

Eine Gestalt insbesondere muß Jesus vor Augen gehabt haben, nämlich seinen großen Vorfahren, König Salomo. Salomo war ein König von nahezu prophetischem Rang, der als Verfasser dreier kanonischer Werke angesehen wurde (Hohelied, Sprüche und Prediger). Es war am Laubhüttenfest gewesen, als Salomo die Weihung des ersten Tempels vollzog, wobei er auf einer eigens im Tempelhof erbauten Tribüne stand und ein langes, eindringliches Gebet an Gott richtete.[7]

Wir können jetzt sehen, warum die erste Tat Jesu beim Betreten Jerusalems die Reinigung des Tempels war. Diese Handlung ist von den Verfassern der Evangelien, die sie als persönliche Demonstration darstellen, in der Jesus die Geldwechsler

---

[6] Es sollte erwähnt werden, daß das Erscheinen des Königs im Tempelhof keine Gelegenheit zur königlichen Selbstverherrlichung war. Es war eine Zeremonie der erneuten Weihung des Königs und eine Demonstration seines Gehorsams gegenüber der Herrschaft des Gesetzes. Ein Teil des Abschnitts, den er lesen mußte, war folgender:

»Das soll bei ihm (dem König) sein, und er soll darin lesen sein Leben lang, damit er den Herrn, seinen Gott, fürchten lernt, daß er halte alle Worte dieses Gesetzes und diese Rechte und danach tue. Sein Herz soll sich nicht erheben über seine Brüder und soll nicht weichen von dem Gebot weder zur Rechten noch zur Linken, auf daß er verlängere die Tage seiner Herrschaft, er und seine Söhne, in Israel.«

Dies war das Ideal des Königtums, dem sich Jesus weihte, weit entfernt von dem heidnischen Ideal des Gottkönigs über der Herrschaft des Gesetzes, dem die heidenchristliche Kirche unter dem Eindruck erlag, sich eine mehr »geistige« Auffassung als die des Judentums zu eigen zu machen.

[7] Siehe 1. Kön. 8 und 2. Chr. 7,10 (wegen der Datierung).

mit einer Peitsche hinaustrieb, stark heruntergespielt worden. Die Handlung war sehr viel wichtiger als das: Jesus führte, als rechtmäßiger König, eine durchgreifende Reform des Tempels durch, indem er ihn von der Korruption des käuflichen sadduzäischen Hohepriestertums reinigte. Jesus stand jetzt auf dem Höhepunkt seiner Macht. Obwohl er keine organisierte Armee hatte, begrüßten die jüdischen Massen jeden seiner Schritte. Die Tempelwachen, die gegen rein persönliche Gewaltanwendung scharf vorgegangen wären, waren machtlos, die Reformen Jesu aufzuhalten. Er ernannte vielleicht sogar einen neuen Hohenpriester, wozu er als König berechtigt war. (Das war das erste, was die Aufständischen im Jüdischen Krieg von 66 chr. Ztr. taten.)

Nachdem Jesus die Tempelverwaltung gereinigt hatte, muß er seinen Plan der erneuten Weihung des Tempels für das messianische Zeitalter durchgeführt haben, indem er, wie Salomo bei der Weihung des ersten Tempels, im Tempelhof erschien, um den »Königsabschnitt« zu lesen. Zweifellos nutzte er, wie Salomo, die Gelegenheit, um ein Gebet für seine neue Regierung an Gott zu richten und vielleicht dem Volk eine prophetische Botschaft mitzuteilen. Soviel können wir aus einem verworrenen und verstümmelten Bericht eines Besuches Jesu im Tempel am Laubhüttenfest, der sich im Evangelium nach Johannes findet, folgern – obwohl Johannes diesen Besuch so darstellt, als habe er nicht nach dem triumphalen Einzug, sondern bei einer anderen Gelegenheit stattgefunden.[8]

Die Parallele zwischen Jesus und Salomo wirft Licht auf eine Beschuldigung, die später gegen Jesus erhoben wurde: daß er drohte, den Tempel zu zerstören und in drei Tagen wieder aufzubauen. Es ist durchaus möglich, daß Jesus die Absicht äußerte, den Tempel zu zerstören und wieder aufzubauen, sobald sein Königreich fest begründet wäre. Der Tempel, über den Jesus nun gebot, war von Herodes dem Großen, von den Pharisäern Herodes der Böse genannt, gebaut worden. Die Pharisäer hatten widerwillig ihre Zustimmung gegeben, daß Herodes den Tempel neu erbaute, aber trotz seiner prachtvollen Schönheit rechneten sie nie damit, daß der Tempel bis in die Herrschaft des Messias hinein bestehen bliebe. Wenn Jesus sich wirklich als der König-Messias erwiesen hätte, indem er die Römer vertrieb,

---

[8] Nach Johannes' Geschichte (Joh. 7), die in keinem anderen Evangelium enthalten ist, wurde Jesus von seinen Brüdern zur Zeit des »Laubhüttenfestes« gedrängt, nach Jerusalem zu gehen. Jesus weigerte sich zu gehen und sagte: »Meine Zeit ist noch nicht da.« Allerdings ging er schließlich doch hin, »aber nicht offen, sondern heimlich«. Trotz der beabsichtigten Heimlichkeit entstand Unruhe unter den Menschen um ihn, und »in der Mitte der Festzeit« trat Jesus offen im Tempel auf und predigte kühn. Einige Menschen erklärten, er sei »Christus selbst«. Als die Wächter versuchten, ihn gefangenzunehmen, verschwand er, »denn seine Stunde war noch nicht gekommen«. Die Geschichte scheint eine Zwischenfassung des triumphalen Einzugs zu sein: Es wird hier eingeräumt, daß Jesus zum Laubhüttenfest nach Jerusalem ging, aber nicht mit einem triumphalen Einzug – der kam später, zu Passah. Der Besuch anläßlich des Laubhüttenfestes wird nur als vorläufig dargestellt, und aus den anderen Evangelien fällt er ganz heraus.

hätten die Pharisäer nichts dagegen gehabt, wenn er den Tempel des Herodes zerstört und einen anderen gebaut hätte; sie hätten das von ihm erwartet. Warum sollte nicht der Messias-König der Letzten Tage, ein größerer König sogar als Salomo, den endgültigen Tempel bauen und weihen? Warum sollte ein geläutertes und neu geweihtes jüdisches Volk, dem die Freiheit wiedergegeben war, Gott in einem von dem korrupten Herodes erbauten Tempel verehren? Es gibt hieran nichts, was die Pharisäer als gotteslästerlich angesehen hätten oder was irgend jemand außer den Hohenpriester Kaïphas und seine Clique geschreckt hätte. Die Vorstellung, daß die Pharisäer den Tempel als eine Art Gott betrachteten, den zu verändern Gotteslästerung wäre, ist völlig falsch. Die Beschuldigung, Zerstörung und Neuerrichtung des Tempels zu planen, war Teil der gegen Jesus erhobenen Anklage, aber nicht als Gotteslästerer oder Rebell gegen das Judentum, sondern als Rebell gegen die landesverräterische Herrschaft des Hohenpriesters.

So klingt die ganze Folge der Ereignisse sehr viel verständlicher, wenn man den triumphalen Einzug auf den Herbst an Stelle des Frühjahrs datiert; dies ist genau die Zeit, die jemand, der voller Überzeugung als Messias auftritt, gewählt hätte, um in Jerusalem einzuziehen. Ein weiteres wichtiges Argument ist noch nicht erwähnt worden. Die Prophezeiung Sacharjas sagt, daß die große Schlacht der Letzten Tage im Herbst, zur Zeit des Laubhüttenfestes, stattfinden werde. Am Jahrestag dieses großen Ereignisses würden alle Völker der Erde aufgefordert, nach Jerusalem zu kommen, um das Laubhüttenfest im messianischen Zeitalter zu feiern (Sach. 14,16). Als Jesus in Jerusalem einzog, indem er auf einem Eselsfüllen ritt, erfüllte er Sacharjas Vorstellung von den Letzten Tagen. Jene, die die Heilige Schrift kannten (und das waren viele), merkten an der Art, wie Jesus einzog, was seine Absichten waren – die Römer in einen Kampf zu verwickeln, ehe das Laubhüttenfest endete.

Warum verlegten die Verfasser der Evangelien (vermutlich einer bereits festen heidenchristlichen Tradition folgend) den triumphalen Einzug in das Frühjahr? Der wahrscheinlichste Grund ist, daß für die Heidenchristen das wichtige Ereignis im Leben Jesu sein *Tod durch Kreuzigung* war, den sie inzwischen als den eigentlichen Sinn der Geschichte ansahen. Es schien deshalb dramatischer, die Ereignisse zusammenzudrängen, sie alle der Kreuzigung unterzuordnen und in die letzte Szene des Stückes zu zwängen. Die Kreuzigung fand im Frühjahr statt, was deshalb die Zeit aller Höhepunkte im Leben Jesu wurde.

In den Auferstehungskulten von Adonis, Attis und Osiris fanden Tod und Auferstehung des jungen Gottes im Frühjahr statt. Der triumphale Einzug würde deshalb mit dem Feiern des jungen Gottes vor seiner Opferung in diesen Kulten übereinstimmen, und es wäre daher als richtig empfunden worden, den triumphalen Einzug viel näher an die Opferung zu rücken, für die er jetzt nur noch die Einleitung war. Die Anziehungskraft des Christentums für die antike Welt hing zu einem guten Teil von solchen Ähnlichkeiten ab.

Für Jesus jedoch, der Erfolg, nicht Mißerfolg erwartete und die romantische Apotheose des Mißerfolgs nicht verstanden hätte, war die gegebene Zeit für seine Ankunft in Jerusalem der Herbst, die Zeit des Erntefestes. Viele Gleichnisse Jesu vergleichen die Ankunft des Reiches Gottes mit der Erntezeit. Dies war die froheste Zeit des jüdischen Jahres, wenn die Reinigungsperiode zu Jahresbeginn vorbei war, die Ernte eingebracht und die Zeit für das Erntedankfest gekommen war. Das Laubhüttenfest ist das einzige Fest, von dem die Heilige Schrift sagt: »Und ihr sollt fröhlich sein.« Passah, das Fest im Frühjahr, war die Zeit der beginnenden Erlösung, der Jahrestag des Auszugs aus Ägypten, der Anfang der jüdischen Geschichte. Aber das siegreiche Ende konnte im Herbst erwartet werden, so wie König Salomo im Herbst das Ende einer langen Zeit der Leiden und den Beginn einer messianischen Herrschaft gefeiert hatte.[9]

Schließlich wurden die Hoffnungen Jesu auf tragische Weise zunichte gemacht, und es blieb der heidenchristlichen Kirche überlassen, sein Scheitern in einen Kult zu verwandeln. Jesus selbst hätte niemals in einem Frühlingsopfer eine größere Bedeutung als in der Erfüllung des Herbstes gesehen.

---

[9] Im Talmud jedoch streiten Rabbi Elieser und Rabbi Josua (2. Jahrhundert) darüber, ob die endgültige Erlösung im Frühjahr oder im Herbst stattfinden wird. Rabbi Elieser, der wie gewöhnlich die ältere Tradition stützt, tritt für den Herbsttermin ein (B. Rosch Haschana 11a). Le Déaut (1969) hat einseitig gefolgert, daß Passah das angenommene Datum der endgültigen Befreiung war. Er zitiert Rabbi Josua und auch spätere Autoritäten, läßt aber Rabbi Elieser und das Zeugnis der Heiligen Schrift für das Laubhüttenfest außer acht.

Kapitel 13

Der Tag des Herrn

Die Herrschaft Jesu als König der Juden in Jerusalem dauerte weniger als eine Woche. Was geschah während dieser Woche? Den Evangelien zufolge war die einzige konstruktive Tat, die Jesus ausführte, die Reinigung des Tempels. Danach beschränkte er sich offenbar bis zur Zeit seiner Festnahme auf Lehren und Predigen im Tempel. Aus den Folgerungen des letzten Kapitels sehen wir, daß Jesus aber viel mehr als das tat. Die Reinigung des Tempels war kein für sich stehendes Ereignis, sondern eine richtige Reform, die die Besetzung des Tempelbezirks durch Jesus und seine Anhänger mit sich brachte. Wie in so vielen anderen Aufständen dieser Art, die Josephus beschreibt, dürfte Jesus sich nur eines *Teils* von Jerusalem bemächtigt haben. Der größte Teil Jerusalems wäre dann noch von den römischen Truppen des Pilatus und den jüdischen Truppen des Hohenpriesters gehalten worden. Aus Pilatus' und Kaïphas' Sicht war der Aufstand keine bedeutende Sache. Ein paar Tage lang, so hätten sie es ausgedrückt, hatte ein verblendeter Fanatiker mit Hilfe des Pöbels ein begrenztes Gebiet Jerusalems, einschließlich der Tempelanlagen, halten können und damit vorübergehend die Rechtsprechung des Hohenpriesters unterbrochen. Die Tempeldienste waren nicht unterbrochen, weil Jesus der großen Mehrheit der Priester erlaubte, auf ihren Posten zu bleiben, und nur jene vertrieb, die eng mit dem Landesverräter Kaïphas verbunden waren.

In diesen wenigen Tagen jedoch hatte Jesus die höchste Gewalt im Tempelbezirk inne. Die Evangelien machen deutlich, daß der Hohepriester wegen der starken allgemeinen Unterstützung durch die zum Fest versammelte Menge nicht versuchen wollte, Jesus festzunehmen. Kaïphas überlegte vermutlich, daß es besser wäre zu warten, bis die erste Welle der Begeisterung vorüberginge, und Jesus dann in einem Augenblick der Unvorsicht festzunehmen. Er bat in diesem Stadium nicht um römische Truppenhilfe, weil er dachte, er könne die Angelegenheit selbst erledigen.

Die Auftritte Jesu im Tempel während jener Tage dürften in seiner Eigenschaft als Prophet und König geschehen sein, nicht als der bloße Prediger, der in den Evangelien geschildert wird. Sein Zelebrieren der Königsriten zum Laubhüttenfest war ein politischer Akt von großer Bedeutung, der seinen Anspruch auf das Messiasamt bekräftigte. Seine Predigten trugen ohne Zweifel apokalyptische Züge, wie die Evangelien ja auch zeigen, enthielten aber keine Prophezeiungen seines

eigenen Todes und des Verhängnisses, das über die Juden und den Tempel kommen würde; diese Prophezeiungen wurden nach der Niederlage der Juden und der Zerstörung des Tempels durch die Römer 70 chr. Ztr. in die Evangelien eingefügt.

Jesus verbrachte nicht die ganze Zeit während der wenigen Tage seines Königtums im Tempel. An den Abenden ging er zum Ölberg im Osten Jerusalems, ungefähr anderthalb Kilometer außerhalb der Stadt. Die Prophezeiung Sacharjas, auf die sich Jesus besonders verließ, erklärt den Ölberg zum Ort des Wunders. Dieser Berg hatte große religiöse Bedeutung, besonders für einen Messias, denn er war nicht nur der Ort des erwarteten Wunders, er war auch der Platz, an dem König David zu beten pflegte. Außerdem war es hier gewesen, wo der Prophet Hesekiel die Erscheinung der »Herrlichkeit Gottes« gesehen hatte, auf die auch Jesus wartete (siehe 2. Sam. 15,32; Hes. 11,23).

Es war in Bethanien, einer kleinen Stadt auf dem Ölberg, wo der seltsame Vorfall mit dem kostbaren Salböl geschah. Nach den Evangelien goß eine ungenannte Frau Nardenöl auf den Kopf Jesu.[1] Dies könnte sehr wohl ein entstellter Bericht von einer auf dem Ölberg vorgenommenen Krönungszeremonie sein. Die Krönung Jesu auf dem Hermon war unvollständig, weil das heilige Salböl nicht zur Verfügung gestanden hatte. Nachdem er sich des Tempels bemächtigt hatte, wäre Jesus dann in den Besitz des Vorrats an heiligem Öl gekommen und hätte die Gelegenheit genutzt, das fehlende Zeremoniell auf dem heiligen Berg zu vollziehen, wo nach seiner Erwartung das Messiasamt endgültig bestätigt würde.[2]

Wir kommen jetzt zu dem Ereignis, das als letztes Abendmahl bekannt ist. Aus der Schlußfolgerung des letzten Kapitels ergibt sich, daß dies nicht zur Passahzeit, sondern während des Laubhüttenfestes stattfand. In den Evangelien ist das letzte Abendmahl mit Legenden überlagert worden, die drei Zwecken dienen: zu zeigen, daß Jesus seinen Tod am Kreuz voraussah und beabsichtigte, zu zeigen, wie Judas Iskariot vom Satan überkommen wurde und beschloß, Jesus zu verraten, und zu zeigen, daß Jesus das Zeremoniell der Kommunion einführte, mit der heidnischen Symbolhandlung, vom Leib des Gottes zu essen und sein Blut zu trinken.

Keine Spur ist zu entdecken von einem der besonderen Riten eines Passah-»Seder«, zum Beispiel das Essen von ungesäuertem Brot, das Essen des Passahlamms, die bitteren Kräuter und der Bezug auf den Auszug aus Ägypten. Der einzige besondere Ritus am Laubhüttenfest ist, was das Essen betrifft, das Einnehmen der Mahlzeiten in der Sukka oder Hütte (von der das Fest seinen Namen hat). Davon findet sich eine gewisse Spur in dem eigenartigen Hinweis auf ein »oberes

---

1 Mk. 14,3; Mt. 26,7. Lukas und Johannes wandeln die Geschichte ab; Lukas macht die Frau zu einer »Sünderin«, und Johannes setzt sie mit Maria, der Schwester Marthas, gleich, und beide lassen die Frau das Salböl auf die *Füße* Jesu anstatt auf sein Haupt gießen.

2 Der Ölberg war als »der Berg der Salbung« bekannt (Mischna, Rosch Haschana 2,4).

Zimmer«, von Markus als »bestreut« (griechisch »estromenon« [ἐστρωμένον]) beschrieben. In Jerusalem wurden die zeremoniellen Hütten oder »Tabernakel« oft auf den flachen Hausdächern errichtet, so daß das »obere Zimmer« tatsächlich ein »Tabernakel« gewesen sein kann, das in der vorgeschriebenen Art mit Baumzweigen »bestreut« war.

Das Merkmal der Heiligung (»Kiddusch« [קדוש]) mit Wein und Brot gehört zu allen jüdischen Festen und paßt zum Laubhüttenfest so gut wie zum Passahfest. Es liegt keine mystische Symbolik von »Fleisch« und »Blut« im jüdischen Gebrauch von Brot und Wein bei der Kidduschzeremonie. Der Wein wird zunächst verwendet, um dem Fest den Segen zu erteilen. Das Brot nimmt man danach als zeremoniellen Beginn des Festmahls. Jesus wäre über die heidnische Deutung, die der einfache Kiddusch, mit dem er das letzte Abendmahl begann, später erfuhr, entsetzt gewesen.

Jesus sah sein Scheitern und seine Kreuzigung nicht voraus. Das letzte Abendmahl war eine Feier mit seinen engsten Jüngern anläßlich seines Auftretens als König und der bevorstehenden Vernichtung der römischen Macht. Nachdem er sich in mehreren Nächten durch Meditation und Gebet auf dem Ölberg vorbereitet hatte, war Jesus davon überzeugt, daß »der Tag des Herrn« nahe sei, und er rief seine Jünger zu einer letzten Festigung der Bande zwischen ihnen vor ihrer entscheidenden Prüfungszeit zusammen. Die Atmosphäre muß außerordentlich gespannt gewesen sein. Sie waren dabei, sich auf ein großes Wagnis einzulassen, von dem das Schicksal ihres Landes und der ganzen Welt abhing. Aber die besondere Schmerzlichkeit und Dramatik der Evangelienberichte sind das Ergebnis rückblikkender Kenntnis und der Legenden, die später entstanden, um das Scheitern Jesu zu erklären.

Das letzte Abendmahl dürfte auch als Vorgeschmack auf das große Mahl und die Feierlichkeiten betrachtet worden sein, die stattfinden würden, wenn Jesus erfolgreich wäre. Die jüdische Legende, in der messianische Zeiten prophezeit wurden, enthielt viele Einzelheiten des großen messianischen Festmahls, bei dem der Leviathan verspeist würde und alle großen Helden der jüdischen Geschichte anwesend sein würden (Pesikta Rabbah s. 41; Lev. Rabbah s. 13). Das ist es, was Jesus ohne Zweifel meinte, als er beim letzten Abendmahl sagte: »Wahrlich, ich sage euch, daß ich nicht mehr von der Frucht des Weinstocks trinken werde bis zu dem Tag, an dem ich von neuem davon trinken werde im Reich Gottes« (Mk. 14,25). Ihr nächstes Essen würde das messianische Festmahl selbst sein, als Feier des Sieges über Gottes Feinde, die Römer.

Nach dem letzten Abendmahl führte Jesus seine Jünger wie gewöhnlich auf den Ölberg. Aber diesmal gab es einen Unterschied. Jesus war davon überzeugt, daß dies die Nacht sei, in der Gott in seiner Herrlichkeit erscheinen und die fremden Eindringlinge seines Heiligen Landes vernichten werde. Folglich forderte er seine

Jünger auf, sich mit Schwertern zu rüsten. Zwei Schwerter wurden hervorgeholt, und Jesus sagte: »Es ist genug.« Der Messias und seine Anhänger würden, wie Gideon und seine winzige Schar, kämpfen müssen, denn die Prophezeiung Sacharjas hatte, neben ihren furchteinflößenden Voraussagen über Gottes Eingreifen, gesagt: »Und auch Juda wird gegen Jerusalem kämpfen.« Aber zwei Schwerter würden ausreichen. Das Wunder würde noch größer sein als bei Gideon.

Von den Evangelienschreibern hat nur Lukas die Episode mit den Schwertern bewahrt. Er konnte kein denkbares Motiv gehabt haben, sie zu erfinden, denn sie läuft dem ganzen Wesen seiner Schilderung zuwider. Die einzig mögliche Erklärung ihrer Einbeziehung ist, daß sie ein Überbleibsel aus der ursprünglichen Geschichte ist, das auszumerzen nur Lukas nicht skrupellos genug war. Die Verfasser der Evangelien folgten den Umrissen eines älteren Evangeliums. Dieses Evangelium zu einem neuen Sinn hinzubiegen verlangte einen gewissen Mut; manchmal hatten sie vielleicht nicht die Nerven dazu. Dies würde erklären, warum man das Gerippe der alten Schilderung manchmal unbequem aus dem Leib der neuen hervorstehen sehen kann.

Jesus war nun entschlossen, seine Deutung der Prophezeiung Sacharjas auf die Probe zu stellen. Es mag daher vorteilhaft sein, diese Prophezeiung, die von so schicksalhafter Bedeutung für Jesus war, vor Augen zu haben:

»Und der Herr wird ausziehen und kämpfen gegen diese Heiden, wie er zu kämpfen pflegt am Tage der Schlacht. Und seine Füße werden stehen zu der Zeit auf dem Ölberg, der vor Jerusalem liegt nach Osten hin. Und der Ölberg wird sich in der Mitte spalten, vom Osten bis zum Westen, sehr weit auseinander, so daß die eine Hälfte des Berges nach Norden und die andere nach Süden weichen wird. Und das Tal Hinnom wird verstopft werden, denn das Tal wird an die Flanke des Berges stoßen ... Da wird dann kommen der Herr, mein Gott, und alle Heiligen mit ihm. Zu der Zeit wird weder Kälte noch Frost noch Eis sein. Und es wird ein einziger Tag sein – er ist dem Herrn bekannt! –, es wird nicht Tag und Nacht sein, und auch um den Abend wird es licht sein ... Und der Herr wird König sein über alle Lande. Zu der Zeit wird der Herr der einzige sein und sein Name der einzige ... Und dies wird die Plage sein, mit der der Herr alle Völker schlagen wird, die gegen Jerusalem in den Kampf gezogen sind: ihr Fleisch wird verwesen, während sie noch auf ihren Füßen stehen, und ihre Augen werden in ihren Höhlen verwesen und ihre Zungen im Mund ... Und auch Juda wird gegen Jerusalem kämpfen ... Und alle, die übriggeblieben sind von allen Heiden, die gegen Jerusalem zogen, werden jährlich heraufkommen, um anzubeten den König, den Herrn Zebaot, und um das Laubhüttenfest zu halten ... Und es wird keinen Kanaaniter mehr geben im Hause des Herrn Zebaot zu der Zeit.«

Der starke Einfluß der Prophezeiung Sacharjas auf Jesus zeigt sich besonders in der Art seines Einzugs in Jerusalem, als er nämlich auf einem Eselsfüllen ritt. Solch

eine bewußte Erfüllung von Sacharja (9,9) deutet an, daß Jesus auch die übrigen Prophezeiungen Sacharjas im Sinn hatte.

»Die Völker, die gegen Jerusalem in den Kampf gezogen sind« waren keine anderen als die Römer, die heidnischen Barbaren, die die »Heiden« in einem großen Reich vereint und sich Gott widersetzt hatten. Er selbst, Jesus von Nazareth, war die Person, an die der Prophet seine Anweisungen richtete; der Messias, der in Jerusalem auf einem Eselsfüllen ankommen und im »Tal der Berge« stehen würde, zusammen mit einer Gesellschaft von »Heiligen«, um das Erscheinen der Herrlichkeit Gottes auf dem Ölberg zu erleben. Er würde die Römer von einer Plage geschlagen sehen und würde »Juda« im Kampf gegen sie anführen. Dann nach einem großartigen Sieg würde er als der König-Messias in Jerusalem herrschen, wo er jährlich am Jahrestag seines Sieges Vertreter aller Völker der Erde begrüßen würde, die kämen, um dem Herrn der Heerscharen in seinem Tempel zu huldigen.

Man mag einwenden, daß dieser Bericht Jesus geisteskrank erscheinen läßt. Kann er wirklich erwartet haben, daß die Prophezeiung Sacharjas sich so buchstäblich in ebendieser Nacht auf dem Ölberg erfüllen würde? Wie konnte er so sicher sein, die genaue Stunde der Prophezeiung zu kennen und daß sie durch ihn erfüllt werden sollte? Als Persönlichkeit war Jesus, was man heute als einen »manischen« Typus beschreiben würde, d.h. ein Mensch, der in der Lage war, über lange Perioden in einem Zustand großer Begeisterung und Euphorie zu verharren. Dies ermöglichte ihm, seine Wunderheilungen zu vollbringen und seine Gefährten in einem solchen Ausmaß zu beeindrucken, daß sie seine Erinnerung nicht untergehen lassen konnten. Er war nicht wie Judas von Galiläa oder Bar Kochba, die Messiasse von im wesentlichen gewöhnlichem und normalem Temperament waren, Männer, die nach der Macht griffen, scheiterten, und damit hatte es sich. Es war kein Zufall, daß Jesus der Anlaß zur Entstehung der Religion eines »neuen Zeitalters« war. Obwohl das Christentum alles verfälschte, wofür Jesus eingetreten war, baute doch jede Einzelheit dieser Fälschung auf etwas, das in seinem Temperament und in seinen Ansichten vorhanden war. Es war nur ein Schritt für die hellenistischen Nichtjuden, die hochfliegende Überzeugung Jesu von seiner weltumfassenden Sendung in ein Dogma seiner Göttlichkeit zu verwandeln oder sein Vertrauen auf einen Sieg durch Gottes Hand anstatt durch Guerillamethoden in eine pazifistische jenseitige Doktrin umzuwandeln, die den Gedanken vom Sieg auf eine »geistige« Ebene übertrug. Das »manische« Temperament Jesu war die Triebfeder der frühen christlichen Kirche mit ihrer ekstatischen Stimmung, ihrem weltumspannenden Ehrgeiz und ihrem Vertrauen auf einen endgültigen Sieg.

Dem neuzeitlichen Denken muß es wahnwitzig erscheinen, damit zu rechnen, ohne ordentliche Armee und mit nur zwei Schwertern Rom zu vernichten, nur wegen einiger dunkler Sätze in einem Buch, das 500 Jahre vor der Geburt Jesu geschrieben wurde. Doch die christliche Darstellung läßt Jesus noch wahnsinniger

erscheinen. Nach dieser Darstellung hielt Jesus sich für eine der drei Personen des Dreieinigen Allmächtigen Gottes, die aus den Unermeßlichkeiten der Welt des Lichts herabgestiegen war, um sich für die Menschheit zu opfern. Eine derartige Verbindung von Größenwahn und selbstmörderischer Phantasie war der Gesellschaft Judäas und Galiläas zu Lebzeiten Jesu ganz und gar fremd. Sie hatten ihre eigenen apokalyptischen Überspanntheiten, aber diese Art von hellenistischer Schizophrenie lag völlig außerhalb ihrer Erfahrung und ihres Verständnisses. Jesus sah sich nie in dieser Weise. Seine charismatische, tief beeindruckende »manische« Natur folgte dem Muster, das für solche Temperamente in der jüdischen prophetischen Tradition festgelegt ist. Seine Ansprüche müssen seinen Zeitgenossen atemberaubend kühn, aber völlig nachvollziehbar erschienen sein.

Der jüdische Widerstand gegen Rom setzte sich aus verschiedenen Gruppen zusammen, die ihrem Wesen nach alle religiös waren. Sie unterschieden sich jedoch in der Frage, wieviel dem Eingreifen Gottes überlassen werden könne. Die Zeloten waren zu einem langen, harten Kampf mit realistischen militärischen Methoden bereit. Bar Kochba, Nachfolger der Zeloten, soll zu Gott gebetet haben: »Herr des Weltalls, ich bitte nicht darum, daß du auf meiner Seite kämpfst, nur daß du nicht für die Römer kämpfst, und das wird genug sein« (Lam. Rabbah 2,2. Siehe Graetz 1908, p. 138). Einige angebliche Messiasse, zum Beispiel Theudas, folgten dem anderen Extrem und verließen sich noch mehr als Jesus auf Gott (Jos. ant. XX 5,1). Die gemäßigten Pharisäer waren vorsichtige »Kommt-Zeit-kommt-Rat«-Menschen, die wie Gamaliel dachten: »Stammt dies Vorhaben oder dies Werk von Menschen, so wird's untergehen; stammt es aber von Gott, so könnt ihr sie nicht vernichten.« Aber auch sie konnten sich von der apokalyptischen Inbrunst ihrer Zeit gelegentlich hinreißen lassen, wie Rabbi Akiva in den Tagen des Bar Kochba. Jesus kann im Spektrum des jüdischen Widerstands als apokalyptischer Pharisäer eingeordnet werden, dessen Hoffnungen denen des Theudas ähnelten und auch jenes von Josephus erwähnten Propheten aus Ägypten, der seine Bewegung ebenfalls um ein erwartetes Wunder auf dem Ölberg konzentrierte (Jos. ant. XX 8,6).

Auf dem Ölberg angekommen, postierte Jesus sich mit seinen Jüngern im »Garten Gethsemane«. Dieser ist nach der Überlieferung ein Ort am Fuß des Ölbergs, aber möglicherweise lag er weiter weg von Jerusalem in einem flachen Tal zwischen zwei Ausläufern des Berges (»Gethsemane« bedeutet »Tal des Öls«[3]). Sacharjas Prophezeiung sagt, Gottes Füße würden auf dem Ölberg stehen, der bei einem Erdbeben nach Osten und Westen gespalten werde, und die Masse des Berges werde nach Norden und Süden rücken. Die Prophezeiung geht weiter: »Und

[3] Die Ableitung von hebräisch »gath-schemen« (גת שמן) kann nicht die Übersetzung »Ölpresse« liefern, wie oft behauptet wird, weil »gath« »Weinpresse« bedeutet. Um vieles zu bevorzugen ist die Ableitung von »geschemen« (Tal des Öls).

ihr sollt fliehen in das Tal des Berges.« Jesus nahm deshalb seine Jünger zu der vom Propheten bezeichneten Stelle mit, an der er das Wunder beobachten konnte, ohne von ihm zerschmettert zu werden. Und ihm wurde weiter vom Propheten versichert: »Da wird dann kommen der Herr, mein Gott, und alle Heiligen mit ihm.« (In anderer Übersetzung: »... wenn alle bei dir heilig sind.«) Gott selbst würde zu dem Messias im Tal kommen und gegen den Feind kämpfen, indem er dessen Reihen mit einer Plage schlüge. Andere bestürzende Wunder würden sich ereignen: lebendige Wasser würden in zwei Strömen aus Jerusalem fließen, und »um den Abend wird es licht sein«.[4]

Sobald er im »Tal der Entscheidung« war, widmete Jesus sich dem Gebet und der Wache. Er sagte seinen Jüngern: »Wacht und betet, damit ihr nicht in Versuchung fallt.« Jesus erlebte jetzt Todesqualen des Schmerzes über seine nahende Kreuzigung. Das wenigstens ist die Version von Markus und Matthäus. (Johannes läßt die ganze Episode aus.) Nur Lukas spricht vom »Ringen mit dem Tode«, und was er zu beschreiben scheint, ist keine Todesqual des Schmerzes, sondern des mühevollen Gebets. »Und er rang mit dem Tode und betete heftiger. Und sein Schweiß wurde wie Blut, das auf die Erde tropft« (Lk. 22,44). Wofür betete Jesus zu diesem Zeitpunkt so heftig? Warum wies er seine Jünger an, »zu wachen und zu beten«, ein Gebot, das er früher vor jenen, die auf die Ankunft des Reiches Gottes warteten, ausgesprochen hatte?[5] Warum warnte er sie davor, in Versuchung zu fallen? Falls er sich mit der Kreuzigung abgefunden hatte und die Nacht in Gethsemane verbrachte und darauf wartete, daß Judas mit den Soldaten käme, um ihn festzunehmen, dann gab es keinen besonderen Grund, zu beten oder auch nur wach zu bleiben. Und es gab keine besondere Versuchung, die die Jünger womöglich hätte überfallen können, während sie warteten.

Aufgrund der hier umrissenen Theorie gab es jedoch einen wichtigen Anlaß, zu beten und wach zu bleiben, und es gab einen wichtigen Anlaß, der Versuchung auszuweichen. Denn Jesus wartete im Tal von Gethsemane nicht passiv auf seine Festnahme. Er erwartete ein furchteinflößendes Wunder und das Erscheinen der Herrlichkeit Gottes: aber er muß gefühlt haben, daß diese Offenbarung in einem gewissen Grade von seiner und seiner Jünger Würdigkeit abhing.

---

[4] Ein anderer Prophet, Joel, siedelte das Letzte Gericht Gottes über die Völker ebenfalls in einem Tal an, das er Tal Josaphat (»Gottes Gericht«) und auch »Tal der Entscheidung« nennt. Wegen der Ähnlichkeit der Vision Joels mit der Sacharjas wurde das Tal Josaphat früh mit dem Kidrontal gleichgesetzt, zu dem das Tal von Gethsemane gehört. Es ist sehr wahrscheinlich, daß auch Jesus diese Gleichsetzung vornahm, so daß er sowohl an die Prophezeiung Joels als auch die Sacharjas dachte, als er in Gethsemane Stellung bezog.

[5] Mk. 13,33: »Gebt acht, wacht und betet! Denn ihr wißt nicht, wann die Zeit da ist.« Der ganze Abschnitt zeigt, daß »wacht und betet« einen messianischen Beiklang hatte und nicht einfach ein Gebot zum gewöhnlichen Gebet war.

Jesus hatte die Ankunft des Reiches Gottes nicht nur prophezeit; er hatte sich auch darauf vorbereitet. Er hatte unter »den verlorenen Schafen des Hauses Israel« geworben und sie zur Bußfertigkeit aufgerufen, weil er spürte, daß die Ankunft des Reiches Gottes durch die Sünden Israels aufgehalten wurde. Pharisäische Schriften heben oft hervor, daß Gottes Verheißungen an Israel nicht automatisch erfüllt werden; sie hängen von Israels Würdigkeit und Zutun ab. Folglich konnte Jesus, obwohl er spürte, daß die Zeit für den Anbruch des »Tags des Herrn« günstig war, nicht ganz sicher sein. Was nun vonnöten war, war eine letzte große Anstrengung im Gebet. Der Glaube an die Wirksamkeit des Gebets war sehr stark bei den Pharisäern, besonders wenn das Gebet von einem Propheten kam. Könnte man nicht alles erreichen durch die kraftvollen Gebete eines hingebungsvollen Messias-Propheten, unterstützt von einer Schar heiliger Männer, die alle ihre Gedanken an einem für die Erlösung geeigneten Zeitpunkt und Ort fest auf Gott richteten?

Nur der mächtigste gemeinschaftliche Strahl heiliger Konzentration, von Gethsemane aus auf Gott gerichtet, konnte die Spuren der Sünden Israels tilgen und die Stunde der Erlösung herbeiführen. Jesus allein genügte nicht, denn Sacharja hatte gesagt: »Und mein Herr wird kommen, wenn alle bei dir heilig sind.« Dies erklärt, warum Jesus seine Gesellschaft in jener Nacht auf die zwölf beschränkte. Er wünschte die Gesellschaft der Männer, auf die er sich am besten verlassen konnte, denn die Macht des unschuldigen Gebets würde weit wichtiger sein als die bloß zahlenmäßige Stärke.

Es ist also kein Wunder, daß Jesus die messianische Parole »Wacht und betet« an seine Jünger ausgab, daß er selbst sich einer schmerzlichen Anstrengung im Gebet unterzog und daß er seine Jünger tadelte, als er spürte, daß es ihrem Gebet an Konzentration und Ernsthaftigkeit fehlte.

Die Geschichte vom Versagen der Jünger in Gethsemane muß sich sehr früh in der judenchristlichen Kirche entwickelt haben. Man konnte einfach nicht glauben, Jesus selbst habe versagt. Seine Jünger glaubten lieber, sie hätten ihn im Stich gelassen, denn indem sie sich selbst die Schuld gaben, konnten sie weiter an ihn glauben. Er hatte sich vorübergehend aus der Welt zurückgezogen, wie Elia, als er in den Himmel auffuhr, aber wenn sie sich selbst als würdig erwiesen hätten, würde er zurückkommen und sie zum Sieg führen.

Später, in der heidenchristlichen Kirche, als Jesus zu einem Gott gemacht worden war, wurde die Vorstellung undenkbar, daß er die Unterstützung seiner Jünger brauchte, um seine Sendung zu vollenden. Seine Sendung selbst hatte ihr Wesen gewandelt, so daß jede Teilnahme oder Mitwirkung von anderen unangemessen war. Das Gebot Jesu an seine Jünger in Gethsemane, zu wachen und zu beten, und seine eigene schmerzliche Anstrengung im Gebet wurden sinnlos und unverständlich.

Es war nicht schwer für die Jünger, nach der Festnahme und Hinrichtung Jesu in Schuldgefühle zu geraten und sich die ganze Verantwortung zuzuschreiben. Jesus

muß ihnen mit seinem fieberhaften Glauben und seiner Selbstlosigkeit bei vielen Gelegenheiten ein Schuldgefühl bereitet haben, und Beispiele ihrer Unwürdigkeit dürften sich ihnen immer wieder aufgedrängt haben. Dies erklärt vielleicht in gewissem Grade die vielen Geschichten in den Evangelien über die Vergehen der Jünger.

Jesus steht also im Tal von Gethsemane unter dem drohend aufragenden Ölberg. Dies, so glaubt er inbrünstig, ist das Tal der Entscheidung, das Tal des Gottesreichs. Falls er den Augenblick gut gewählt hat, falls die Herzen seiner Gefährten rein sind und falls sein Bekehrungsfeldzug unter den »verlorenen Schafen des Hauses Israel« erfolgreich gewesen ist, wird die letzte Schlacht gekämpft werden. Aber während er betet, empfindet er ein starkes Gefühl des Kampfes. Er ringt im Gebet, bis sein Schweiß wie große Blutstropfen auf den Boden fällt. Seine Schwierigkeit beim Beten bedeutet Unheil, und er kann sehen, daß die Kräfte seiner ausgewählten Gefährten erlahmen. Mit großer Traurigkeit erkennt er, daß die lange Qual Israels noch nicht am Ende angelangt ist.

Kapitel 14

Gefangennahme und Prozeß

Das wunderbare Erscheinen Gottes des Herrn auf dem Ölberg fand nicht statt. Wie Theudas und »der Prophet aus Ägypten« und viele andere Messiasgestalten der Zeit mußte sich Jesus, trotz seiner großen Heilkräfte und seines außerordentlichen Charismas, in seinen apokalyptischen Hoffnungen getäuscht sehen. Als die römischen Soldaten, verstärkt durch jüdische Polizisten, in Gethsemane eintrafen, fanden sie eine Handvoll Rebellen, die nur mit zwei Schwertern gerüstet waren. Ein paar Hiebe wurden ausgetauscht, aber Jesus war bald gefangengenommen. Die Jünger flohen bestürzt, und die Soldaten, die nur den Befehl hatten, den Rädelsführer zu bringen, setzten ihren Weg mit ihrem Gefangenen fort und beglückwünschten sich gegenseitig über die Leichtigkeit seiner Gefangennahme.

Woher wußten die Soldaten, wo sie Jesus finden würden? Die in den Evangelien gegebene Erklärung ist, daß Jesus von seinem Jünger Judas Iskariot, der die Soldaten zu der Stelle führte, verraten wurde. Es ist wahrscheinlich, daß die Soldaten einen geheimen Wink bekamen, denn Jesus in Gethsemane festzunehmen war die ideale Möglichkeit, seinem Aufstand ein Ende zu bereiten. Der Hohepriester fürchtete sich, die Festnahme in Jerusalem selbst zu versuchen, weil Jesus von der großen Masse des Volkes unterstützt wurde. Die Gewohnheit Jesu, sich jeden Abend zum Ölberg zurückzuziehen, vereitelte jeden Plan eines nächtlichen Überraschungsangriffs auf ihn, den der Hohepriester gehegt haben mochte. Der Ölberg und seine Täler waren ein so ausgedehntes Gelände, daß ein besonderer Hinweis nötig war, um ihn dort ausfindig zu machen, auch wenn sein ungefährer Aufenthaltsort bekannt war.

Die Geschichte vom Verrat durch Judas Iskariot ist jedoch unhistorisch.[1] Das Evangelium des Petrus, von dem 1884 ein Fragment entdeckt wurde, enthält die Geschichte von Judas' Verrat überhaupt nicht. Sein Erzähler berichtet, wie nach der Kreuzigung »wir, die zwölf Jünger des Herrn, weinten und trauerten«. In diesem frühen Evangelium gab es keinen Treuebruch eines der zwölf Jünger; es wurde geschrieben, *bevor* die Geschichte von Judas' Verrat erfunden wurde. Wer verriet dann aber Jesus? Und wurde er überhaupt verraten?

---

[1] Siehe Anhang 3.

In einer Fassung der Legende von Judas Iskariot (oder von Johannes) *befahl* Jesus Judas, ihn zu verraten. »Was du tun mußt, das tu bald!« Die Geschichte soll einfach bewirken, das Vorherwissen Jesu zu betonen. Aber vielleicht haben wir hier wirklich einen Schlüssel zur historischen Wirklichkeit, daß Jesus in der Tat einen Boten ausschickte, um die Soldaten des Feindes nach Gethsemane zu bringen. Da er sicher war, die genaue Stunde zu wissen, zu der das Wunder Sacharjas sich ereignen würde, wollte er römische Soldaten im »Tal der Entscheidung« zur Stelle haben, damit sie die prophezeite Niederlage erlebten.

Wenn der Bote, den Jesus schickte, um die Römer zu holen, nicht Judas Iskariot war, wer war es dann? Vielleicht gibt es dafür im Markusevangelium (14,51–52) einen Hinweis. Ein nicht namentlich genannter »junger Mann« wird hier erwähnt, der Jesus nach der Gefangennahme bestürzt folgte, bis er von den Soldaten fortgejagt wurde. Dieser »junge Mann« war weder einer der zwölf Jünger, noch war er einer der Soldaten oder der feindlichen »Menge«. Er könnte ein junger Anhänger Jesu gewesen sein, der für die Aufgabe ausgewählt worden war, die Römer zu ihrer Vernichtung herzubringen. Vertrauensvoll und zuversichtlich brachte er sie nach Gethsemane und erwartete, Jesus werde sie durch ein Wunder überwältigen. Als sich das Wunder nicht ereignete, war er voller Verwirrung und Schmerz und folgte den Soldaten bestürzt, bis sie ihn fortjagten. Der Umstand, daß der junge Mann »nackt entfloh«, ist möglicherweise der Versuch, die Episode auf eine Prophezeiung von Amos zu beziehen: »Und wer unter den Starken der mannhafteste ist, soll nackt entfliehen müssen an jenem Tage, spricht der Herr.«

Soweit sie die Römer betraf, war die Rebellion Jesu, verglichen mit den ernsthaften Aufständen der Zeloten, die zu derselben Zeit vorkamen, eine sehr geringfügige Sache. Aus diesem Grund hinterließ Jesus bei den zeitgenössischen Geschichtsschreibern einen ziemlich geringen Eindruck. Josephus erwähnt ihn kaum, und zuverlässige Hinweise im Talmud sind sehr selten und wenig aufschlußreich. Gäbe es die Evangelien nicht, wüßten wir kaum etwas von der Existenz Jesu. Soweit es die Mehrheit der Juden anging, war Jesus ein weiterer angeblicher Messias oder Prophet, der eine Zeitlang große Hoffnungen geweckt hatte, dann aber gescheitert war. Solche Gestalten wurden mit großem Mitgefühl und Schmerz betrachtet; es war nicht die Rede davon, einen Mann zu tadeln oder zu verdammen, weil er sich für den verheißenen Messias hielt. Wenn er versagte, dann hatte er einen Fehler begangen, aber er wurde immer noch als tapferer Mann und Patriot geachtet. Aber wären nicht die Anhänger gewesen, die der Erinnerung an Jesus treu blieben und einen Glauben an seine mögliche Rückkehr entwickelten, dann wäre er vom jüdischen Volk vergessen worden.

Die Gefangennahme Jesu in Gethsemane hatte ihn jedoch noch nicht als Versager abgestempelt. Solange er noch am Leben war, konnten seine Anhänger ihre Hoffnungen bewahren. Gott könnte irgendein großartiges Wunder tun, das ihn befreite

und die Römer am Ende doch vernichtete. Die Nachricht von der Gefangennahme Jesu dürfte die Menschen in Jerusalem in Furcht und Angst gestürzt haben, aber keineswegs in Verzweiflung.

Seine Zuversicht und sein Glaube hatten Jesus an die Römer verraten. Er war überzeugt gewesen, das große Wunder werde sich in eben dieser Nacht ereignen. Warum war er so sicher? Sacharja hatte gesagt, das Wunder werde sich während des Laubhüttenfestes ereignen, aber das Fest dauerte acht Tage. Welcher der acht Tage sollte der Tag der Erlösung sein? Die naheliegende Antwort wäre der siebte Tag gewesen, zur Zeit Jesu als »der Tag des Hosianna« bekannt (heute von den Juden »das große Hosianna« genannt). An diesem Tag erreichten die Gebete um Errettung ihren Höhepunkt in einer Prozession der Priester, die den Altar siebenmal mit Weidenzweigen in den Händen umkreisten und nach Errettung riefen. Die Nacht des erwarteten Wunders wäre die Nacht vor dem siebten Tag, da die Juden einen Tag von Abend zu Abend rechnen. Jesus hätte damit gerechnet, daß jene Nacht und der folgende Tag mit der Überwältigung der Römer ausgefüllt wären; und der nächste Abend, der den letzten Tag des Festes einleitete, wäre dann der Anfang eines Tages der Siegesfeiern gewesen. Der achte Tag wurde immer als ein Fest für sich betrachtet und war symbolisch für die Erfüllung der Erlösung. Dieses Mal, dachte Jesus, würde die Symbolik zur Wirklichkeit werden, und der achte Tag würde als der erste Tag des messianischen Zeitalters gefeiert werden. (Jesus dachte, das Werk der Erlösung werde eine Nacht und einen Tag in Anspruch nehmen, weil Joel prophezeit hatte, die Sonne und der Mond würden sich im Tal der Entscheidung verfinstern [Joel 4,14–15].)

Der achte Tag jedoch war der erste Tag der Gefangenschaft Jesu. Er selbst hegte vermutlich keine Hoffnungen mehr. Er hatte sich so sehr auf das erwartete Wunder am Ölberg verlassen, daß sein ganzes apokalyptisches System der Erlösung nun zerbrochen war. Die Berichte in den Evangelien von seinem Schweigen und seiner Teilnahmslosigkeit beim Verhör können sehr gut wahr sein, nicht aus der Ergebung in den Tod oder dem Wunsch nach Kreuzigung, sondern aus völliger Verzweiflung und Enttäuschung. Der herzzerreißende Stoßseufzer, der sich ihm am Kreuz entrang – »Eli, Eli, lama sabachthani?« ([אלי אלי למה עזבתני], Mk. 15,34), »Mein Gott, mein Gott, warum hast du mich verlassen?« –, ist nach der heidenchristlichen Theorie von seinem freiwilligen Opfertod unverständlich, aber er spiegelt die wahre Tragik seiner Lage wider.

Die Truppen, die Jesus gefangennahmen, waren eine Kohorte römischer Soldaten, die aus 300–600 Mann bestand. Dazu waren einige jüdische Beamte des Hohenpriesters anwesend. Diesen jüdischen Beamten übergab der römische Kriegstribun Jesus zum Verhör durch den Hohenpriester. Die Römer machten es zur Regel, die einleitende Vernehmung den jüdischen kollaborierenden Behörden zu überlassen, die ihre bezahlten Experten für jüdische Angelegenheiten waren und zu

einer verläßlichen Entscheidung gelangen konnten, ob es ein zur Strafverfolgung ausreichender Fall war.

Nun folgt in allen Evangelien ein Bericht von dem Verhör Jesu durch den Hohenpriester und seine Beamten. Die Synoptiker (Markus, Matthäus und Lukas) fügen hinzu, daß sich »die Ältesten des Volkes« bei dieser Vernehmung dem Hohenpriester zugesellten, in welchem Fall das Gericht nichts anderes als der Sanhedrin gewesen wäre, die oberste richterliche und religiöse Körperschaft der Juden, in der die Pharisäer stark vertreten waren. Das *Verhör* Jesu wird so von drei Evangelienschreibern als ein *Prozeß* dargestellt, in dem Jesus wegen Gotteslästerung angeklagt und verurteilt wurde.

Der vierte Evangelist ist es, Johannes, der den wahren Bericht von der Angelegenheit liefert. Jesus wurde nie vor dem Sanhedrin wegen Gotteslästerung der Prozeß gemacht.[2] Keine Versammlung des Sanhedrin fand jemals außerhalb des besonderen Versammlungsortes dieser erhabenen Körperschaft statt, dem Zimmer des behauenen Steins im Tempel; doch nach den Synoptikern fand diese Verhandlung im Haus des Hohenpriesters statt, wohin die »Ältesten« mitten in der Nacht gerufen wurden. Es war dem Sanhedrin ausdrücklich vorgeschrieben, daß seine Versammlungen nicht nachts stattfinden durften. Eine andere Vorschrift war, daß Versammlungen nicht an Festtagen stattfinden durften. Was die Berichte betrifft, daß Mitglieder des Sanhedrin auf Jesus spuckten und ihn schlugen, so ist dies bei den Verfahren dieser höchst würdevollen Gesellschaft genauso unglaubhaft, wie wenn es vom Hohen Gerichtshof von England oder vom Obersten Bundesgericht der Vereinigten Staaten berichtet würde.[3]

Die Evangelienschreiber wußten ganz sicher nichts über den Sanhedrin oder die jüdischen Gesetze, die sich auf Gotteslästerung bezogen. Die Behauptung Jesu, der Messias oder Christus oder »Gottessohn« zu sein, war keine Gotteslästerung im jüdischen Recht. Selbst wenn Jesus behauptet hätte, ein Engel zu sein, wie einige der Berichte andeuten, wäre dies keine Gotteslästerung gewesen. Wenn er behauptet hätte, Gott der Allmächtige zu sein, wäre dies ein Kriminalverbrechen gewesen (keine Gotteslästerung, aber Abgötterei), doch nicht einmal die Synoptiker setzten seinen Anspruch so hoch an.[4]

---

2 Siehe Winter 1973, p. 24*sq.*; Brandon 1968b, p. 87*sqq.*; Goguel 1960, vol. II, p. 512; Cohn 1971, p. 97*sqq.* und viele andere Autoren.

3 Ein Argument, das oft gegen die Echtheit des Prozesses bemüht wurde, muß jedoch zurückgewiesen werden, und zwar das Argument, daß Jesus durch eigenes Geständnis der Gotteslästerung überführt wurde, wo doch ein Geständnis im jüdischen Recht als Beweis nicht zulässig war. Es wird nicht geschildert, Jesus habe die Gotteslästerung *gestanden*, sondern habe sie tatsächlich im Gericht begangen, so daß die Mitglieder des Sanhedrin selbst Zeugen waren.

4 Tatsächlich gibt es in der ganzen jüdischen Literatur kein Beispiel für eine Person, die angeklagt wird, weil sie sich für Gott ausgibt, und es ist wahrscheinlich, daß so ein Mensch als harmloser

Wenn der Sanhedrin nach der Gefangennahme Jesu einberufen worden wäre, hätten sich die Pharisäer, die in der Mehrheit waren, ihm gegenüber äußerst verständnisvoll gezeigt. Jede Anklage wegen Gotteslästerung hätten sie sofort zurückgewiesen. Wenn es um Klagen wegen Aufwiegelung gegen den Hohenpriester und Rom gegangen wäre, so hätten sie das als Beweis von Patriotismus und religiöser Aufrichtigkeit angesehen. Eine Versammlung des Sanhedrin einzuberufen wäre deshalb das allerletzte gewesen, was der Hohepriester getan hätte. Er hätte sich sehr darum bemüht, die Pharisäer aus der Sache herauszuhalten. Als der Vertreter Roms, mit eigenen Beamten und eigenem Polizeigericht, brauchte er in Fällen von Aufwiegelung die Pharisäer nicht zu Rate zu ziehen. Das in der Apostelgeschichte berichtete Verhör des Petrus zeigt, daß ein Hoherpriester überstimmt wurde, als er versuchte, sich der Unterstützung der Pharisäer gegen die Nazaräer zu bedienen, und daß der Gefangene freigelassen wurde.

Das Evangelium nach Johannes stellt deutlich fest, daß Jesus nicht von den »Ältesten des Volkes«, sondern, nach einer ersten Vernehmung durch Hannas, Kaïphas' Schwiegervater, vom Hohenpriester Kaïphas allein verhört wurde. Johannes sagt nichts von einer Anklage wegen Gotteslästerung, sondern nur: »Aber der Hohepriester befragte Jesus über seine Jünger und über seine Lehre« (Joh. 18,19). Als Jesus sich weigerte, sich zu überantworten, beschloß Kaïphas, ihn dem römischen Statthalter Pilatus zu übergeben.

Dem Verfasser des Johannesevangeliums (offenbar intelligenter als die Synoptiker) fiel auch eine gewisse Schwierigkeit auf. Warum richteten die jüdischen Behörden Jesus nicht selbst hin, wenn sie so davon überzeugt waren, daß er ein Gotteslästerer war, sondern übergaben ihn Pilatus mit der falschen Beschuldigung der Aufwiegelung? Johannes findet eine geschickte Lösung, indem er den Juden in den Mund legt: »Wir dürfen niemand töten« (Joh. 18,31). Es ist aber eine historische Tatsache, daß die Juden zu dieser Zeit *doch* das Recht hatten, die Todesstrafe bei religiösen Verbrechen zu vollstrecken, vorbehaltlich nur der automatischen Bestätigung durch den Prokurator.[5] Wenn Jesus wirklich der Gotteslästerung oder Abgötterei für schuldig befunden worden wäre, hätte für die jüdischen Behörden keine Notwendigkeit bestanden, ihn Pilatus mit der falschen Beschuldigung der Aufwiegelung zu übergeben; sie hätten ihn selbst hinrichten können. Der Bericht von Petrus' Verhör in der Apostelgeschichte zeigt, daß der Sanhedrin in religiösen

Verrückter angesehen worden wäre. Einige Abschnitte des Talmud, die sich auf christliche Auskünfte stützen, nennen Jesus einen, der »andere zum Götzendienst verführte« (B. Sanhedrin 43a), erwähnen aber nicht, daß der Gegenstand solchen Götzendienstes er selbst war, weil dieser Punkt offenbar für zu wunderlich gehalten wurde, um glaubhaft zu sein. »Gotteslästerung« (hebräisch »gidduf« [גדוף]) war das Vergehen, Gott zu verfluchen, und dessen wurde Jesus gewiß nie angeklagt.

5 Siehe Cohn 1971, p. 346*sqq.*; Winter 1973, p. 10 u. 154; Brandon 1968b, p. 92; Mantel 1961, p. 254*sqq.*

Angelegenheiten die Macht über Leben oder Tod hatte.[6] Dies beweist noch einmal, daß Jesus keinesfalls von den Juden in einer religiösen Frage der Prozeß gemacht wurde. Die Beschuldigung der Aufwiegelung, die der Hohepriester machte, als er Jesus an Pilatus übergab, war die wirkliche ursprüngliche Anklage, die auf der Wahrheit des Lebens und der Taten Jesu beruhte. Denn Jesus *war* der Aufwiegelung schuldig; er war ein Patriot, der gegen die römische Beherrschung seines Heimatlandes kämpfte.

Jesus wurde Pilatus vom Hohenpriester nach dem normalen Brauch übergeben, mit dem politische Gesetzesübertreter den Römern übergeben wurden, während religiöse Übeltäter von den Juden selbst übernommen wurden. Die eigentliche Klage des Hohenpriesters wurde von Lukas erhalten: »Wir haben festgestellt, daß dieser unser Volk aufwiegelt und verbietet, dem Kaiser Steuern zu zahlen, und behauptet, er sei Christus, ein König.« Jeder einzelne Punkt dieser Anklage war richtig. Jesus »wiegelte das Volk« tatsächlich auf, indem er es vom Untertanengehorsam gegenüber Rom abbrachte. Er »verbot« tatsächlich, »dem Kaiser Steuern zu zahlen«. Er sagte tatsächlich, er selbst sei »Christus, ein König«. Die Anklage lautete auf Umsturz und Aufruhr, nicht auf Gotteslästerung.

[6] Die Hinrichtung von Jakobus, dem Bruder Jesu (Jos. ant. XX 9,1), und der Prozeß des Paulus zeigen ebenfalls, daß der Sanhedrin die Macht hatte, die Todesstrafe zu verhängen. Der »Prozeß« des Stephanus scheint nicht mehr als Lynchjustiz durch den Mob gewesen zu sein.

Kapitel 15

Barabbas

Wir sind jetzt auf einem langen Weg zur Barabbasepisode, mit der dieses Buch begann, zurückgekommen. Jesus liegt im Gefängnis des Pilatus, und im selben Gefängnis befindet sich Barabbas. Er ist auch der Führer einer Aufstandsbewegung, dessen Rebellion zur gleichen Zeit wie die Jesu stattfand, und er sieht dem gleichen Tod wie Jesus entgegen. Durch einen Zufall, der frühen christlichen Autoren wie Origenes gewisse Schwierigkeiten bereitete, hieß Barabbas ebenfalls Jesus. Origenes kam zu dem Schluß, dies müsse ein Irrtum sein; Barabbas konnte nicht so einen heiligen Namen tragen (besonders weil Christen inzwischen in der Tatsache, daß »Jesus« von einer hebräischen Wurzel »jascha« [ישע], was »retten« heißt, abgeleitet ist, einen tieferen Sinn sahen). Folglich wurde der Name »Jesus Barabbas« in den meisten Handschriften der Evangelien unterdrückt. Er ist jedoch in einigen erhalten geblieben und in modernen Übersetzungen wie der Neuen Englischen Bibel wieder eingesetzt worden.

Was für ein Mann war Barabbas? In dem spätesten Evangelium, dem des Johannes, wird er »Bandit« (griechisch »lestes« [ληστής]) genannt, aber wie wir gesehen haben, ist dies eine Bezeichnung, die den Freiheitskämpfern des jüdischen Widerstands (und tatsächlich Freiheitskämpfern durch die ganze Geschichte) häufig gegeben wurde. Die früheren Evangelien machen es ganz deutlich, daß Barabbas ein Rebell war. Matthäus beschreibt ihn sogar respektvoll als »einen ausgezeichneten Gefangenen« (griechisch »episemos« [ἐπίσημος], in einigen Fassungen falsch übersetzt mit »berüchtigt«).[1]

Unsere Untersuchung hat die Kluft zwischen den beiden Gestalten, Jesus von Nazareth und Jesus Barabbas, verringert. Wir begannen mit zwei Menschen, die Welten trennten: Jesus eine unirdische engelhafte Gestalt, deren Reich nicht von dieser Welt war, ein Messias, der die Vorstellung von einem Erfolg in der Schlacht von sich wies, dessen Ziel es war, am Kreuz zu sterben, und der die römische

[1] Mk.: »Es war aber ein Mann mit Namen Barabbas im Gefängnis zusammen mit anderen Aufrührern; sie hatten beim Aufruhr einen Mord begangen.«

Mt.: »Sie hatten aber zu der Zeit einen berüchtigten (sic) Gefangenen, der hieß Jesus Barabbas.«

Lk.: »Den hatte man wegen eines Aufruhrs in der Stadt und eines Mordes ins Gefängnis geworfen.«

Besetzung Judäas als eine Kleinigkeit ansah, die seiner Beachtung nicht wert sei; Barabbas ein Bandit, ein Mann von gefühlloser Gewalttätigkeit, entschlossen, Grausamkeit mit Grausamkeit zu bekämpfen.

Wir sind jetzt in der Lage, Barabbas' Charakter gerechter zu bewerten. Als Mitglied des jüdischen Widerstands wurde er angefeuert von der internationalistischen demokratischen Vision der hebräischen Propheten und der Umsetzung dieser prophetischen Vision in die Praxis durch die reformistische pharisäische Bewegung mit ihrer langen Geschichte des Widerstands gegen jede Art von Tyrannei. Als ein Führer und ein »ausgezeichneter« Mann war Barabbas vermutlich ein Rabbi wie die Zelotenführer Judas von Galiläa und Zadok. Er kämpfte gegen einen grausamen und unersättlichen Feind, der ein stolzes Volk bis zum äußersten gedemütigt und gepeinigt hatte. Er kämpfte gegen einen römischen Statthalter, Pontius Pilatus, der von dem Augenblick seines Amtsantritts an die Politik verfolgt hatte, zu erproben, wie weit er bei der Verletzung der religiösen Gefühle der Juden gehen konnte.

Auch unser Bild von Jesus mußte gründlich revidiert werden. Wir haben gesehen, daß das »jenseitige« Bild von ihm ernstlich irreführend ist, daß er alles andere als gleichgültig gegenüber der römischen Besetzung des Heiligen Landes war und daß seine Sendung für sein Volk das Ziel hatte, es aus seinem Leid und seiner Demütigung unter den Römern zu retten und es so in die Lage zu versetzen, seine eigene Sendung als Volk Gottes weiterzuleben. Er war auch kein gewöhnlicher Rebell, sondern ein Prophet mit einer erhabenen Vision von der Erfüllung der ehrfurchtgebietenden Weissagungen Sacharjas und der Bestrebung, den Lauf der Geschichte zu verändern, nicht nur für Israel, sondern für die ganze Menschheit. Und er war nicht nur ein Prophet, sondern auch ein König-Messias, der entschlossen war, sein irdisches Königreich im Geiste seiner Ahnen David und Salomo zu regieren. Zugleich war er ein Rabbi, dessen Leben und Denken aufs engste mit der fortschrittlichen religiösen Partei seiner Zeit verbunden war, mit den Pharisäern, deren Methoden und Prinzipien er in seiner moralischen und geistigen Lehre anwandte. Er weckte die tödliche Gegnerschaft der Inhaber der Macht: das waren die Römer, die über die Macht des Schwerts verfügten, die Herodianer, die prorömische Partei romanisierter Juden, und die Sadduzäer mit ihrer Vergötterung der Bibel, des Tempels und der Priesterschaft und ihrem Kompromiß mit der Macht Roms.

Nach seinem Tod fiel er in die Hände der Heiden, die seine Ziele oder sein innerstes Wesen nicht verstanden. Sie schnitten ihn von seinen Wurzeln ab und verwandelten ihn in einen kraftlosen Engel und schließlich in einen Gegenstand der Anbetung. Dies geschah im Interesse einer weltverneinenden Philosophie, die er gehaßt hätte. Es war Teil eines Kompromisses und einer Verständigung mit der Macht, die er um den Preis seines Lebens angegriffen hatte; denn dank eines Paradoxons, das er sehr wohl begriffen hätte, bedeutet eine weltverneinende Philosophie immer eine Preisgabe an die Welt, und die einzige Philosophie, die

sich mit den weltlichen Mächten einläßt und gegen sie kämpft, ist die Philosophie, die die Welt bejaht.

Jesus und Barabbas sind demnach viel näher zusammengerückt. Sie sind beide Männer des Widerstands, beide Pharisäer, beide Rabbis. Man fragt sich deshalb, ob sie sich kannten. Waren ihre Lebensläufe in irgendeiner Weise verbunden? Gab es irgendeine Zusammenarbeit zwischen ihren Bewegungen? War es ein bloßer Zufall, daß ihre Rebellionen zur selben Zeit in Jerusalem stattfanden und daß sie zusammen in Pilatus' Gefängnis lagen? Oder waren sie in Wirklichkeit zwei Führer *derselben* Bewegung?

S. G. F. Brandon glaubte, daß dies der Fall gewesen sein muß. »Nun muß das Zusammenfallen ... des Angriffs Jesu im Tempel mit einer Erhebung auch in der Stadt, die römische Truppen unter einigen Verlusten niedergeworfen hatten, mit Sicherheit als bedeutsam betrachtet werden. Jerusalem war ein kleiner Ort, und man kann sich nur schwer vorstellen, daß die Aufstände nicht in irgendeiner Weise miteinander verbunden waren, und sei es nur in den Köpfen der Behörden ... Könnten die beiden Bewegungen, die etwa zur selben Zeit stattfanden, auch in Ursprung und Ziel miteinander verknüpft gewesen sein?« (BRANDON 1968b, p. 102).

Es ist jedoch bei Brandons Hypothese unbegreiflich, daß Barabbas bis zu diesem Zeitpunkt in den Schilderungen der Evangelien nicht erwähnt wird. Falls er ein Mitglied der Bewegung Jesu war und wichtig genug, mit einer führenden Rolle in der Erhebung betraut zu werden, warum ist er dann nicht vorher erwähnt worden? Warum erhielt er ein Kommando und nicht einer der zwölf Jünger, zum Beispiel Simon Petrus? Und falls Barabbas ein Stellvertreter Jesu war, wie können wir uns dann die Tatsache zusammenreimen, daß Barabbas vom Volk Jesus vorgezogen wurde? Wie kann die vorliegende Geschichte, selbst wenn sie irgendwie ungenau ist, sich aus einer Situation entwickelt haben, in der Jesus und ein enger Gefährte und Helfer zusammen im Gefängnis waren?

Viele Kommentatoren haben gespürt, daß ein Schlüssel zu dem Rätsel um Barabbas in der Tatsache liegt, daß Barabbas' Vorname »Jesus« war. Kann es sein, daß über die Tatsache zweier Gefangener, die Jesus hießen und in Pilatus' Gefängnis saßen, eine gewisse Verwirrung entstand und daß diese Verwirrung die Geschichte entstehen ließ, wie sie uns in den Evangelien vorliegt? Dies Zusammentreffen an sich braucht unsere Gutgläubigkeit nicht zu sehr zu strapazieren, da »Jesus« ein verbreiteter Name war, aber vielleicht spielte der Zufall eine gewisse Rolle bei der tatsächlichen Entstehung und Entwicklung der Geschichte.

A. E. J. Rawlinson hat behauptet, die Geschichte sei dadurch entstanden, daß Pilatus die zwei Jesus, die er in Gewahrsam hatte, in Gedanken verwechselte (RAWLINSON 1925, p. 227*sq*. Siehe auch CARMICHAEL 1965, p. 155). Als die Menge kam und nach der Freilassung von Barabbas rief, riefen sie ihn bei seinem Vornamen »Jesus«. Pilatus glaubte fälschlich, sie meinten Jesus von Nazareth, und

bot an, diesen freizulassen. Auch Paul WINTER (1973, p. 91–99) hat eine Theorie angeboten, die auf einer geistigen Verwirrung des Pilatus beruht. Winters Theorie besagt, daß Pilatus ganz einfach fragte, wer welcher sei, und aus dieser Episode entwickelte sich die Geschichte schließlich zu der Version, die wir in den Evangelien finden, wobei das Motiv der Entwicklung ist, den Juden die Schuld an der Hinrichtung Jesu zu geben und Pilatus zu entlasten. Man mag allerdings seine Zweifel daran haben, daß eine derart kunstvolle und dramatische Geschichte so einen trivialen Ursprung wie eine bloße geistige Verwirrung des Pilatus über die Identität der zwei Jesus haben könnte.

Es gibt eine andere Erklärung, die ebenfalls auf die Tatsache zurückgeht, daß Barabbas' Vorname Jesus war, und den Gedanken zugrunde legt, daß der Anlaß für die Entwicklung der Geschichte der Wunsch war, die Schuld an der Kreuzigung den Juden zuzuschieben, die aber die Stadien, in denen sich die Geschichte bis zu ihrer heutigen Form entwickelte, besser erklärt.

Fassen wir zuerst die Widersprüche zusammen, die es schwierig machen, die Evangeliengeschichte für bare Münze zu nehmen.

Die Schilderungen erzählen, wie der römische Prokurator, Pilatus, nichts Unrechtes an Jesus finden konnte und ihm daran gelegen war, ihn freizulassen. Eine Gelegenheit hierzu ergab sich aus einem Brauch, nach dem der römische Statthalter jedes Jahr zu Passah einen vom jüdischen Volk genannten Gefangenen freiließ. Pilatus bot in Erfüllung dieses Brauches an, Jesus freizulassen, doch das jüdische Volk wies dieses Angebot zurück und forderte statt dessen die Freilassung von Barabbas.

Der Bericht ist zweifellos erdichtet. Gründliche Studien der Zeugnisse aus römischen und jüdischen Quellen haben gezeigt, daß es keinen solchen Passahbrauch gab und nicht gegeben haben kann. Daß ein römischer Statthalter einer unruhigen Provinz nach der Laune der ortsansässigen Bevölkerung und ohne Rücksprache mit dem Kaiser einen Gefangenen freilassen konnte, der angeklagt war, das Volk im Aufstand gegen Rom anzuführen, ist, gelinde gesagt, unwahrscheinlich.

Außerdem steht das Wesen des Pilatus, wie die Evangelien es zeigen, in einem krassen Gegensatz zu dem, was darüber aus anderen Quellen bekannt ist. Pilatus war grausam, eigensinnig und selbstsüchtig, nicht liebenswürdig und politisch naiv, wie die Evangelien ihn porträtieren. Die Evangelien versuchen ganz deutlich, die Schuld am Tod Jesu von den Römern abzuwälzen. Der wirkliche Pilatus (der am Ende vom syrischen Legaten Vitellius wegen eines grausamen und sinnlosen Blutbades seines Postens enthoben wurde) hätte kein bißchen gezögert, die Kreuzigung eines Menschen zu befehlen, der aufwieglerisch den Titel »König der Juden« beanspruchte.

Ein anderer Einwand gegen die Geschichte, wie sie vorliegt, ist der unbegreifliche Umschwung des Jerusalemer Volkes von starker Unterstützung für Jesus in

Haß auf ihn und das Verlangen nach seiner Kreuzigung. Zur Zeit des triumphalen Einzugs Jesu begrüßte ihn die Menge begeistert. Auch später, wie alle Synoptiker berichten, beschlossen die »Hohenpriester und Ältesten«, Jesus nicht festzunehmen, weil sie sich »vor dem Volk fürchteten«. Es wäre begreiflich, daß die Begeisterung der jüdischen Menge für Jesus nachließ und Barabbas statt dessen der volkstümliche Held wurde; aber das würde nicht die Gehässigkeit erklären, mit der sie die Kreuzigung Jesu forderten. Selbst wenn es ihnen lieber gewesen wäre, Barabbas freizubekommen, hätte die Wahl ihnen gewiß Kummer bereitet. Sie hätten am liebsten gesehen, daß beide freigelassen worden wären. Auf jeden Fall gibt es keinen Grund, warum Pilatus Jesus nicht freilassen sollte, wenn er es wirklich gewollt hätte. Die Freilassung von Barabbas an Stelle von Jesus auf die Bitte der Menge hin hätte ihm in Hinblick auf sein weiteres Handeln nicht die Hände gebunden. Er hätte Jesus oder hundert andere Gefangene unmittelbar danach freilassen können, wenn er es gewünscht hätte.

Die Lösung dieser Schwierigkeit und eine Erklärung für die Entwicklung dieser Geschichte zu ihrer endgültigen Form ist, daß *Jesus von Nazareth und Jesus Barabbas ein und derselbe Mann waren.*

Alle Evangelisten kommen in Verlegenheit, weil sie im früheren Teil der Geschichte die allgemeine Beliebtheit Jesu so betont haben. Dies macht einen ungeschickten Übergang unvermeidlich, als sie später in der Geschichte die Schuld des ganzen jüdischen Volkes an der Kreuzigung Jesu herausstreichen wollen. In dem ursprünglichen Evangelium wurde Jesus überhaupt nie vom jüdischen Volk oder seinen religiösen Führern, den Pharisäern, abgelehnt. Seine Feinde bei den Juden waren die Sadduzäer und die Herodianer. Später, als die heidenchristliche Kirche die Verbindung mit ihrem jüdischen Ursprung zerschneiden wollte, wurde eine erfundene Gegnerschaft zwischen Jesus und den Pharisäern und schließlich zwischen Jesus und »den Juden« in die Geschichte eingeführt. Die Barabbasgeschichte ist ein wichtiges Element in dieser späteren Entwicklung.

Das Auftreten einer neuen Persönlichkeit, Jesus Barabbas, kann nun erklärt werden. Als Jesus in Pilatus' Gefängnis lag, umringte die Menge das Gefängnis und rief *nach seiner Freilassung*. Dies war eine sehr natürliche Sache für sie, und einfach eine Fortsetzung ihrer glühenden Unterstützung für ihn zur Zeit seines triumphalen Einzugs und später. Dieses Ereignis konnte nicht völlig unterdrückt werden, weil es auf einer starken Überlieferung beruhte; aber es stellte für die späteren Herausgeber der Evangelien, die Jesus vom ganzen jüdischen Volk abgelehnt zeigen wollten, eine große Schwierigkeit dar. Sie konnten nicht leugnen, daß das jüdische Volk nach der Freilassung Jesu rief, aber sie fanden eine geschickte Lösung. Das jüdische Volk rief nach der Freilassung eines *anderen* Jesus, der zufällig gleichzeitig mit Jesus von Nazareth im Gefängnis war. Dieser Jesus war Jesus Barabbas. Das jüdische Volk rief in der Tat Pilatus zu, »Jesus Barabbas« freizulassen, aber nur

deshalb, weil »Jesus Barabbas« der Name des Mannes war, der auch als »Jesus von Nazareth« bekannt ist. Da die Überlieferung, die solche peinlichen Schwierigkeiten machte, berichtete, wie die Menge nach »Jesus Barabbas« rief, war es ein Leichtes zu unterstellen, daß dies nicht ein anderer Name für Jesus, sondern überhaupt ein anderer Mann war. Schließlich wurde sogar die Tatsache, daß Barabbas' Vorname »Jesus« war, in den Texten der Evangelien fallengelassen.

Eine Spaltung hatte stattgefunden; aus zwei Namen waren zwei Personen geworden. Eine neue, gesonderte, erfundene Person, Jesus Barabbas, ursprünglich identisch mit Jesus von Nazareth, war jetzt aufgetaucht, und die Bühne war frei für neue dramatische Entwicklungen einer Legende.

Wenn Jesus und Barabbas derselbe Mann waren, wie kann dann der Name »Barabbas« erklärt werden? Was bedeutet er, und warum sollte er für Jesus benutzt worden sein?

Es gibt mehrere Möglichkeiten. Der Name Barabbas kommt vielleicht vom hebräischen oder besser aramäischen »Barabba« oder von »bar-rabba« ([בר אבא], der Name wird in manchen Handschriften auf Griechisch »Barrabbas« mit Doppel-r geschrieben). Die übliche Erklärung ist, daß »barabba« einfach »Sohn Abbas« bedeutet; Jesus Barabbas würde also »Jesus, Sohn Abbas« bedeuten; »Abba« ist ein recht häufiger Name. Aber das paßt nicht, wenn Jesus Barabbas wirklich Jesus von Nazareth war, dessen Vater nicht Abba, sondern Joseph hieß.

»Abba« ist nicht nur ein Name, es bedeutet auch »Vater«, »barabbas« könnte also »Sohn des Vaters« heißen. Es gibt eine überzeugende Überlieferung, daß Jesus Gott in Gebeten gewöhnlich als »Abba« anredete (Mk. 14,36; Röm. 8,15; Gal. 4,6). Es gibt einige Beispiele im Talmud von anderen Rabbis, die Gott »Abba« nannten, aber Jesus hat vielleicht eine so auffällige Gewohnheit daraus gemacht, daß er zu dem Namen »Barabbas« als Spitznamen kam, womit sein enges Verhältnis zu Gott bezeichnet wurde. Barabbas kann möglicherweise auch »Sohn Gottes« bedeutet haben, nicht im gnostischen Sinn eines göttlichen Wesens, sondern im Sinn des davidischen Königs, der gemäß dem Krönungspsalm der angenommene Sohn Gottes war.

Falls andererseits die richtige Schreibung »Barrabbas« ist, hieße das »Sohn eines Rabbi«. Das aramäische »bar«, »Sohn von«, wurde oft sehr frei gebraucht, so daß »Sohn eines Rabbi« einfach »Rabbi« oder »Lehrer«, »Meister« bedeuten konnte. Aber es gab auch einen Namen für Meister, der mit einem »r« geschrieben wurde und der vielleicht die beste Ableitung für Barabbas ist. Dies ist die Bezeichnung »Berabbi« (wörtlich »Haus des Meisters«), die den bedeutendsten Rabbis vorbehalten war und dem Namen als Ehrentitel *nachgestellt* wurde. Wir wissen, daß Jesus tatsächlich als »der Meister« bekannt war (siehe Lk. 22,11). Man kann also ohne Schwierigkeit annehmen, daß »Barabbas« die Bezeichnung war, unter der Jesus allgemein bekannt war, wahrscheinlich gleichbedeutend mit »Lehrer«, möglicherweise aber ein messianischer Kosename (siehe MACCOBY 1969, p. 55*sqq.*).

Falls Jesus von Nazareth und Jesus Barabbas dieselbe Person waren, lösen sich die Schwierigkeiten der Barabbas-Pilatus-Geschichte auf. Vor allen Dingen können wir verstehen, warum Barabbas an dieser Stelle so plötzlich in der Schilderung erscheint. Er wird vorher aus dem einfachen Grund nicht erwähnt, weil er vorher nicht existierte und erst durch die Erfordernisse der Pilatusschilderung hervorgezaubert wurde. Was Barabbas' Beteiligung an einem »Aufruhr« betrifft, so läßt sich das ohne weiteres erklären: sie bezieht sich auf Jesu eigenen Aufruhr, als er gewaltsam den Tempel reinigte. Die verschiedenen unhistorischen Züge der Schilderung – das »Passahprivileg«, Pilatus' Milde, Barabbas' Herabwürdigung zu einem »Banditen«, der selbst verkündete Fluch der Juden – können alle als erdachte Zutaten verstanden werden, die der Geschichte allmählich beigegeben wurden, um das Drama der »Wahl« zu steigern, die Schuld der Juden, nicht den richtigen Jesus gewählt zu haben, hervorzuheben und die Römer zu entschuldigen.

Nachdem Jesus einige Wochen oder Monate im Gefängnis geschmachtet hatte, wurde er zum Prozeß vor Pilatus gebracht, der aufrührerischen Handlung, den jüdischen Thron zu beanspruchen, für schuldig befunden und zur Hinrichtung nach der üblichen, Rebellen vorbehaltenen Methode, der Kreuzigung, verurteilt. Pilatus mit seinem starken Rückhalt von römischen Soldaten hegte die größte Verachtung für eine ungeordnete Masse und mißachtete die Forderungen nach der Freilassung Jesu völlig.

Jesus wurde gegen Ende des achttägigen Laubhüttenfestes im Herbst festgenommen, aber erst unmittelbar vor dem Passahfest im Frühjahr hingerichtet. Dies geschah zum Teil, weil römische Gerichtsverfahren immer langsam vorangingen, und zum Teil, weil Pilatus Hinrichtungen von Rebellen gern zu einer Zeit ausführen ließ, zu der sie den größtmöglichen Eindruck auf die widerspenstigen Juden machen würden. Jerusalem war zu Festtagen immer voller Pilger, aber zwischen dem Laubhüttenfest und dem Passahfest gab es kein Fest, das Pilger anzog. Das Passahfest war deshalb die erste Gelegenheit, Jesus in einem wirklich von Menschen wimmelnden Jerusalem hinzurichten.

Jesus wurde mit zwei anderen Revolutionären, vielleicht Mitgliedern seiner eigenen Bewegung, gekreuzigt. Nach römischer Sitte wurde der Anklagepunkt, aufgrund dessen er verurteilt worden war, auf das Kreuz geschrieben, nämlich daß er den Anspruch erhoben hatte, »König der Juden« zu sein. Geschwächt von seinem Gefängnisaufenthalt und dem Schmerz über die Enttäuschung seiner Hoffnungen überstand Jesus nur sechs Stunden am Kreuz, bevor er starb. Die Evangelienschreiber, die ihre Gehässigkeit gegenüber den Juden bis zuallerletzt beibehalten, sagen, Jesus sei von seinen jüdischen Mitbürgern geschmäht worden, als er am Kreuz hing. Sie sagen sogar, Jesus sei von den Leidensgenossen, die mit ihm gekreuzigt wurden, geschmäht worden. Diese Geschichten sind Verleumdungen. Als die Juden Jesus am Kreuz sahen, wurde ihm von ihnen derselbe Respekt und Schmerz

zuteil wie allen anderen tapferen Männern, die der römischen Tyrannei Widerstand leisteten und die gleiche Strafe verbüßten.

Die Achtung, die Jesus von seiten der religiösen Führer des Volkes, der Pharisäer, erfuhr, zeigt sich in der Tatsache, daß ein pharisäisches Mitglied des Sanhedrin, Joseph von Arimathäa, zu Pilatus ging und um Erlaubnis bat, den Leichnam Jesu zu begraben. Diese Erlaubnis wurde gewährt, und Joseph nahm den Leichnam ab und begrub ihn.

Die unmittelbaren Helfer Jesu, die zwölf Apostel und eine kleine Schar von Anhängern, glaubten nach einer anfänglichen Zeit der Verzweiflung schließlich, Jesus sei noch am Leben. Er sei wieder zum Leben erweckt worden wie Elia und werde bald zurückkommen, um einen neuen Angriff auf die Römer anzuführen und diesmal mit Erfolg. Wie wir gesehen haben, bedeutete der Glaube an die Auferstehung Jesu *nicht*, daß er für göttlich gehalten wurde; dasselbe hatte man von früher lebenden Gestalten der jüdischen Geschichte geglaubt, ohne daß dies einen Glauben an ihre Göttlichkeit einschloß.

So entstand eine neue jüdische Sekte, bekannt als die Nazaräer, unter der Führung eines Bruders Jesu, Jakobus, die auf dem Glauben an das weiterbestehende Messiasamt Jesu gründete. Die Pharisäer betrachteten diese Sekte nicht als ketzerisch. Tatsächlich betrachtete man die Nazaräer bis etwa 90 chr. Ztr. als Gruppe *innerhalb* der Pharisäerpartei. Die Nazaräer selbst jedoch betrachteten die Sekte der *Heiden*christen, die unter Paulus' Einfluß begannen, Jesus als göttliche Gestalt zu verehren, als ketzerisch.

Kapitel 16

Die Entstehung der Evangelien

1. Jüdische Geschichte nach dem Tod Jesu

JESUS STARB etwa 30 chr. Ztr.[1], und Pontius Pilatus blieb noch Prokurator bis 36 chr. Ztr., als er vom Legaten von Syrien, Vitellius, wegen eines brutalen und sinnlosen Massakers an Samaritanern abgesetzt wurde. Die darauf folgende Geschichte der römischen Herrschaft in Judäa bis zum Ausbruch des Jüdischen Krieges 66 chr. Ztr. ist eine einzige Liste solcher Unterdrückung und Mißregierung von einer Reihe von Prokuratoren, so daß Historiker sich gefragt haben, warum Rom nicht öfter eingriff, um diese Prokuratoren zur Ordnung zu rufen.

Es gab jedoch starke Kräfte im Römischen Reich, die nicht wünschten, daß es den Juden zu gut ginge. Es ist kaum anzunehmen, daß das herausfordernde Verhalten der einander ablösenden Prokuratoren ohne Ermunterung aus Rom geschah – vielleicht nicht durch die Kaiser, aber durch die mächtigen Beamten, die zurückhaltenden griechischen Freigelassenen, die hinter den Kulissen starken Einfluß ausübten. Die Prokuratoren in Judäa verdankten ihr Amt oft diesen Freigelassenen. Pontius Pilatus zum Beispiel war ein Geschöpf von Sejanus, der stark antisemitisch eingestellt war. Felix, einer der schlimmsten unter den Prokuratoren, war der Bruder von Pallas, eines griechischen Freigelassenen, der das Reich faktisch regierte, als Claudius altersschwach geworden war.

Die Rivalität zwischen Griechen und Juden im Römischen Reich war heftig. Die Griechen hatten gewissermaßen das Reich übernommen, indem sie kulturell den Ton angaben und seinen Staatsdienst besetzten. Die Juden waren die einzige Bedrohung der griechischen kulturellen Vorherrschaft. Das Judentum war zu dieser Zeit ein missionarischer Glaube. Alexandrinische Juden trieben begeisterte Propaganda für das Judentum in griechischer Sprache, und auch die Pharisäer, besonders die

[1] Aus verschiedenen Gründen werden die Jahre 29, 30 oder 33 für die wahrscheinlichsten für die Gefangennahme und den Tod Jesu gehalten. Wenn die Beweisführung dieses Buches richtig ist, ist 33 am wahrscheinlichsten, denn das war ein Siebtes Jahr. Wenn Jesus tatsächlich sechs Monate nach seiner Gefangennahme im Gefängnis festgehalten wurde, wie auf p. 101 *sq.* u. 128 gefolgert wird, dann wurde er im Frühjahr 34 hingerichtet. (Daß 33 ein Siebtes Jahr war, kann nach Josephus' Feststellung in den ›Jüdischen Altertümern‹ [ant. XIV 16,2], daß 37 v. d. chr. Ztr. ein Siebtes Jahr war, errechnet werden.)

Hilleliten, waren eifrige Bekehrer. Die Griechen waren von dem Fortschritt, den das Judentum machte, zutiefst beunruhigt, und in der griechischen Sprache entstand eine antisemitische Literatur, die versuchte, der Neigung zur jüdischen Bekehrung entgegenzuwirken. In allen hellenistischen Städten, auch in solchen, die wie Caesarea in Palästina lagen, wurden von den griechischen Einwohnern häufig antijüdische Pogrome angezettelt. Die Beunruhigung der Griechen (die bei römischen Philhellenen wie Cicero und Seneca nachhallte [Cic. Flacc. 69; Sen. ep. 95,47]) war nicht ganz grundlos. Die Juden machten bereits zehn Prozent der Bevölkerung des Reiches aus und nahmen durch ihre natürliche Fruchtbarkeit und durch Bekehrung schnell zu. Es bestand tatsächlich die Möglichkeit, daß das Reich schließlich jüdisch würde. Die Griechen kämpften verbissen um ihre kulturelle Vorherrschaft, und es könnte sehr gut zu ihren Methoden gehört haben, zu bewußter Mißregierung in Judäa zu ermuntern, in der Hoffnung, damit einen Krieg heraufzubeschwören, in dem die Juden ihr Heimatland, den Mittelpunkt ihrer Religion, verlieren würden.

Was auch immer der Grund sein mochte – die Mißregierung der Prokuratoren war erschreckend. Ihre Politik schien darauf zu zielen, Chaos zu erzeugen, besonders im Fall der zwei letzten und schlimmsten, Albinus und Florus. Sie nahmen Bestechungsgelder von jedem an, auch von Verbrechern. Albinus öffnete am Ende seiner Amtszeit die Gefängnisse, um »das Land mit Räubern zu füllen«. Florus raubte wahllos und plünderte ganze Städte, und er schien mit seinem Treiben Anarchie erzeugen zu wollen. Seine letzte Provokation war, den Tempel um siebzehn Talente zu berauben; und als die Menschen dagegen demonstrierten, schickte er seine Soldaten und ließ sie niedermetzeln und ihre Häuser plündern. Außerdem wurden Menschen aus dem Volk Jerusalems wahllos herausgegriffen und gekreuzigt, einschließlich einiger, die in den römischen Ritterstand aufgenommen worden waren. Diese letzte Handlung zeigt eine Geringschätzung römischer Verhaltensregeln, die nur mit der Annahme erklärt werden kann, daß Florus geheime Befehle aus Rom hatte, den Aufstand zu schüren.

Nachdem es ihm gelungen war, einen offenen Aufstand der Juden zu verursachen, ersuchte Florus den Legaten von Syrien, Cestius Gallus, seine Legionen heranzuführen und die Rebellen zu vernichten. Die Nachricht von dem jüdischen Aufstand war das Signal für griechische Städte im ganzen östlichen Teil des Reiches, ihre jüdischen Einwohner umzubringen. In Caesarea, der hellenistischen Stadt an der palästinensischen Küste, die das Hauptquartier von Florus' Truppen war, wurden innerhalb einer Stunde 20000 Juden niedergemetzelt, und die Überlebenden wurden in die Sklaverei weggeführt. Überall in Syrien fanden Massaker an Juden statt, und in Alexandria wurden 50000 Juden von römischen Soldaten und griechischen Einwohnern getötet. Die Juden rächten sich, indem sie die hellenistischen Städte und Orte rings um Palästina angriffen. Der Krieg war ein Aufstand gegen die Macht Roms; aber auf einer ideologischen Ebene war er ein Kulturkampf zwischen der hellenistischen und der jüdischen Kultur.

Das erste wichtige Ereignis des Krieges war ein verblüffender Erfolg der Juden. Cestius Gallus, der Legat von Syrien, rückte mit einer gewaltigen Armee von 30000 Mann in Palästina ein, um die Aufständischen zu bestrafen. Er erzwang den Weg durch Galiläa und Samaria und zog, nach stärkerem Widerstand in Judäa, in Jerusalem ein. Es sah so aus, als wäre der Krieg nach nur drei Monaten vorbei. An diesem Punkt brach Gallus aus Gründen, die nie klar geworden sind, die Feindseligkeiten ab und trat den Rückzug an. Auf seinem Rückweg durch Judäa wurde er von den Zeloten aus dem Hinterhalt überfallen, und seine riesige Armee wurde in die Flucht geschlagen. Indem er die Nachhut opferte, konnte Cestius Gallus mit der Hauptmasse seines Heeres entkommen, aber er verlor 6000 Soldaten und große Mengen Kriegsmaterial. Der Ort dieses großen zelotischen Sieges war Beth-Horon, derselbe Bergpaß, an dem Judas Makkabäus 165 v.d.chr.Ztr. über die seleukidischen Griechen triumphiert hatte.

Dieser große Sieg war in seiner Art wunderbar, und er überzeugte das ganze Volk davon, daß die Zeloten im Recht waren und die Zeit für Gottes Erlösung gekommen sei. Sie wurden unvermeidlich an den unerklärlichen Rückzug Sanheribs vor den Toren Jerusalems erinnert, bei einem Ereignis, das in der Geschichte der Juden entscheidend als Bestätigung ihrer Rolle als Volk Gottes ist. Von nun an waren sich alle Parteien einig, den Krieg fortzusetzen, sogar die Sadduzäer.

In den nächsten sieben Jahren (66–73 chr.Ztr.) ging der Kampf weiter. Außerhalb Palästinas wurde die römische Welt von eigenen Krisen erschüttert; dem erzwungenen Selbstmord Kaiser Neros folgte das »Vierkaiserjahr« (68 chr.Ztr.), ein Gerangel um die Nachfolge, bei dem drei Kaiser, Galba, Otho und Vitellius, eines gewaltsamen Todes starben, ehe schließlich unter Vespasian eine stabile Regierung zustandekam. Doch während all dieser Umwälzungen wußte die römische Welt sehr wohl, daß sich die Juden im Aufstand befanden. Sie wurden tatsächlich zum Symbol der Auflösung, die das Reich bedrohte, eine allgemeine Gefahr, die von den Römern so betrachtet wurde wie der internationale Kommunismus von John Foster Dulles und der »China-Lobby« in der McCarthy-Ära. Die Juden waren überall; ihre Gemeinden gab es in jeder Stadt des Reiches. Seneca hatte geschrieben: »Die Bräuche dieses äußerst bösen Volkes haben eine solche Kraft gewonnen, daß sie jetzt in allen Ländern angenommen worden sind.« (Seneca war in der Anfangszeit Neros, als der Prokurator Felix Judäa mit gekreuzigten Leichen füllte, für die römische Politik verantwortlich.) Und jetzt hatten diese Juden in Palästina offen die Waffen gegen Rom erhoben.

Nach dem ersten großen Zelotensieg bei Beth-Horon ließen die Zeloten die Kriegführung wieder in die Hände der hasmonäischen Aristokraten gleiten, die traditionellen Führer im Krieg, die aber durch die Jahre der Kollaboration degeneriert waren. Einer dieser Aristokraten war Josephus, der Historiker des Krieges, der den besonders verantwortungsvollen Oberbefehl in Galiläa erhielt. Er vergeudete

viel Energie durch seine Streitereien mit dem galiläischen Zelotenführer Johannes von Gischala, versäumte es, die Verteidigung Galiläas ernstlich aufzubauen, und ging dann zu den Römern über.

Die Zeloten in Jerusalem bemerkten schließlich die Halbherzigkeit der Aristokraten und übernahmen die Leitung des Krieges selbst. Allerdings war schon in der Anfangszeit des Krieges auch unter den Zeloten Streit ausgebrochen. Menahem, der Sohn Judas' von Galiläa, wurde von einer antimonarchischen Zelotengruppe ermordet, als er das Messiasamt beanspruchte. Durch den Tod Menahems wurden seine Anhänger, die an ihn als den gottgesandten Messias geglaubt hatten, entmutigt und zogen sich in die Wüstenfestung Masada zurück. Diese Gruppe von Zeloten, die gestrenge Partei des ersten Zelotenführers, spielte kaum eine Rolle bei der Verteidigung Jerusalems, obgleich sie das Finale der ganzen Tragödie inszenierte. In Jerusalem traten zwei Zelotenparteien auf, die Anhänger von Johannes von Gischala, der nach der Katastrophe von Galiläa nach Jerusalem entkommen war, und die Anhänger von Simon bar Giora, des radikalsten der Zeloten, der alle Sklaven freiließ und alle Schulden löschte. Er wurde von den Römern für eine Bedrohung der gesamten herrschenden Gesellschaftsordnung gehalten – ein zweiter Spartakus. Die zwei Parteien stritten untereinander, während Vespasian und sein Sohn Titus das Netz immer enger um Jerusalem zogen. Johanan ben Zakkai, der Führer der gemäßigten Pharisäer, gelangte zu der Überzeugung, daß Jerusalem verloren sei, und entkam trotz der Wachsamkeit der Zeloten aus der Stadt, indem er sich in einem Sarg hinaustragen ließ. Vespasian gab seiner Bitte statt, in Jamnia eine Akademie ins Leben zu rufen; und von dieser Akademie aus überlebte das Judentum.

Vespasian gelangte zu kaiserlichen Ehren, und die Belagerung Jerusalems blieb seinem Sohn Titus überlassen. Die Verteidiger waren sich endlich einig und kämpften erbittert. Titus umgab die ganze Stadt mit einem riesigen Erdwall, und die Stadt war, auf diese Art von außen abgeschnitten, dem Hunger preisgegeben. Der Verräter Josephus erschien mit einem Friedensangebot von Titus vor den Mauern, wurde aber mit Steinen und Verwünschungen begrüßt. Die Zeloten hatten alle gelobt, bis zum Tod zu kämpfen, aber viele Menschen in der Stadt (die von Festpilgern überfüllt war, die nun durch die Belagerung in der Falle saßen) wünschten zu entkommen. Wenn es ihnen gelang, sich hinauszustehlen, wurden sie von den Römern aufgegriffen und in voller Sicht von den Stadtmauern gekreuzigt. Die ganze Ebene um die Stadt war voll von Kreuzen, an denen die Opfer sich in Todesqualen krümmten und schrien oder reglos hingen, weil sie zu erschöpft oder bereits tot waren. So viele Kreuze wurden gemacht, daß die Umgebung von Bäumen entblößt wurde. Als die Zeloten von den Stadtmauern aus dies sahen, wurde ihre Entschlossenheit noch fester. Für sie war das Kreuz das Symbol des römischen Imperialismus, die schmutzige Folter, mit der die Römer durch die ganze Besatzungszeit das Heilige Land besudelt hatten.

Unter den römischen Soldaten kam die fixe Idee auf, die Bäuche von Geflohenen aufzuschlitzen und dort Gold zu suchen, das sie möglicherweise verschluckt hatten, um es hinauszuschmuggeln. Nachdem 2000 auf diese Art gestorben waren, machte Titus diesem Treiben ein Ende, weil er es für unzivilisiert hielt. Die Kreuzigungen gingen jedoch weiter.

Drinnen in Jerusalem lagen die Straßen voller unbestatteter Leichen, Opfern der Hungersnot. Schließlich brachen die Römer mit ihren mächtigen Belagerungswaffen die Mauern auf und strömten in die Stadt. Nach einem verzweifelten Straßenkampf war Jerusalem eingenommen. Der große Tempel, das Weltwunder, wurde angezündet. Während er brannte, betrat Titus das Allerheiligste, und die römischen Soldaten vollzogen götzendienerische Opfer im Heiligtum. Nichts wurde ausgelassen, um den Juden vor Augen zu führen, daß ihr Gott gründlich geschlagen und gedemütigt worden war. Dennoch zerstörte dies alles nicht den Glauben der Juden, die wußten, daß der Tempel schon einmal dem Erdboden gleichgemacht worden war und das Judentum überlebt hatte. Sie wußten, daß ihr Gott, der Schöpfer von Himmel und Erde, nicht von irgendeiner menschlichen Behausung abhing und daß die Macht Roms vorübergehen würde wie die anderer grausamer Eroberer. Josephus versucht, Titus gegen die Anklage, den Tempel angezündet zu haben, zu verteidigen, aber eine andere Quelle (Sulpicius Severus, der seinen Bericht vermutlich auf ein verlorenes Werk von Tacitus stützt) sagt, daß Titus den Entschluß faßte, um Judentum und Christentum auszurotten.

Nun folgte ein wahlloses Gemetzel in Jerusalem. Die Römer, vermutlich im Sieg die grausamsten Soldaten, die die Welt gesehen hat, gaben sich einer Orgie des Tötens hin und machten keinen Unterschied zwischen Männern, Frauen und Kindern. Die Gesamtzahl der Todesopfer in Jerusalem während der Belagerung, der Hungersnot und dem letzten Gemetzel betrug mehr als eine Million. Die Belagerung hatte fünf Monate gedauert und der Krieg vier Jahre, obgleich sich noch Widerstandsnester im Land hielten.

Nach dem Gemetzel kamen Versklavung und natürlich Kreuzigungen. Alle Überlebenden von Jerusalem wurden in einem Gefangenenlager gesammelt, wo 17000 an Hunger und Vernachlässigung starben. Die Römer kämmten die Reihen der Überlebenden nach Zeloten durch, die gekreuzigt wurden bis auf jene, die für den Triumphzug in Rom aufgespart wurden. Frauen und Jugendliche unter 16 Jahren wurden als Sklaven versteigert. Andere jüdische Gefangene starben bei den Tierkämpfen, die Titus zur Unterhaltung des Volkes auf seinem Triumphzug durch die Städte Syriens veranstaltete.

Ein großer Triumph wurde 71 chr. Ztr. in Rom veranstaltet, um den Sieg über die Juden zu feiern. Trophäen aus dem Tempel, darunter die heilige goldene Menora, der siebenarmige Leuchter, wurden im Umzug getragen und Szenen aus dem Krieg dargestellt. Auf dem Höhepunkt der Feiern wurde Simon bar

Giora, der radikale Zelotenführer, erdrosselt und die Nachricht seines Todes nach traditioneller Art Vespasian und Titus, die auf der Estrade saßen, überbracht. Ein großes Triumphgeschrei erfüllte ganz Rom. Der Tod des Simon bar Giora, des Befreiers der Sklaven, im Herzen Roms ist eine Szene von symbolischer Kraft. Er steht für das Wesentliche des Judentums; und sein Name »Bar Giora« bedeutet »Sohn des Neubekehrten«. Er personifiziert eine universelle Ideologie, die der Tyrannei und ihrem Gefährten, der Abgötterei, ein unversöhnlicher Feind ist.

Im Rest Judäas ging der Widerstand in den Wüstenfestungen immer noch weiter. Schließlich starben in Masada die letzten Zeloten, angeführt von Eleasar, einem Nachkommen des Judas von Galiläa, nach heldenhaftem Widerstand von eigener Hand. Einige Zelotengruppen, die aus Jerusalem entkommen waren, gingen nach Ägypten und versuchten, den Widerstand gegen Rom selbst dort noch fortzusetzen. Sie wurden gefangengenommen, und die Römer probierten alle möglichen Folterungsmethoden einschließlich der Anwendung von Feuer durch, um sie dazu zu bringen, »Cäsar als ihren Herrn anzuerkennen«. Keiner stieß unter den schrecklichsten Foltern die verlangte Formel aus; und auch als die Römer ihre Zuflucht dazu nahmen, die Kinder der Zeloten auf dieselbe Art zu foltern, konnten sie keinen von ihnen dazu bringen, sich zu unterwerfen.

Es ist leicht zu verstehen, wie unangenehm die Lage der Juden in allen griechisch-römischen Städten in den Jahren des jüdischen Aufstands wurde, besonders in Rom selbst. Und in Rom war es, wo gegen Ende des Jüdischen Krieges, möglicherweise unmittelbar danach das Markusevangelium, das erste der kanonischen Evangelien, geschrieben wurde,[2] das Evangelium, in dem die Richtlinien der Politik gegenüber den Juden von der heidenchristlichen Kirche festgelegt wurden, eine Politik der Verdammung der Juden als verfluchtes Volk.

2. Die christliche Kirche nach dem Tod Jesu

Welchen Weg hatte die christliche Kirche seit dem Tod Jesu genommen? Das Buch des Neuen Testaments, das behauptet, ihre Geschichte darzustellen, ist die Apostelgeschichte; aber dies ist eine heidenchristliche Schrift, die um 100 chr. Ztr. von Lukas geschrieben wurde und die Ereignisse dieser Jahre in heidenchristlicher Sicht darstellt. Wenn wir zwischen den Zeilen der Apostelgeschichte

[2] Inzwischen zeigen Papyrusfunde, daß das Markusevangelium etwa bei Ausbruch des Jüdischen Krieges geschrieben worden sein muß. Wahrscheinlich ist das Matthäusevangelium eine Reaktion auf die Zerstörung Jerusalems, welche die lästigen »ebionitischen« Kritiker der Christen entscheidend schwächte, denn es ändert Jesu Ankündigung der Tempelzerstörung (s.o.) in die Prophezeiung der Zerstörung Jerusalems um, diesmal ohne Wiederaufbau in Sicht, d.h. es nützt die für die Christen günstige Situation aus. Siehe Hoevels 2008/2009, p. 36–38 und Maccoby 2013, *cap.* 4 (Anm. d. Hg.).

lesen, die aus dem Studium der Evangelien gezogenen Schlüsse weiterverfolgen und ergänzende Quellen wie Josephus, den Talmud und frühe christliche Historiker heranziehen, können wir die wirkliche Geschichte der frühen Kirche rekonstruieren.

»Die ersten fünfzehn Bischöfe von Jerusalem waren alle beschnittene Juden; und die Gemeinde, der sie vorstanden, vereinte das Gesetz Mosis mit der Lehre Christi.« Dieser Satz von Gibbon (2003, *cap.* 15) faßte die wichtigste Tatsache über die frühe Kirche zusammen; allerdings macht Gibbon nicht deutlich, daß »die Lehre Christi«, an die sich die frühesten Christen hielten, von der im späteren Christentum geläufigen sehr verschieden war. Die frühesten Anhänger Jesu wurden nicht einmal »Christen« genannt (das war ein Name, der später von Paulus' Anhängern in Antiochia angenommen wurde); man nannte sie »Nazaräer«. Sie glaubten, Jesus sei der »Christus« im jüdischen Sinn des Begriffes, d.h. der »Gesalbte«, der rechtmäßige König Israels, der eines Tages wiederkehren werde, um die Juden von fremder Unterdrückung zu befreien und ein Zeitalter des Friedens für die Welt einzuleiten. Sie *glaubten nicht*, daß Jesus ein göttliches Wesen sei, auch nicht, daß er es nach seinem Tod geworden sei. Sie *glaubten* vielmehr, daß Jesus noch lebe, daß er durch ein besonderes Wunder nach seiner Kreuzigung von Gott wieder zum Leben erweckt worden sei und bald erscheinen werde, um seine Sendung der »Erlösung« (d.h. Befreiung) zu vollenden. Aber die Auferstehung Jesu bedeutete nicht, daß er göttlich war; sie bedeutete nur, daß Jesus sich in die auserwählte Schar von Menschen, darunter Henoch, Elia, und in späterer Sage König Artus, Karl der Große, Friedrich Barbarossa und andere, eingereiht hatte, deren beschützende Rolle sie in den Augen ihrer ergebenen Anhänger über den Tod erhaben machte. Die ständig wiederholte Behauptung, daß Auferstehung und Göttlichkeit untrennbar verbunden seien, würde aus allen oben genannten Helden göttliche Wesen machen, von den bescheideneren Objekten von Auferstehungsgeschichten wie Lazarus und dem Sohn der Witwe, den Elia auferweckte, ganz zu schweigen. Die Pharisäer glaubten, daß *alle* würdigen Menschen, seien sie Juden oder Nichtjuden, eines Tages von den Toten auferstehen würden. Der Glaube der Nazaräer war einfach, daß die Auferstehung Jesu früher als die anderer stattgefunden hatte.

Die Nazaräer wurden deshalb von den jüdischen religiösen Autoritäten, den Pharisäern, nicht als Ketzer betrachtet. Tatsächlich wurden die Nazaräer als eine Gruppe *innerhalb* der Pharisäer angesehen und als eine ganz besonders fromme Gruppe obendrein. Der erste Führer der Nazaräer, Jakobus der Gerechte, der Bruder Jesu, war berühmt für seine Anhänglichkeit an den Tempel, die peinlich genaue Beachtung auch der kleinsten Umstände des jüdischen Gesetzes und die Ablegung der rechabitischen und nasaritischen[3] Gelübde, die nur von den gläubigsten Phari-

[3] *nasir* ist ein jüdischer Asket auf Zeit; er darf sich während dieser Zeit weder die Haare schneiden

säern abgelegt wurden.[4] Die Nazaräer hielten den Sabbat, die Speisevorschriften, die Gesetze der Reinheit und die Gesetze des Zehnten ein und waren hierbei davon überzeugt, daß sie den Anweisungen und dem Beispiel Jesu folgten.

Die Nazaräer wurden nicht nur als eine Spielart des Pharisäismus, sondern auch als eine Spielart des Zelotismus betrachtet. Von Jesus war bekannt, daß er ein Rebell gegen Rom gewesen war. Seine Anhänger wurden deshalb von den sadduzäischen und herodianischen Kollaborateuren als potentielle Unruhestifter angesehen. Die Nazaräer wurden von Zeit zu Zeit von den landesverräterischen Behörden, besonders dem Hohenpriester, verfolgt, und bei diesen Gelegenheiten suchten sie bei den Pharisäern Hilfe und Schutz. Als der Nazaräer Petrus von den Sadduzäern verhaftet wurde, rettete ihn der Pharisäerführer Gamaliel vor dem Tod.[5] Als Jakobus selbst, der Führer der Nazaräer, gesetzwidrig von einem Hohenpriester hingerichtet wurde, protestierten die Pharisäer nachdrücklich und erreichten, daß der Hohepriester seines Amtes enthoben wurde (62 chr. Ztr.).[6]

Die in der Apostelgeschichte erhobenen Anklagen, daß die Pharisäer die Nazaräer verfolgten, sind genauso unwahr wie die ähnlichen Anklagen, die in den Evangelien in Zusammenhang mit Jesus selbst erhoben werden. Die Pharisäer hatten keinen Grund, die Nazaräer zu verfolgen. Sie lehrten kein Dogma, das dem pharisäischen Judentum widersprach. Es war nicht ketzerisch oder gotteslästerlich, wenn man glaubte, der Messias sei in der Person Jesu gekommen, sei dann von Gott ins Leben zurückgeholt worden und werde bald wiederkehren. Die Mehrheit der Pharisäer glaubte dies nicht, aber schließlich waren bei ihnen viele verschiedene messianische Vorstellungen verbreitet. Die Nazaräer besuchten dieselben Synagogen wie die anderen Pharisäer, waren mit ihnen in der Verehrung des Tempels verbunden und nahmen mit ihnen ohne Unterschied an allen Riten des Judentums teil. Dies ging nach dem Tod Jesu sechzig Jahre lang so weiter, bis es schließlich als Folge von Ereignissen, die noch zu beschreiben sind, zu einem Bruch zwischen den Nazaräern und den anderen Pharisäern kam.

Die Nazaräer beteiligten sich auch an der missionarischen Tätigkeit, mit der sich die Pharisäer in dieser Zeit befaßten, und in der Tat waren die Nazaräer eine

---

noch Wein trinken. Vielleicht kommt der Name der Nazaräer (hebr. notzerim [נוֹצרים]) und folglich auch der angebliche Ortsname Nazareth aus dieser Quelle (Anm. d. Hg.).

4 Hegesippus, erhalten bei Eus. hist. eccl. II 23,11–18.

5 Apg. 5,37. Gamaliel vergleicht den Fall der Nazaräer mit dem Judas' von Galiläa und Theudas', den beiden Rebellenführern. Der ganze Abschnitt ergibt nur auf der Grundlage, daß die Nazaräer als Bedrohung der römischen Macht angesehen wurden, einen Sinn.

6 Jos. ant. XX 9,1. Die Pharisäer werden nicht ausdrücklich genannt, aber »jene, die die Unparteiischen der Bürger schienen und diejenigen, die am besorgtesten über den Bruch der Gesetze waren« können nur die Pharisäer sein, besonders wenn sie in Widerspruch zu einem Hohenpriester handeln, der von Josephus ausdrücklich als Sadduzäer beschrieben wird.

der erfolgreichsten missionarischen Gruppen unter den Pharisäern. Sie gewannen viele Anhänger in der Pharisäerpartei selbst, besonders bei den unteren Rängen der Priesterschaft, die sich gegen die landesverräterische Politik der Clique des Hohenpriesters stellten (Apg. 4,7). Im weiteren Feld missionarischer Tätigkeit unter den Nichtjuden waren die Nazaräer ausgesprochen erfolgreich. Nazaräische Gruppen wurden in vielen Städten des Reiches gegründet, auch in Rom selbst. Die Lehre von der »frohen Botschaft«, daß der Messias gekommen sei und bald wiederkehren werde, wirkte auf viele anziehend, die dem gewöhnlichen Pharisäismus vielleicht unzugänglich geblieben wären. Man sollte sich jedoch daran erinnern, daß die gesamte pharisäische Bewegung, nicht nur die Nazaräer, sich in einer Phase schneller Ausbreitung und eifriger Bekehrertätigkeit befand. Das Königreich Adiabene in Mesopotamien wurde etwa zehn Jahre nach dem Tod Jesu zum pharisäischen Judentum bekehrt. Römische Schriftsteller bezeugen bestürzt die Ausbreitung des Judentums im Römischen Reich.

Wie die anderen Pharisäer erkannten die Nazaräer zwei Stufen der Bekehrung zum Judentum an: volle Bekehrung, die die Beschneidung, die Billigung des jüdischen Gesetzes als Ganzes und die Annahme der jüdischen Nationalität einschloß, und eine Art von teilweiser Bekehrung (jene der »Gottesfürchtigen« oder »Proselyten des Tores«), die viel weniger streng in ihren Bedingungen war und zu der weder Beschneidung noch Übertragung der Nationalität gehörte. Man erwartete, daß in den kommenden Tagen des Messias nur eine Minderheit der Weltbevölkerung die volle Bekehrung vollzöge, während die Mehrheit »Gottesfürchtige« werden würde, die nur die »sieben Gesetze der Söhne Noahs« anerkennen und die Juden als ein »Priestervolk« verehren würde. In den nazaräischen Gruppen von Übergetretenen gab es beide Arten von Bekehrten, und es muß noch einmal betont werden, daß dies die charakteristische Art der pharisäischen Mission war, von der die Nazaräer in nichts abwichen. Von jenen nazaräischen Bekehrten, die die volle Bekehrung annahmen, erwartete man, daß sie das ganze jüdische Gesetz befolgten, wie es die Nazaräer selbst taten.

Wir kommen jetzt zum Wendepunkt in der Geschichte der Bewegung Jesu, dem Auftreten von Paulus, der das Nazaräertum zum Christentum verwandelte. Paulus (ursprünglich Saulus) begann als Gegner der Nazaräer, die er als Agent des sadduzäischen Hohenpriesters verfolgte.[7] Ungefähr 36 chr. Ztr. bekehrte er sich jedoch nach einer persönlichen Offenbarung zum Nazaräertum. Bald begann er, eine neue Sicht des Lebenswerks Jesu vorzulegen, die sowohl mit dem Nazaräertum als auch mit dem Pharisäismus völlig unvereinbar war. Paulus' Ansichten finden sich in seinen Briefen, die ungefähr 50–55 chr. Ztr. geschrieben wurden. Diese Briefe, von

---

[7] Apg. 9,1. Entgegen seiner Selbstdarstellung war Paulus niemals Pharisäer. Siehe dazu ausführlich Maccoby 2013, *cap.* 6 u. 7.

denen die meisten tatsächlich von Paulus' Hand stammen, sind die ältesten Dokumente des Neuen Testaments. Sie verleihen Jesus einen göttlichen Status, erklären das jüdische Gesetz für aufgehoben und deuten den Tod Jesu im Sinn der gnostischen Soteriologie (»Erlösungs«-Lehre). Die *ganze* heidenchristliche Lehre ist in ihnen noch nicht voll entwickelt (zum Beispiel sagt Paulus nichts über die Dreieinigkeit oder die Jungfrauengeburt), aber die theologische Grundlage für spätere Lehrmeinungen – Dualismus, Antinomismus (= Gesetzes- bzw. Thora-Ablehnung), Prädestination, Absolutionismus, »Erbsünde« – ist schon bewußt vorhanden. Paulus, ein Mystiker der gnostischen Richtung, kannte Jesus nicht persönlich, aber er behauptete, aufgrund besonderer Offenbarung zu wissen, was Jesus »eigentlich« meinte. Die auf uns gekommenen Evangelien sind paulinistische Dokumente, d.h. Neudeutungen des Lebens und Todes Jesu im Licht der Theorien des Paulus, obgleich die drei synoptischen Evangelien versuchen, diese Neudeutung eher durch die Angleichung bestehender nazaräischer Texte oder Überlieferungen als durch völliges Neuschreiben zu besorgen. Das einzige Dokument des Neuen Testaments, das anscheinend von den Nazaräern mit nur geringfügigen paulinistischen Korrekturen erhalten ist, ist der Jakobusbrief, angeblich und vielleicht wirklich das Werk des Führers der Nazaräer, des eigenen Bruders Jesu.[8]

Paulus war ein Missionar von großer Begabung, und seine neue Version der Jesusbotschaft kam schnell voran, besonders bei den »Proselyten des Tores« oder Übergetretenen zweiter Klasse, die bereits von den Nazaräern vom Heidentum bekehrt waren. Paulus' Aufhebung des jüdischen Gesetzes beseitigte die Unterscheidung zwischen Bekehrten erster und zweiter Klasse und machte solche belastenden Bedingungen wie die Beschneidung unnötig. Die Nazaräer von Jerusalem jedoch, die vom Bruder Jesu, Jakobus, geführt wurden, waren entsetzt über Paulus' Tätigkeit, in der sie eine Hingabe an Heidentum und Götzendienst sahen. Eine tiefe Spaltung zwischen den Judenchristen (oder Nazaräern) und den Heidenchristen (oder Paulinisten) fand statt (um 60 chr. Ztr.).[9] Der Begriff »heidenchristliche Kirche«

---

8 Dieser Brief nennt die Gemeinde eine »Synagoge«, anstatt den heidenchristlichen Begriff »ecclesia« zu gebrauchen. Er bekämpft heftig die Paulinische Lehre von der Rechtfertigung durch den Glauben, indem er sagt: »Glaube ohne Werke ist tot.« Er greift die Laster der Reichen an und schließt sich so der radikalen, gegen die Reichen gerichteten Politik der Zeloten an. Er ist rein monotheistisch und enthält keine paulinische Christologie und keinen Gnostizismus. Luther wollte diesen Brief aus dogmatischen Gründen vom Kanon ausschließen (»stroherne Epistel«).

9 Eines der Ziele der Apostelgeschichte ist es, den Konflikt zwischen Paulus und den Nazaräern Jerusalems zu verkleinern. Wir sehen jedoch aus dem Galaterbrief (2,11-13), daß Paulus mit den Ältesten der Jerusalemer Kirche ernsthaft stritt. Die Apg. 15 bringt eine idealisierte Version dieses Konflikts und behauptet, daß er zugunsten Paulus' entschieden wurde und daß Paulus' Mission bei den Heiden den Segen der Ältesten in Jerusalem erhielt. Daß es nicht so war, geht aus der Feindseligkeit der Ebioniten (Nazaräer) gegenüber Paulus und aus der stark verhüllten Version des endgültigen Bruches zwischen Paulus und Jakobus in Apg. 16 hervor. (Der Punkt wird im ›Mythenschmied‹ ausführlich diskutiert, Anm. d. Hg.)

ist in diesem Buch für die paulinistische Gemeinde verwendet worden, die jetzt in Rivalität zu der »judenchristlichen Kirche« entstand, obgleich man nicht vergessen sollte, daß Paulus auch Juden bekehrte, daß viele seiner Anhänger vorher zu irgendeiner Form von Judentum bekehrt worden waren und daß die Nazaräer sich zu keiner Zeit »Christen« nannten. Die große Masse von Paulus' Anhängern hatte sicher eine »heidnische«, d.h. hellenistische Herkunft, die es ihnen erleichterte, auf die gnostischen Aspekte seiner Lehre anzusprechen.

So war nur dreißig Jahre nach dem Tod Jesu ein großer Streit unter seinen Anhängern entstanden. Es kann nicht angezweifelt werden, daß die Nazaräer den rechtmäßigen Anspruch geltend machen konnten, die echten Überlieferer der persönlichen Lehre Jesu zu sein; sie waren die Augenzeugen der Taten Jesu, seine Gefährten und Verwandten. Paulus dagegen, der seine Vorstellungen von Jesus aus Visionen gewann, war tatsächlich der Schöpfer seiner eigenen Lehren, der Begründer des Christentums als einer historischen Erscheinung und einer vom Judentum unterschiedenen Religion, die zuvor nicht existiert hatte.

Der Kampf zwischen den Nazaräern und Paulinisten dauerte die nächsten zehn Jahre an, wobei die Nazaräer sich behaupteten und vielleicht sogar die Oberhand gewannen. Die Nazaräer schickten von ihrem Stützpunkt in Jerusalem Missionare in alle Zentren des Paulinismus, um die neuen Lehren Paulus' zu bekämpfen und seine Bekehrten wieder für das nazaräische Judentum zu gewinnen.

Das Ereignis jedoch, das die Nazaräer verhängnisvoll schwächte und die Paulinisten siegen ließ, war die Belagerung und Einnahme Jerusalems durch die Römer 70 chr. Ztr. Die Nazaräer nahmen als loyale Juden an der Verteidigung der Stadt teil, und bei dem folgenden Massaker starben die meisten von ihnen.[10] Einige wenige überlebten und existierten geschwächt weiter, aber sie waren nicht in der Lage, die missionarische Tätigkeit wieder aufzunehmen oder außerhalb Palästinas Einfluß auszuüben. Der Paulinismus gedieh ungehindert, und die heidenchristliche Kirche wurde die Hauptform des Christentums. Die Reste der Nazaräer, jetzt manchmal als Ebioniten bezeichnet, wurden von der großen Masse der Christen als Ketzer betrachtet. Zu ihrem Unglück kam noch, daß sie jetzt zum erstenmal mit ihren jüdischen Mitbürgern, den Pharisäern, in Konflikt gerieten, die die Entwicklung eines antisemitischen Christentums als Beweis dafür ansahen, daß Jesus nicht der Messias gewesen sein konnte, und die Nazaräer ersuchten, den besonderen Messiasglauben, der sie von den anderen Juden unterschied, aufzugeben. Um 90 chr. Ztr.

[10] Die Geschichte, daß die Judenchristen mitten in der Belagerung geschlossen von Jerusalem nach Pella aufbrachen, ist von Brandon (1968a, p. 208*sqq.*) überzeugend widerlegt und als spätere Legende erklärt worden, dazu bestimmt, für die Kontinuität der Jerusalemer (heidenchristlichen) Kirche zu sorgen, die sich nach der Katastrophe unter Hadrian 135 chr. Ztr. in den Ruinen der Stadt, nun Aelia Capitolina genannt, niederließ.

wurden die Nazaräer schließlich aus der jüdischen Synagoge ausgeschlossen und galten fortan im Judentum wie im Christentum als Ketzer. Die Nazaräer bestanden bis um 400 chr. Ztr. weiter und erklärten bis zuletzt, Jesus sei der Messias, er werde bald zurückkehren, er sei Gottes Sohn, aber selbst nicht göttlich, das jüdische Gesetz sei von ihm niemals aufgehoben worden und Paulus sei ein Schwindler, der die Botschaft Jesu entstellt habe.[11]

3. Das Werden der Evangelien

WAS DACHTEN die Christen Roms, als der Jüdische Krieg fortdauerte und die Heiden überall voller Haß auf die Juden sahen? Was dachten sie, als sie bei Vespasians Triumph zu den frohlockenden Verwünschungen der Menge den Zug von aneinandergeketteten jüdischen Gefangenen durch die Straßen Roms ziehen sahen und als sie den wilden Freudenschrei bei der Nachricht vom Tod des Simon bar Giora hörten?

Wir können erfahren, was sie dachten, indem wir das Markusevangelium, das etwa zu dieser Zeit geschrieben wurde, und die drei anderen Evangelien lesen, die die zuerst von Markus angegebene Ausrichtung weiterführen. Hier können wir sehen, wie die Christen, ursprünglich eine integrierte jüdische Sekte, sich von den Juden in der Stunde der Niederlage absonderten und loslösten.

Die wichtigste christliche Gemeinde Roms wurde von Paulus gegründet (Apg. 28,28–30), so daß die paulinische Deutung des Todes Jesu als eines göttlichen Opfers hier bereits geläufig war. Paulus selbst hatte durch seine christologische Lehre Jesus von der Politik Judäas gelöst und ihn soweit »spiritualisiert«, daß er kein Revolutionär mehr war. Es hätte für die römische christliche Gemeinde möglich sein müssen, könnte man denken, daß sie sich ganz auf Paulus' Lehre gegründet, die Paulusbriefe zu ihrer Heiligen Schrift gemacht und die Überlieferung, die aus der Jerusalemer Kirche stammte und das Jesus als einen in einer jüdischen Umgebung lehrenden und handelnden Mann schilderte, über Bord geworfen hätte. Dies war jedoch nicht möglich, weil die Jerusalemer Kirche und ihr nazaräisches Evangelium noch zu viel Gewicht hatten, um einfach beiseite geschoben zu werden. Es war deshalb notwendig, das Evangelium *umzuschreiben* und ihm eine Tendenz zu geben, die mit der paulinischen Christologie vereinbar war. Dies bedeutete unglücklicherweise unter den damaligen Umständen, ihm eine antijüdische Tendenz zu geben. Denn das Evangelium stellte Jesus als einen Rebellen gegen Rom dar, als einen Mann, der getötet wurde, weil er dessen Autorität verachtete. Da Jesus jetzt eine »geistige« Gestalt war, die sich nicht für

[11] Siehe Anhang 8 (und vor allem *cap.* 15 des ›Mythenschmieds‹, Anm. d. Hg.).

irdische Politik interessierte, mußte es eine »geistige« Autorität gewesen sein, die er verachtete. Die Tatsache, daß er ein Jude war, der am Kreuz starb wie so viele tausend jüdische Rebellen im Jüdischen Krieg oder auch nach dem Spartakusaufstand, war eine unangenehme zeitbedingte Reminiszenz. Da die römische Kirche eine Form von Christentum entwickelt hatte, die von jüdischer Geschichte und jüdischen Hoffnungen abgetrennt war, wünschte sie nicht, in den Verruf, in den die jüdische Gemeinde gekommen war, mit einbezogen zu werden. Ihre neue Form von Christentum war unrevolutionär; es war für sie durchaus möglich, mit ihren römischen Nachbarn in Frieden zu leben, da das Reich Gottes nicht mehr auf der Erde angesiedelt war, sondern in irgendeinem himmlischen Jenseits. Paulus hatte sie ausdrücklich angewiesen, keine Revolutionäre zu sein: »Jedermann soll sich denen unterordnen, die die Regierungsmacht ausüben. Denn es gibt keine staatliche Gewalt, die nicht von Gott kommt; die bestehenden Gewalten sind von Gott eingesetzt« (Röm. 13,1). Auf jeden Fall hatten sie nicht das gleiche Motiv für eine Revolution wie die Juden; wenn auch viele von ihnen zu einer unterdrückten Klasse gehörten, lebten sie nicht in einem besetzten Land unter dem Stiefel von Eindringlingen. Doch da standen sie nun mit ihrer antirevolutionären Haltung und wurden mit den aufrührerischen Juden in einen Topf geworfen, nur weil der Gott, den sie anbeteten, Jude und wegen Aufwiegelei gekreuzigt worden war. Die Lösung, die ihnen so blendend folgerichtig erschien, als sei sie von Gott gegeben, war, daß Jesus nicht gegen die Römer, sondern gegen die Juden gekämpft habe. Das Evangelium, das sie von den Judenchristen Jerusalems erhalten hatten, war gewiß durch eine projüdische Voreingenommenheit verzerrt worden; es lag an ihnen, es richtigzustellen und die Tatsachen zu rekonstruieren, wie sie gewesen sein mußten. In dieser Gemütsverfassung (die nicht unbedingt eine bewußt betrügerische war) setzte sich Markus hin, um seine »redigierte« Fassung des Evangeliums bzw. der ebionitischen Überlieferung zu schreiben.

Die gegenwärtige Schule der Erforschung und Kritik der Evangelien legt großes Gewicht auf das, was man ihren »Sitz im Leben« nennt, als Erklärung ihrer Form und Entwicklung. Aber mit einigen wenigen Ausnahmen haben die Gelehrten dieser Schule das wichtigste Element in diesem Lebensbereich übersehen, das eine, das ihnen ins Gesicht sprang: die Tatsache, daß das Markusevangelium in der Agonie des großen Unglücks, das den Juden 70 chr. Ztr. widerfuhr, geschrieben wurde, als alle Juden und alle, die irgendwie mit ihnen verbunden waren, ihre Position überprüfen und sehr sorgfältig abwägen mußten, wem sie treu sein sollten. Die hellenistischen zum Christentum Bekehrten, Personen wie Markus selbst, kamen aus einer Umgebung, in der der Antisemitismus stark war. Für sie war es nicht schwer, sich für einen Standort zu entscheiden. Eine wichtige Aufgabe der Evangelien war deshalb, den Heidenchristen in der Situation nach 70 eine Richtung zu weisen, ihnen zu ermöglichen zu sagen: »Wir sind keine Juden. Jesus selbst war

eigentlich kein Jude, er ist nur zufällig als solcher geboren. Jesus stand loyal zu Rom, und das tun auch wir.«

Schließlich hörte Jesus in den Gedanken seiner heidenchristlichen Anbeter ganz und gar auf, Jude zu sein. Wo die frühen Evangelien Jesus in Konflikt mit den Pharisäern beschreiben, stellt ihn Johannes im Konflikt mit »den Juden« dar. Das wirkt auf den Leser so, daß Jesus ganz aus der Kategorie »der Juden« herausgenommen wird. Sogar heute wissen viele arglose Christen nicht, daß Jesus Jude war, und reagieren schokiert, wenn man sie auf diese einfache Tatsache hinweist. Die Vergöttlichung Jesu verstärkt natürlich die Neigung, sein Judentum zu verwischen; und eine andere Aufgabe der Evangelien war, die Lehre von der Göttlichkeit Jesu hervorzuheben, eine Lehre, die von der judenchristlichen Kirche Jerusalems nie vertreten wurde.

Die Entwicklung der Evangelien[12] kann folgendermaßen zusammengefaßt werden:

a) *Das Evangelium nach Markus.* Dies ist das erste der kanonischen Evangelien, und es wurde um 70 chr. Ztr. in Rom geschrieben.[13] Der Verfasser Markus war ein mangelhaft gebildeter Heide, der ein holpriges Griechisch schrieb. Alle Wissenschaftler sind sich heute aufgrund innerer Beweise einig, daß das Markusevangelium früher entstand als die Evangelien nach Matthäus und Lukas, mit denen es vieles gemeinsam hat – soviel, daß die drei Evangelien »die synoptischen Evangelien« genannt werden. Die drei Evangelien verhalten sich so zueinander, daß Matthäus und Lukas den allgemeinen Stoff von Markus entliehen haben müssen, während Markus sein Evangelium nicht von Matthäus oder Lukas abgeleitet haben kann.

Die antijüdische Tendenz ist bei Markus schon sehr stark. Die jüdischen religiösen Führer werden als erbitterte Feinde Jesu dargestellt, die es ablehnten, seine Göttlichkeit anzuerkennen. Allerdings sind gewisse Elemente der früheren Geschichte nicht gründlich zensiert worden, zum Beispiel die freundschaftliche Erörterung zwischen Jesus und dem pharisäischen Schriftgelehrten (Mk. 12). Der Prozeß der Vergöttlichung Jesu ist nicht in demselben Maß fortgeschritten wie in den späteren Evangelien. Die Jungfrauengeburt und die Kindheitslegenden werden nicht erwähnt.

---

12 Weiteres über die Manuskripte der Evangelien siehe Anhang 2.

13 Der christliche Autor des 2. Jahrhunderts, Irenäus, bezeugt, daß das Markusevangelium nach der Neronischen Verfolgung von 64 chr. Ztr. geschrieben wurde. Es kann nicht später als etwa 75 chr. Ztr. geschrieben worden sein, weil die für etwa 80 chr. Ztr. bezeugten Evangelien von Matthäus und Lukas sich darauf stützten und etwas Zeit für seine Verbreitung eingeräumt werden muß. Die einzige wirkliche Frage ist, ob das Markusevangelium während des Jüdischen Krieges oder nach seinem Ende geschrieben wurde. Wichtig hierzu ist die Deutung von Kap. 13, ob es die Kenntnis von der Zerstörung des Tempels im Jahr 70 chr. Ztr. voraussetzt oder nicht. Für die Fragestellung dieses Buches spielt es keine Rolle, ob das Markusevangelium während des Krieges oder danach geschrieben wurde; die Verleumdung der Juden begann, sobald der Krieg ausgebrochen war.

b) *Das Evangelium nach Matthäus.* Dies wurde bald nach Markus geschrieben, vermutlich in Alexandria, vielleicht in Antiochia. Matthäus nimmt in sein Evangelium fast das ganze Markusevangelium auf und hat zusätzlich etwa 200 Verse mit Lukas gemeinsam (diese Verse sollen aus einer gemeinsamen Quelle stammen, die als »Q« bekannt ist). Matthäus hat etwa 400 Verse, die sich in keinem anderen Evangelium finden. Einige Wissenschaftler glauben, daß Matthäus Jude war, weil er ein besonderes Interesse an Beweisen zeigt, daß Jesus die Prophezeiungen der hebräischen Heiligen Schrift erfüllte. Dies ist jedoch schwer nachzuvollziehen, wenn man an die Heftigkeit des antijüdischen Gefühls denkt, die sich zum Beispiel in Kapitel 23 zeigt und in der Geschichte von dem angeblichen Fluch, den die Juden über sich selbst in der Barabbasepisode aussprechen (dieser folgenschwere Fluch findet sich nur bei Matthäus). Auch weiß Matthäus sehr wenig vom jüdischen Gesetz (zum Beispiel bei den Sabbatepisoden). Es erscheint also viel wahrscheinlicher, daß Matthäus ein Nichtjude war, der zu zeigen wünschte, daß die jüdischen Prophezeiungen selbst die Verdrängung der Juden durch die Christen in Gottes Gunst voraussagten. Matthäus enthält jedoch gewisse Verse, offensichtlich Überbleibsel des Evangeliums der Jerusalemer Kirche, die seinem allgemeinen Gedankengang direkt zuwiderlaufen, zum Beispiel die Aussage Jesu über die Unverletzlichkeit des jüdischen Gesetzes (Mt. 5,18–19) und die Erklärungen Jesu, seine Sendung sei nur für die Juden (Mt. 10,5; 15,24).

c) *Das Evangelium nach Lukas.* Dies wurde um 85 chr. Ztr. in Griechenland oder Syrien geschrieben. Alle Wissenschaftler sind sich einig, daß Lukas kein Jude war. Er enthält das meiste von Markus und hat auch mit Matthäus gemeinsamen Stoff (siehe oben). Es ist jedoch unwahrscheinlich, daß Lukas jemals das Matthäusevangelium sah. Lukas hat einen kultivierteren Stil als Markus oder Matthäus und eine beachtliche Begabung als Schriftsteller. In seinem kunstvollen Prolog zeigt er Gespür für den Rhythmus des Alten Testaments (er las es in der griechischen Übersetzung, der Septuaginta), den er geschickt nachahmt. Lukas war auch der Verfasser der Apostelgeschichte, der Hauptquelle für die Geschichte der frühen Kirche.

Das Lukasevangelium setzt die antijüdischen und prorömischen Tendenzen der früheren Evangelien fort. Wie die anderen Verfasser der Evangelien hat Lukas seine Flüchtigkeitsfehler, und er läßt gewisse Abschnitte aus früheren Quellen stehen, obwohl sie seinen Hauptthesen widersprechen, zum Beispiel die Episode, bei der die Pharisäer Jesus vor der Gefahr durch Herodes warnen (Lk. 13,31), und die Episode, in der Jesus Schwerter an seine Jünger austeilt (Lk. 22,38).

d) *Das Evangelium nach Johannes.* Dies wurde um 100 chr. Ztr. vermutlich in Kleinasien geschrieben. Einige Wissenschaftler meinen, daß Johannes Jude war, weil er eine gewisse Kenntnis der jüdischen Gesetze und Bräuche vorweist. Andererseits ist sein Standpunkt so antijüdisch, daß man dies nur schwer glauben kann. Er scheint so klug gewesen zu sein, genauer als die anderen Evangelienschreiber das jüdische

Gesetz zu erforschen, und stellt so einige ihrer auffälligeren Fehler richtig (zum Beispiel in den Sabbatepisoden), aber seine Kenntnis bleibt dennoch sehr oberflächlich.

Lange Zeit glaubte man, der Evangelist Johannes sei einer der Jünger Jesu und sein Evangelium deshalb ein Augenzeugenbericht vom Leben Jesu. Die moderne Forschung hat bewiesen, daß dies nicht der Fall sein kann und sein Evangelium das letzte der vier ist. Die Beweise sind zahlreich und überzeugend. Jesus wird als Nichtjude dargestellt, wenn er zum Beispiel von »eurem Gesetz« und »den Festen der Juden« spricht, als gehörten die Juden, die er anspricht, zu einer anderen Rasse. Während die synoptischen Evangelien alle einen Glauben an die bevorstehende Wiederkehr Jesu zeigen, hat das Johannesevangelium diesen Glauben fallengelassen und sagt tatsächlich nichts über die »zweite Ankunft Jesu«. Dieses Evangelium wurde in einer späteren Zeit geschrieben, als die Hoffnung auf eine baldige Wiederkehr Jesu aufgegeben worden war. Der Antisemitismus des Johannesevangeliums hat den der früheren Evangelien übertroffen, und die Juden werden als die vorherbestimmten, vom Satan beeinflußten Feinde des Lichts dargestellt. Außerdem gibt es noch einen äußeren Beweis für die späte Entstehung des Johannesevangeliums: gewisse frühe Autoren (Polykarp, Papias, Justin), die Kenntnis von den anderen Evangelien haben, wissen nichts vom Johannesevangelium (was natürlich auch bedeuten kann, daß es sich als Autorität erst noch durchsetzen mußte).

Dennoch ist die Lehre von der frühen Entstehungszeit des Johannesevangeliums für christliche Gelehrte so reizvoll, daß sie ständig versuchen, neue Gründe zu finden, die eine frühe Datierung rechtfertigen sollen. Dieses Evangelium bietet die Lehren der heidenchristlichen Kirche in ihrer unmißverständlichsten Form, ohne die geringste Verfälschung durch übriggebliebene Spuren judenchristlicher Ansichten von der Rolle Jesu. Im Johannesevangelium verkündet Jesus, Gottes Sohn nach der wahren gnostischen Art zu sein, eine göttliche Gestalt aus der Welt des Lichts, ohne menschliche Verbindungen oder Beziehungen zu seinem geschichtlichen Hintergrund.

Anders als die synoptischen Evangelien ist das vierte Evangelium eine einheitliche Schrift, die dem schöpferischen Drang eines einzelnen Autors entspringt, der in seinem Werk seine eigene Persönlichkeit und Auffassung verkörpert. »Johannes« folgt nicht den Grundzügen eines früheren Evangeliums, sondern gestaltet seinen Stoff neu nach einem kunstvollen eigenen Plan. Er ändert selbstherrlich Ereignisse ab, damit sie zu seinem Entwurf passen (zum Beispiel verlegt er die Reinigung des Tempels vom Ende des Lebensweges Jesu an dessen Anfang und wirft die Geschichte der Synoptiker von der schrittweisen Enthüllung seines messianischen Ranges durch Jesus selbst als unbrauchbar hinaus). Im Bericht der Synoptiker ist Jesus immer noch eine erkennbar jüdische Gestalt, sparsam mit Worten und menschlich und wirklich in seinem Verhalten; bei Johannes ist Jesus gräzisiert worden: zungenfertig, voller Abstraktionen, mystisch.

Dennoch benutzt Johannes, bei all seiner schöpferischen Kraft in der Methode, authentische Quellen als Farben auf seiner Palette, und manchmal bewahrt er Elemente aus diesen Quellen, die die früheren Evangelienschreiber unterdrückt haben, zum Beispiel den Bericht von der Vernehmung Jesu durch den Hohenpriester und die Auskunft, daß die Soldaten, die Jesus festnahmen, Römer waren.

Mit der Zusammenstellung der Evangelien war also ein erfundener Jesus geschaffen, passend für die Bedürfnisse der hellenistischen heidenchristlichen Kirche. Der Prophet und König, menschlich und jüdisch, der von der judenchristlichen Kirche verehrt, aber nicht angebetet wurde, war in ein göttliches Opfer verwandelt worden. Jesus, der in der Wirklichkeit ein apokalyptischer pharisäischer Rabbi gewesen war, der die Titel Prophet und König beansprucht hatte, hatte sich in einen heidnischen Gott verwandelt.

Kapitel 17

Der Dualismus des Neuen Testaments

Der Leser könnte vernünftigerweise fragen: »Welchen Grad von Gewißheit oder Wahrscheinlichkeit kann man der im Kapitel 15 umrissenen Theorie zur Barabbasepisode beimessen?« Die Antwort lautet, daß der letzte Schritt in der Erörterung – die Identifizierung von Barabbas als Jesus selbst – als die beste verfügbare Lösung zu einer wohlbekannten Crux oder Schwierigkeit bei der Beschäftigung mit dem Neuen Testament angeboten wird, aber die angeführten Gründe reichen nicht als Beweis aus. Bei der einleitenden Analyse und Kritik der Barabbasgeschichte stehen wir auf festem Boden. Die Punkte, die man als ausreichend erwiesen betrachten darf, sind:

a) Die Barabbasgeschichte ist ein Stück antijüdischer Propaganda.

b) Gewisse Elemente in der Geschichte sind völlig erfunden, so das Passahprivileg, die Milde des Pilatus, die Verunglimpfung des Barabbas als »Bandit«, die Forderung des jüdischen Volkes nach der Kreuzigung Jesu, die Hinnahme durch das jüdische Volk, einen Fluch auf sich zu laden.

c) Alle diese erfundenen Elemente haben nur einen Zweck: die Verantwortlichkeit für die Kreuzigung soll von den Römern auf die Juden abgewälzt werden.

Diese Punkte, die in diesem Buch durch den Bezug auf den römischen und jüdischen Hintergrund, die Umstände, unter denen die Evangelien geschrieben wurden, und den Text der Evangelien selbst bewiesen werden, müssen von jedem berücksichtigt werden, der eine Theorie der Beziehung zwischen Jesus und Barabbas konstruieren will. Die dramatische Polarität der Geschichte, das Schwarzweißmelodram der Wahl zwischen dem Sohn Gottes und dem Räuber, beruht auf den oben angeführten Elementen und verschwindet, wenn diese als erfunden erkannt werden. Wir haben dann zwei Rebellen von sehr ähnlicher Art und müssen überlegen, welche Verbindung es zwischen ihnen gegeben haben mag.

Die einfachste Theorie ist natürlich, daß Barabbas einfach eine Erfindung wie das Passahprivileg ist und die ganze Episode der fruchtbaren Phantasie von Markus oder einem seiner Vorläufer entsprang. Ich habe keinen sehr starken Einwand gegen diese Theorie, außer daß sie nicht versucht, die Herkunft des Namens »Barabbas« zu ergründen, und daß sie die Schöpfer der Evangelien mehr als Schriftsteller denn als gottesfürchtige Gläubige erscheinen läßt, die verzweifelt versuchen, eine Geschichte

zu verstehen, die sie für überaus wichtig hielten und von der, wie sie glaubten, ihre Erlösung abhing. Wenn wir an die Lage eines Mannes wie Markus denken, der in einem unsicheren Gleichgewicht zwischen den Juden und den Römern stand und davon überzeugt war, daß die Ansprüche der Juden durch ihre Niederlage und Ungnade widerlegt worden waren und daß, wie Paulus gesagt hatte, »den Heiden dies Heil Gottes gesandt worden ist« (Apg. 28,28), können wir die psychologischen Bedingungen verstehen, unter denen die Geschichte abgewandelt und mit der Zeit radikal geändert wurde. Während das Passahprivileg verständlich ist als Detail, das erfunden wurde, um das Dramatische der Wahl zwischen dem »guten« Jesus und dem »schlechten« Jesus zu steigern, kann man sich nur schwer vorstellen, daß die ganze Geschichte aus dem Nichts entstand; und eine Theorie, die darlegt, wie die Geschichte aus zugrundeliegenden Tatsachen entstanden sein könnte und wie sie dann allmählich kunstvoll ausgearbeitet wurde, ist um vieles vorzuziehen.

Ob man Jesus und Barabbas als dieselbe historische Person sieht oder nicht – das wichtigste allgemeine Merkmal, das wir in der Geschichte erkennen müssen, ist ihr *Dualismus*. Wenn es eine selbständige Person mit Namen Jesus Barabbas gab, die sich von Jesus von Nazareth unterschied, dann muß es, wie wir gesehen haben, eine Person gewesen sein, die nicht viel anders als Jesus selbst war: ein aufrichtiger religiöser Führer, wegen der Stärke seines Glaubens an das Schicksal des Judentums unfähig, einen Zusammenstoß mit den Römern zu vermeiden. Doch in der Geschichte ist Jesus vollkommen »gut« und Barabbas vollkommen »schlecht« geworden. Alles Tätige, Politische, Körperliche und Irdische ist schlecht geworden und konzentriert sich auf die Gestalt des Barabbas; das »Gute«, dargestellt als passiv und überirdisch, konzentriert sich auf die Gestalt Jesu. Dies bedeutet, daß ein »Spaltungs«-Prozeß im Wesen Jesu stattgefunden hat, *auch wenn man Barabbas als eine eigene historische Persönlichkeit betrachtet*; in diesem Fall ist Barabbas das Gefäß geworden, in das die unerwünschten Eigenschaften Jesu geworfen wurden.[1]

Es war unvermeidlich, daß die Geschichte sich in dieser dualistischen Art entwickeln würde, wenn man den gnostischen und mysterienreligiösen Hintergrund der heidenchristlichen Gläubigen und die gnostische Auslegung, die Paulus, der tatsächliche Begründer des Heidenchristentums, dem Tod Jesu gegeben hatte, berücksichtigt. In dieser Auslegung war Jesus nicht im Kampf zwischen Judäa und Rom gestorben, sondern in einem übernatürlichen, kosmischen Streit zwischen den Mächten des Guten (angesiedelt im Himmel) und den Mächten des Bösen (angesiedelt in ihrer eroberten Festung, der Erde). Erlösung war jetzt nicht mehr durch irgendeine Art von politischem Kampf zu erreichen, sondern durch ein mystisches

---

1 Die Psychoanalyse kennt den elementaren, primär individuellen Abwehrmechanismus der »Zerlegung«; im kollektiven Gebrauch hat er z.B. Schiwa und Bhairawa, Jahwe und Satan hervorgebracht (Anm.d.Hg.).

Miterleben der Erfahrung der Kreuzigung, ein Sterben, um in einer anderen Welt wiedergeboren zu werden. Die angebotene »Erlösung« war nicht irgendeine Art von politischer Befreiung, sondern eine »geistige« Befreiung, die auch in der Sklaverei erfahren werden konnte, weshalb Paulus Sklaven riet, fügsam und gehorsam zu sein (»Ihr Sklaven, seid euren irdischen Herren gehorsam wie dem Herrn Christus in Furcht und Zittern.« Eph. 6,5). Die Anwendung moralischer Anstrengung, der Versuch, das eigene Schicksal selbst zu bestimmen, indem man mit den Problemen der Welt rang und sie überwand, wurde als eine Art von Sklaverei betrachtet; man konnte sich aus dieser Sklaverei (welche die Juden mit ihrem Verständnis von der schrittweisen Beherrschung der Welt durch das moralische Gesetz als Freiheit und Verantwortlichkeit bezeichnet hätten) befreien, indem man der Welt gegenüber passiv wurde und seine Persönlichkeit in den mystischen Leib Christi versenkte. In diesem System waren die wirklichen Feinde, die Bundesgenossen der Mächte des Dunkels, nicht jene, die die Körper der Menschen zu versklaven suchten (die Römer), sondern jene, die die Wirksamkeit des Opfers Christi zu schwächen suchten, indem sie seine kosmische Gültigkeit leugneten, auf der Wirklichkeit und Legitimität dieser Welt bestanden und erklärten, daß die Erlösung durch die Befreiung des Menschen auf der Erde geschähe.

Es war also unvermeidlich, daß die Juden die Rolle der irdischen Agenten der Mächte des Dunkels zugeteilt bekamen. Viele Faktoren kamen zusammen, um dieses Ergebnis zu bewirken: politische (die jüdische Katastrophe, Druck auf christliche Gemeinden als aufrührerische Organisationen durch römische Behörden), religiöse (Konflikt zwischen paulinischem und jüdischem Messiaskonzept, Konflikt zwischen den Heidenchristen und den Juden selbst) und kulturelle (das gnostische Erbe des Antisemitismus und der allgemeine hellenistisch-jüdische Konflikt).

Dennoch, auch bei aller möglichen Nachsicht, war der Entschluß der heidenchristlichen Kirche beklagenswert, die Verantwortlichkeit für die Kreuzigung den Juden zuzuschreiben und die Juden für die Rolle des Teufelsvolkes zu wählen. Das konnte nur als Ergebnis eines tiefen moralischen und psychologischen Bruches geschehen, eines Bruches, der alle Religiosität der hellenistischen Welt verdarb. Die Verzweiflung, die dazu veranlaßt, alle Hoffnung auf die Fähigkeit zur Vervollkommnung der Menschheit aufzugeben; die geistige Schlaffheit, die dazu führt, den Menschen als einen Versager zu betrachten, dessen einzige Hoffnung in einer Flucht in den Schoß des Göttlichen besteht, muß immer zu einem Bruch im Universum und zu einem Bruch im Denken führen. Das stete Bestreben der Juden nach einer Vereinigung der Welt und des Geistes wurde von jenen verworfen, die behaupteten, die Anhänger eines jüdischen Lehrers zu sein; und in der folgenden Aufteilung des Lebens in die Mächte des Lichts und der Finsternis wurden die Juden für ihren Beitrag zur Entwicklung der Menschlichkeit damit belohnt, daß sie mit den Mächten der Finsternis gleichgesetzt wurden.

Nichts ist verführerischer für das menschliche Denken als ein Dualismus. Es ist romantisch und aufregend, die Welt als das Schlachtfeld kosmischer Mächte des Guten und des Bösen zu sehen. Es ist befriedigend für die eigene natürliche Ehrgeizlosigkeit, die menschliche Fähigkeit zum Guten abzuleugnen; und gleichzeitig ist es befriedigend für die eigene Allmachtsphantasie, sich im Aktionsfeld der göttlichen Macht des Guten zu befinden. Es ist auch befriedigend für die eigenen sadistischen und aggressiven Impulse, irgendeine Gruppe von Menschen mit der Welt und den Mächten des Bösen gleichzusetzen, und gewöhnlich ist es eine hilflose Gruppe, die so gekennzeichnet wird, weil es, verurteilte man eine mächtige Gruppe, zu einer wirksamen Verpflichtung und Festlegung führte.

Der Dualismus des Neuen Testaments ist in dem ständigen Bezug auf die Hölle, den Teufel und böse Geister am deutlichsten zu erkennen.[2] Viele Menschen (besonders Humanisten und Agnostiker, die nicht mehr in der Bibel lesen) glauben, daß Lehren vom Höllenfeuer Teil der »schlimmen Erbschaft des Christentums aus dem Alten Testament« seien. Tatsächlich enthält das Alte Testament überhaupt nichts über die Hölle oder den Teufel, und Höllenfeuer wird niemals als angedrohte Bestrafung der Sünde gebraucht (das Wort »Hölle« erscheint in manchen Übersetzungen, aber das hebräische Wort »scheol« [שאול] bedeutet »das Grab« oder vielleicht manchmal »die Unterwelt«; es bedeutet nie »Hölle« im Sinne eines Strafortes).

Die schreckliche Furcht vor der Hölle, die also ein Merkmal des Heidenchristentums war und im Mittelalter einen Zustand der Verzweiflung erreichte, entsteht aus der Angst vor dem Zorn Gottes. Gott selbst ist in zwei Erscheinungen gespalten – den Gott der Liebe und den Gott des Zorns, und das Ziel der Religion ist es, vor dem einen zum andern zu fliehen. Diese Trennung der zwei Erscheinungen Gottes spiegelt sich auch in der überaus großen Bedeutung der Gestalt des Teufels oder Satans im Heidenchristentum, der in Wirklichkeit ein zweiter Gott ist, die Hypostasierung der zornigen Seite Gottes. Der zornige Gott, dessen erbarmungslose Gerechtigkeit als die ewige Flamme der Hölle dargestellt wird, ist eine *Projektion* einer so verzweifelten tiefen Schuld oder Selbstverdammung, daß keine Möglichkeit menschlicher Selbstachtung oder sich selbst regulierenden Verhaltens

---

2 Die Betonung von bösen Geistern in den Evangelien stammt vermutlich, wie schon angedeutet, von dem für galiläische Rabbis und Heiler charakteristischen Glauben an böse Geister. Das paranoische Hirngespinst, nachdem die Dämonen in einem Reich des Satans oder Beelzebubs (siehe z.B. Mt. 12,24) organisiert sind, ist unjüdisch und ist eine spätere gnostische Weiterentwicklung der Geschichte. Im Alten Testament werden keine bösen Geister als selbständige Wesen erwähnt. Bei einer seltenen Gelegenheit, wo ein böser Geist erwähnt wird (1. Sam. 16,23), wird er »der böse Geist von Gott« genannt. In der Mischna wird Satan nicht einmal erwähnt, und im Talmud ist er ein geringerer Engel, der nichts ohne Befehle von Gott tut – er ist eine Art Vertreter der Anklage, dessen Aufgabe es ist, die Streitsache gegen die sündige Menschheit voranzutreiben. (Allerdings tauchen gelegentlich auch Spuren einer stärker dualistischen Lehre auf.)

ins Auge gefaßt ist. Diese Verzweiflung drückt sich in der heidenchristlichen Lehre von der Erbsünde aus, durch die der jüdische Mythos von Adam verdreht wurde, um einen hellenistischen Selbsthaß auszudrücken. (Die ursprüngliche Geschichte beschreibt nicht nur die Geburt der Schuld, sondern zugleich die Geburt des *Wissens* und der Selbstbewußtheit.) Die entscheidende Zweiteilung des hellenistischen Christentums ist die Spaltung zwischen dem Menschlichen und dem Göttlichen, eine Spaltung, die so tiefgehend ist, daß das Menschliche *sein Recht zu existieren verliert* und die einzige Lösung anscheinend das Verschlingen des Menschlichen durch das Göttliche oder, anders ausgedrückt, die Flucht der menschlichen Seele in den Schoß Gottes ist. Das jüdische Gefühl, daß der menschliche Körper »zum Bilde Gottes« (Gen. 1,27) geschaffen wurde, verbindet sich im Judentum mit der Weigerung, ein Bild Gottes begrifflich werden zu lassen. Die Menschheit leitet ihre Bestätigung aus ihrem Ursprung in Gott ab, was ihr das Recht gibt, sich selbst zu achten, sich selbst als ins Leben gerufenen Gedanken Gottes mit rein menschlichen Möglichkeiten zu betrachten, die zu erfüllen sie als Aufgabe gestellt bekommen hat. Diese Gefühle vom göttlichen Ursprung des Menschlichen, das Verständnis, daß *alle* menschlichen Wesen »Kinder Gottes« sind, daß der ganze Körper-Seele-Zusammenhang Gottes Schöpfung ist, ging im Heidenchristentum verloren; statt dessen gibt es die hellenistische Vorstellung von dem »göttlichen Funken« der Seele, die im Körper *gefangen* ist und der das Verlangen beigebracht werden muß, aus ihm zu entfliehen. Christen haben die jüdische Weigerung, sich Gott »zu überlassen«, als Beweis einer Furcht vor dem Göttlichen gebrandmarkt, als Beweis des Glaubens an eine unüberschreitbare Schranke zwischen dem Menschlichen und dem Göttlichen, ja als Beweis einer Art von Dualismus, der die Verschmelzung des Menschlichen und des Göttlichen für unmöglich hält und die »Gnade« Gottes, die eine solche Verschmelzung möglich macht, nicht anerkennt. Die Wahrheit ist, daß die Juden Religion nicht als Weg, göttlich zu werden, sondern als einen Weg, wahrhaft menschlich zu werden, begreifen. Es wäre eine Beleidigung Gottes als Schöpfer, seine eigene Schöpfung, die Menschheit, als reine Spreu zu verschmähen, von der sich die Seele zu reinigen versuchen muß.

Der Versuch zu behaupten, in der heidenchristlichen Lehre von der Inkarnation läge eine Bestätigung der Menschlichkeit, hält der Prüfung nicht stand. In der Inkarnation wird Gott nicht Fleisch, um wirklich menschlich zu werden, zum Beispiel um sich sexuell zu betätigen oder um seinen Lebensunterhalt zu verdienen, indem er sich mit Geld »die Hände schmutzig macht«, sondern um ganz im Gegenteil ein Beispiel zu geben, wie man das Fleisch kasteit, indem man die Kreuzigung erleidet, eine sadomasochistische Qual, die das ganze Menschengeschlecht stellvertretend erleiden muß, wenn es erlöst werden will. Die Inkarnation bedeutet nicht die Verherrlichung des Fleisches, sondern seine äußerste Herabsetzung. Gottes einziger Sohn erleidet die äußerste Demütigung, in die stoffliche Welt einzutreten, sich mit

dem Fleisch zu beschmutzen, um einige wenige auserwählte Seelen (auserwählt nicht wegen ihres Verdienstes, sondern durch die willkürliche Gnade Gottes) von der Befleckung zu retten, menschlich zu sein. Es gibt im pharisäischen Judentum eine davon sehr verschiedene Lehre der Inkarnation, daß nämlich die Gesamtheit der Menschheit die Inkarnation Gottes sei und daß es das Ziel der Menschheit sei, die Möglichkeiten dieser Inkarnation auszuschöpfen, nicht sie durch Selbstopferung zu zerstören.

Der Dualismus der Barabbasgeschichte mit ihrer Trennung des Geistes und des Fleisches ist demnach symptomatisch für den Dualismus des hellenistischen Christentums, für seine Verzweiflung an der menschlichen Natur und seine Unfähigkeit, das Ideal der Vereinigung aller menschlichen Triebe in einer ganzen Persönlichkeit zu bewahren.

Jesus war ein guter Mensch, der unter die Heiden geriet. Das heißt, er geriet unter solche, die nicht verstanden, daß es ihn *geringer* machte, wenn man ihn in einen Gott verwandelte. Er versuchte, das Reich Gottes auf der Erde zu errichten, und er scheiterte; aber die Bedeutung seines Lebens liegt im Versuch, nicht im Scheitern. Als Jude kämpfte er nicht gegen irgendein abstraktes Böses, sondern gegen Rom. Doch die Bewegung, die sein Leben leugnete, indem sie ihn zum Gott erhob, stellte ihn fälschlich dar, als sei er ein Gegner des Volkes gewesen, das er am meisten liebte und in dessen Namen er kämpfte. Es war ein äußerst angemessenes Ergebnis, daß diese Bewegung, das Heidenchristentum, sich erfolgreich an Rom anpaßte und daß sie die offizielle Religion des Reiches wurde, das Jesus gekreuzigt hatte.

Anhang

1. Die Barabbasepisode in den vier Evangelien

»Zum Fest aber pflegte er ihnen einen Gefangenen freizugeben, den sie sich erbitten konnten. Es war aber ein Mann mit Namen Barabbas im Gefängnis zusammen mit andern Aufrührern; sie hatten beim Aufruhr einen Mord begangen. Und das Volk ging hinauf und bat ihn, nach diesem Brauch zu verfahren. Pilatus aber antwortete ihnen: Wollt ihr, daß ich euch den König der Juden freigebe? Denn er merkte, daß ihn die Hohenpriester aus Neid ausgeliefert hatten. Aber die Hohenpriester wiegelten das Volk auf, daß er ihnen viel lieber den Barabbas freigeben sollte. Pilatus aber fragte sie noch einmal: Was wollt ihr? Was soll ich mit dem machen, den ihr den König der Juden nennt? Da schrien sie zurück: Kreuzige ihn! Pilatus aber sagte zu ihnen: Was hat er denn Böses getan? Aber sie schrien noch viel mehr: Kreuzige ihn! Da wollte Pilatus das Volk zufriedenstellen: er gab ihnen Barabbas frei und ließ Jesus geißeln und übergab ihn, daß er gekreuzigt werden sollte« (Mk. 15,6–15). (Dies ist der früheste Bericht der Barabbasgeschichte, vermutlich um 70 chr. Ztr. in Rom geschrieben.)

»Zum Fest aber hatte der Statthalter die Gewohnheit, dem Volk einen Gefangenen freizugeben, den sie sich aussuchen konnten. Sie hatten aber zu der Zeit einen berüchtigten Gefangenen, der hieß Jesus Barabbas. Und als sie versammelt waren, sagte Pilatus zu ihnen: Wen soll ich freigeben, Jesus Barabbas oder den Jesus, von dem gesagt wird, er sei der Christus? Denn er wußte, daß sie ihn aus Neid ausgeliefert hatten. Und als er auf dem Richtstuhl saß, schickte seine Frau zu ihm und ließ ihm sagen: Laß die Hände von diesem Gerechten; denn ich habe heute im Traum seinetwegen viel gelitten. Aber die Hohenpriester und Ältesten redeten auf das Volk ein, daß sie um Barabbas bitten, Jesus aber umbringen sollten. Da fragte sie der Statthalter: Wen von den beiden soll ich euch freigeben? Sie antworteten: Barabbas! Pilatus fragte sie: Was soll ich denn mit Jesus machen, von dem gesagt wird, er sei der Christus? Sie riefen alle: Laß ihn kreuzigen! Er aber sagte: Was hat er denn Böses getan? Sie schrien aber noch mehr: Laß ihn kreuzigen! Als aber Pilatus sah, daß er nichts erreichte, sondern daß das Getümmel immer größer wurde, nahm er Wasser und wusch sich die Hände vor dem Volk und sagte: Ich

bin unschuldig an seinem Blut; das ist eure Sache. Da antwortete das ganze Volk: Sein Blut komme über uns und unsere Kinder! Da gab er ihnen Barabbas frei, aber Jesus ließ er geißeln und übergab ihn den Soldaten, damit er gekreuzigt würde« (Mt. 27,15–26. Dies ist der zweite Bericht, vermutlich um 80 chr. Ztr. in Alexandria geschrieben).

»Pilatus aber rief die Hohenpriester und die führenden Männer und das Volk zusammen und sagte zu ihnen: Ihr habt diesen Menschen zu mir gebracht und behauptet, daß er das Volk aufwiegelt; und siehe, ich habe ihn vor euch verhört und keine von den Anklagen bestätigt gefunden, die ihr gegen ihn erhebt; Herodes auch nicht, denn er hat ihn uns zurückgesandt. Und siehe, er hat nichts getan, was den Tod verdient hätte. Darum will ich ihn schlagen lassen und dann freigeben. (Er mußte ihnen aber zum Fest einen Gefangenen freigeben.) Da schrien sie alle miteinander: Weg mit dem, gib uns Barabbas frei! Den hatte man wegen eines Aufruhrs in der Stadt und eines Mordes ins Gefängnis geworfen. Da redete Pilatus noch einmal auf sie ein, weil er Jesus gern freilassen wollte. Sie aber riefen: Kreuzige, kreuzige ihn! Er aber sagte zum dritten Mal zu ihnen: Was hat dieser denn Böses getan? Ich habe nichts an ihm gefunden, wofür er den Tod verdient hätte; darum will ich ihn schlagen lassen und dann freigeben. Aber sie drangen mit großem Geschrei auf ihn ein und forderten, daß er gekreuzigt würde. Und sie gewannen mit ihrem Geschrei die Oberhand. Und Pilatus entschied, ihre Bitte sollte erfüllt werden, und ließ den frei, den man wegen Aufruhr und Mord ins Gefängnis geworfen hatte und um den sie gebeten hatten; aber Jesus übergab er ihrem Willen« (Lk. 23,13–25. Dieser Bericht wurde vermutlich um 85 chr. Ztr. in Griechenland oder Syrien geschrieben).

»Da sagte Pilatus zu ihm: Was ist Wahrheit? Und als er das gesagt hatte, ging er wieder hinaus zu den Juden und sagte zu ihnen: Ich finde keine Schuld an ihm. Es ist aber Brauch, daß ich euch zum Passahfest einen Gefangenen freigebe; wollt ihr nun, daß ich euch den König der Juden freigebe? Da schrien sie zurück: Nicht den, sondern Barabbas! Barabbas aber war ein Räuber. Da ließ Pilatus Jesus geißeln.

Und die Soldaten flochten eine Krone aus Dornen und setzten sie ihm aufs Haupt und legten ihm ein Purpurgewand an, traten zu ihm und sagten: Sei gegrüßt, König der Juden! und schlugen ihm ins Gesicht. Da ging Pilatus wieder hinaus und sagte zu ihnen: Seht, ich bringe ihn zu euch heraus, damit ihr erkennt, daß ich keine Schuld an ihm finde. Und Jesus kam heraus und trug die Dornenkrone und das Purpurgewand. Da sagte Pilatus zu ihnen: Seht, welch ein Mensch!

Als ihn die Hohenpriester und ihre Leute sahen, schrien sie: Kreuzigen, kreuzigen! Da sagte Pilatus zu ihnen: Nehmt ihr ihn und kreuzigt ihn, denn ich finde keine Schuld an ihm. Die Juden antworteten ihm: Wir haben ein Gesetz, und nach dem Gesetz muß er sterben, denn er hat sich selbst zu Gottes Sohn gemacht. Als Pilatus das hörte, fürchtete er sich noch mehr und ging wieder hinein in das Prä-

torium und fragte Jesus: Wo bist du her? Aber Jesus gab ihm keine Antwort. Da sagte Pilatus zu ihm: Redest du nicht mit mir? Weißt du nicht, daß ich Macht habe, dich freizulassen, und Macht habe, dich zu kreuzigen? Jesus antwortete: Du hättest keine Macht über mich, wenn sie dir nicht von oben gegeben wäre. Darum hat der größere Sünde, der mich dir übergeben hat. Von da an suchte Pilatus ihn freizulassen. Die Juden aber schrien: Läßt du diesen frei, so bist du kein Freund des Kaisers mehr; denn wer sich zum König macht, der ist gegen den Kaiser. Als Pilatus diese Worte hörte, ließ er Jesus herausführen und setzte sich auf den Richterstuhl an dem Platz, der Steinpflaster heißt, auf hebräisch Gabbata. Es war aber am Rüsttag für das Passahfest um die sechste Stunde. Und Pilatus sagte zu den Juden: Seht, das ist euer König! Sie schrien aber: Weg, weg mit dem! Kreuzige ihn! Da fragte Pilatus sie: Soll ich euren König kreuzigen? Die Hohenpriester antworteten: Wir haben keinen König außer dem Kaiser. Da übergab er ihnen Jesus, damit er gekreuzigt würde« (Joh. 18,38–19,16. Dies ist der späteste Bericht, vermutlich um 100 chr. Ztr. in Kleinasien geschrieben).

2. Die Handschriften des Neuen Testaments

Die Sprache des Neuen Testaments ist Griechisch (die des Alten Testaments ist Hebräisch, außer einigen wenigen Abschnitten im verwandten Aramäisch). Vielleicht hat es eine hebräische oder aramäische Quelle für die synoptischen Evangelien gegeben (dies wäre ein Dokument der Jerusalemer Kirche gewesen), aber ein solches Dokument ist noch nicht aufgefunden worden. Es gibt ein altsyrisches Neues Testament (Altsyrisch ist eine Art Aramäisch), aber dieses ist eine Übersetzung aus dem Griechischen und stammt aus dem 3. Jahrhundert.

Die frühesten zusammenhängenden Texte (unvollständig) des Neuen Testaments stammen aus dem 3. Jahrhundert chr. Ztr.; dies sind die Chester-Beatty-Papyri und die Bodmer-Papyri. Es gibt auch einige sehr wichtige vollständige Manuskripte aus dem 4. Jahrhundert, den Codex Vaticanus und den Codex Sinaïticus. Diese frühen Textbelege beweisen zum Beispiel, daß der Schluß des Markusevangeliums (16,9–20) und die Geschichte im Johannesevangelium über die »beim Ehebruch ergriffene« Frau spätere Ergänzungen waren; sie fehlen völlig in diesen Texten.

Die frühesten neutestamentlichen Textfragmente haben sich in Form von Papyrusfragmenten im trockenen Klima Ägyptens erhalten. Auch sie sind griechisch geschrieben, und sie können aufgrund der benutzten Schreibstile ziemlich genau datiert werden. Die frühesten davon sind auf das 2. Jahrhundert datiert worden; das allererste ist ein Fragment des Johannesevangeliums, das um 120 chr. Ztr. datiert wurde. Aus dem 1. Jahrhundert sind keine Fragmente gefunden worden.

3. Jesus und seine Brüder

Das Johannesevangelium enthält den Bericht von einem Vorwurf, der Jesus von dem Apostel Judas gemacht wurde: »Da fragte ihn Judas, nicht der Judas Iskariot: Herr, warum willst du dich uns offenbaren und nicht der Welt?« (Joh. 14,22)

Das ist ein sehr milder Vorwurf, aber er erscheint doch ernster, wenn man ihn mit dem sehr ähnlichen Vorwurf vergleicht, der Jesus von seinen Brüdern gemacht wurde, und zwar in einer äußerst feindseligen Art und Weise (Joh. 7,4). Vielleicht war diese Meinungsverschiedenheit oder dieser Streit zwischen Jesus und Judas tatsächlich ernst. Vielleicht war Judas der Anführer jener Jünger, die wollten, daß Jesus eine aktivere militaristische Politik einschlüge wie die Zeloten. Wenn das zutrifft, dann wurde Judas von Simon Petrus unterstützt, der eine Meinungsverschiedenheit mit Jesus in einer ähnlichen Frage hatte, die von den Synoptikern als ernster Streit beschrieben wird (Mk. 8,31-33).

Nun bezieht das alles sich auf den Apostel Judas, nicht auf Judas Iskariot, der angeblich ein anderer Mann ist. Ich schließe jedoch, daß es in der ursprünglichen Geschichte nur einen Judas unter den Jüngern Jesu gab (Markus' und Matthäus' Listen der zwölf führen nur einen Judas an, und das ist Judas Iskariot). Später wurde dieser Judas in zwei Personen gespalten – einen guten Judas und einen schlechten Judas, und der schlechte Judas wurde eine Teufelsgestalt, die hauptsächlich für den angeblichen Verrat des jüdischen Volkes steht, dessen namengebenden Stammesnamen Judas trug. So entstand aufgrund einer Erinnerung an einen wirklichen Streit zwischen Jesus und seinem Jünger Judas eine Legende, in der dieser Jünger immer böser wurde – so böse, daß er nicht mehr mit dem seligen Apostel gleichgesetzt werden konnte, sondern als gesonderte Gestalt abgetrennt werden mußte, dazu bestimmt, die Rolle eines geheimen Agenten des Teufels zu spielen.

Der Name »Iskariot« wird gewöhnlich vom hebräischen »isch Kerijoth« (איש קריות), das heißt »Mann aus Kerijoth«, einem Ort in Judäa, abgeleitet. Diese Etymologie ist sehr zweifelhaft, und eine um vieles überzeugendere Etymologie verbindet ihn mit dem lateinischen Wort »sicarius« oder »Dolchmann«, was eine Bezeichnung der Zeloten war. Demnach wäre Judas, wie Simon der Zelot und Simon Petrus (bekannt als »Barjona« oder »Rebell«), ursprünglich ein Mitglied der Zelotenpartei gewesen, was seine Ungeduld mit den apokalyptischen Vorstellungen Jesu erklären würde.

Man kann diese Theorie noch ein bißchen weiter treiben. In der Geschichte Jesu gibt es einen *dritten* Judas, nämlich seinen Bruder Judas, der erst nach dem Tod Jesu, wie dessen anderer Bruder, Jakobus, zum Christentum bekehrt worden sein soll. Jedoch erklärt ein erhaltenes Fragment des frühen Evangeliums, das als »Hebräerevangelium« bekannt ist, daß Jakobus, der Bruder Jesu, am letzten Abendmahl teilnahm. Dies weist darauf hin, daß Jakobus tatsächlich einer der

zwölf Jünger war und mit dem Apostel identisch ist, der als »der kleinere Jakobus« bekannt ist (der zufällig eine Mutter mit Namen Maria und einen Bruder mit Namen Joses hatte, die ganz *andere* Personen als Maria, die Mutter Jesu, und Joses, der Bruder Jesu, *sein sollen*). Wenn nun Jakobus, der Bruder Jesu, doch einer der zwölf Apostel war (was jedenfalls sehr wahrscheinlich ist, wenn man berücksichtigt, daß er nach dem Tod Jesu der Führer der Jerusalemer Kirche wurde), dann mag es auch sehr leicht zutreffen, daß Judas, der Bruder Jesu, ebenfalls einer der zwölf war. Dies steht in Widerspruch zu den Berichten der Evangelien, daß die Brüder Jesu ihm feindlich gesinnt waren, solange er lebte; aber diese Berichte lassen sich nur schwer mit der Tatsache in Einklang bringen, daß zwei seiner Brüder unmittelbar nach seinem Tod in der Jerusalemer Kirche so aktiv waren. Ohne Zweifel übertrieben die Evangelien die Darstellung, daß Jesus mit seiner Familie zerstritten war, um ihn als jenseitige Gestalt, erhaben über Familienbande, erscheinen zu lassen.

Wenn der Apostel Judas tatsächlich ein Bruder Jesu war, wird es durchaus verständlich, daß sein an Jesus gerichteter Vorwurf (Joh. 14,22) fast gleichlautend mit jenem der »Brüder« Jesu ist (Joh. 7,4). Übrigens ist es interessant, daß Johannes von den Brüdern Jesu schreibt, daß sie ein starkes Interesse am Lebensweg Jesu haben und ihm raten, seine Tätigkeit nach Judäa auszudehnen, im Gegensatz zu den anderen Evangelisten, nach deren Darstellung die Brüder Jesu ihn als einen Verrückten abtun (Mk. 3,21). Johannes fügt zwar hinzu, daß seine Brüder nicht an ihn glaubten, aber er zeichnet ein Bild viel engerer Beziehungen zwischen Jesus und seinen Brüdern, als wir es anderswo finden.

Falls die obigen Vermutungen wohlbegründet sind, kommen wir zu dem Schluß, daß Judas Iskariot kein anderer als ein Bruder Jesu war, daß er mit dem Apostel Judas identisch war und daß er, obgleich er in einem Punkt eine schwere Meinungsverschiedenheit mit Jesus hatte, ihn nicht verriet, sondern ihm bis zum Ende treu blieb. Judas Iskariot war demnach kein Judäer, sondern Galiläer wie alle anderen Apostel. Und wir haben jetzt ein Bild von Jesus, das ihn nicht als einsamen jenseitigen Menschen ohne Familienbande zeigt, sondern als Führer einer Schar von Brüdern wie Judas Makkabäus und Athronges.

4. Jesus als Pharisäer

A. Aussprüche Jesu, die als seine eigenen dargestellt werden, aber tatsächlich pharisäisch oder biblisch sind

»Alles nun, was ihr wollt, daß euch die Leute tun sollen, das tut ihnen auch! Denn das ist das ganze Gesetz und die Propheten« (Mt. 7,12).

Das ähnelt dem Ausspruch Hillels: »Was dir verhaßt ist, tue deinem Mitbürger nicht an: dies ist das ganze Gesetz, und der Rest ist Kommentar.« Hillel wurde 75 v.d.chr.Ztr. geboren. Hillels Formulierung ist negativ, während die Jesu positiv ist. Sowohl Hillels als auch Jesu Formulierung stützt sich auf die Vorschrift des Alten Testaments: »Du sollst deinen Nächsten lieben wie dich selbst.«

»Der Sabbat ist um des Menschen willen geschaffen und nicht der Mensch um des Sabbats willen« (Mk. 2,27).

Dies ähnelt dem Satz des Talmud: »Der Sabbat wurde euch gegeben, und ihr wurdet nicht dem Sabbat gegeben« (B. Yoma 85b und an anderen Stellen). Mit diesem Satz wird im Talmud Nachsicht in der Auslegung des Sabbatgesetzes gerechtfertigt.

»Wenn nun ein Mensch am Sabbat die Beschneidung empfängt, damit das Gesetz des Mose nicht gebrochen wird, wieso zürnt ihr dann mir, weil ich am Sabbat den ganzen Menschen gesund gemacht habe?« (Joh. 7,23)

Dieses besondere Argument findet sich auch im Talmud. »Wenn die Beschneidung, die nur eines der zweihundertachtundvierzig Glieder des Menschen betrifft, den Sabbath verdrängt, um wieviel mehr verdrängt ihn [die Rettung] eines ganzen Körpers« (B. Yoma 85b).

»Liebet eure Feinde und tut denen Gutes, die euch hassen« (Mt. 5,44).

Das stützt sich auf die Aussage des Alten Testaments: »Wenn du dem Rind oder Esel deines Feindes begegnest, die sich verirrt haben, so sollst du sie ihm wieder zuführen« (Ex. 23,4). Auch: »Du sollst dich nicht rächen noch Zorn bewahren gegen die Kinder deines Volkes. Du sollst deinen Nächsten lieben wie dich selbst; ich bin der Herr« (Lev. 19,18).

»Wenn ihr aber den Menschen nicht vergebt, so wird euch euer Vater eure Verfehlungen auch nicht vergeben« (Mt. 6,15).

Ähnlich: »Vergib das Unrecht, das dein Nächster tut, und wenn du darum bittest, werden deine Sünden vergeben.« Oder: »Wenn du Erbarmen mit deinen Mitmenschen hast, hast du einen, der Erbarmen mit dir hat; aber wenn du kein

Erbarmen mit deinen Mitmenschen hast, hast du keinen, der Erbarmen mit dir hat« (Tanchuma).

Das gilt für die Sünden eines Nächsten gegen *einen selbst*. Aber es gibt keine pharisäische Gutheißung, die Sünden eines Nächsten *gegen andere* zu vergeben. Die Geschichte, daß Jesus zu einem kranken Mann sagte: »Sei getrost, mein Sohn, deine Sünden sind dir vergeben«, klingt nicht wahr. Nach pharisäischer Lehre konnte nicht einmal Gott Sünden vergeben, wenn dem Geschädigten keine Genugtuung geleistet worden war. Diese Geschichte gehört zu der »absolutionistischen« Haltung der heidenchristlichen Kirche, nach der alle Sünden vergeben werden konnten, weil der Unterschied zwischen guten und schlechten Menschen illusorisch war, keiner sich jemals durch irgendwelche guten Taten verdient machen konnte und »Rechtfertigung« nur durch einen freiwilligen Akt der göttlichen Gnade geschehen konnte.

Gottes Liebe und Liebe zu Gott

Es wird oft so hingestellt, als sei Gott im Alten Testament und der pharisäischen Lehre der strenge Gott der Gerechtigkeit im Gegensatz zu dem Gott der Barmherzigkeit und Liebe im Neuen Testament. Oder anders ausgedrückt: Der Pharisäer hatte Gott zu *fürchten*, während der Christ ihn zu lieben hatte. Tatsächlich ist das Alte Testament voll von den Themen von Gottes Barmherzigkeit und Liebe: »Der Herr ist geduldig und von großer Barmherzigkeit« (Num. 14,18), »Seine Gnade währet ewig« (passim), »Die Erde ist voll der Güte des Herrn« (Ps. 33,5), »Und du, Herr, bist gnädig« (Ps. 62,13) usw. »Ich habe dich je und je geliebt« (Jer. 31,3), »Wie köstlich ist deine Güte, Gott, daß Menschenkinder unter dem Schatten deiner Flügel Zuflucht haben« (Ps. 36,8) usw. Der wichtigste Ausdruck für die Liebe des Menschen zu Gott im Neuen Testament ist dem Alten Testament entnommen: »Und du sollst den Herrn, deinen Gott, liebhaben von ganzem Herzen, von ganzer Seele und mit all deiner Kraft« (Dtn. 6,5). Die Anredeform Jesu für Gott »Vater unser« ist der pharisäischen Liturgie entnommen. Die pharisäische Lehre von Gottes Eigenschaften (die von christlichen Theologen übernommen wurde) gab als die beiden wichtigsten Eigenschaften Gerechtigkeit und Barmherzigkeit an. Die Pharisäer hätten jedoch nicht gelten lassen, daß die Vorstellung von Gottes Gerechtigkeit gänzlich hinter seiner Barmherzigkeit zurücksteht, weil dieser Gedanke bedeutet, daß der Mensch in Wirklichkeit kein Verdienst in Gottes Augen hat. Im Pharisäismus muß der Mensch nicht unbedingt von Gottes Eigenschaft der Gerechtigkeit überwältigt werden, weil das Festhalten am Gesetz dem Menschen ermöglicht, Gott im Hinblick auf sein Richteramt zufriedenzustellen. Das heidenchristliche Bild von Gott als einem Gott der Barmherzigkeit allein schließt tatsächlich die Vorstellung ein, daß Gottes Eigenschaft der Gerechtigkeit durch nichts im Menschen befriedigt wird; dies erklärt, warum die Furcht vor der Hölle im Heidenchristentum so stark ist, trotz der Lehre von der Barmherzigkeit (oder eher gerade wegen ihr).

B. Sabbatheilung

Eine gute Zusammenfassung der talmudischen Gesetze zur Frage der Heilung am Sabbat ist die des Rabbi David Feldman in seinem Kommentar zum Kizzur Schulchan Aruch (Auszug des Schulchan Aruch). Diese Zusammenfassung ist um so wertvoller, als sie ohne Gedanken an ihre Folgen für die Exegese des Neuen Testaments, sondern als praktischer Leitfaden für Rabbis und Lehrer geschrieben wurde. Ich übersetze aus dem Hebräischen (Hervorhebungen von mir):

Das Verbot der Rabbis gegen die Anwendung von Arzneien am Sabbat war eine Vorsichtsmaßnahme für den Fall, daß jemand fälschlich meinte, es sei gestattet, Arzneien am Sabbat zu zerstoßen.

Deshalb ist jede Art von Heilen erlaubt, *die nicht die Anwendung von Arzneien einschließt*, auch für eine leichte Unpäßlichkeit ...

Bei einer Behandlung durch Anwendung von Arzneien machten die Rabbis bestimmte Unterschiede:

a) Im Fall eines Menschen, der eine *gefährliche* Krankheit hat, erlaubten sie Behandlung ungeteilt, und in einem solchen Fall ist es eine sehr verdienstvolle Tat, die Sabbatgesetze zu mißachten, und je mehr man sich so einsetzt, desto löblicher ist es.

b) Im Fall eines Kranken, der das Bett hütet, aber nicht in Gefahr ist, erlaubten sie die Behandlung durch einen Nichtjuden, wenn die Behandlung eine größere Verletzung der Sabbatgesetze mit sich bringt, und durch einen Juden, wenn die Behandlung kleinere Verletzungen der (rabbinischen) Sabbatgesetze mit sich bringt. Der Patient darf jede Art von Arznei einnehmen.

c) Jemand, der starke Schmerzen hat, wird behandelt wie einer, der das Bett hütet, auch wenn er herumlaufen kann (z.B. bei starken Zahnschmerzen).

d) Wenn Gefahr für einen Körperteil besteht, aber nicht für das Leben, gilt die unter b) genannte Regel (außer wenn es sich um die Augen handelt, wo die Gefahr mit der Lebensgefahr gleichwertig ist).

e) Das Verbot gegen die Anwendung von Arzneien betrifft jemanden mit einer leichten Unpäßlichkeit ... Diese Person darf *als Arznei* auch keine Nahrung zu sich nehmen, die gewöhnlich einer gesunden Person gestattet ist, wenn es unübliche Nahrung für eine gesunde Person ist.

Die Person, die entscheidet, ob ein kranker Mensch gefährlich krank ist, ist der Arzt, auch der Patient selbst, der am besten weiß, wie er sich fühlt. In Abwesenheit eines Arztes kann jeder Anwesende entscheiden, der die Krankheit kennt oder auch nur sagt, daß er glaubt, sie sei gefährlich. Im Fall *innerer* Beschwerden wird das Sabbatgesetz durch jeden Verdacht, daß die Behandlung möglicherweise dringend ist, außer Kraft gesetzt, auch wenn kein Arzt anwesend ist und der Patient nichts sagt.

Krankheiten, die im Talmud als gefährlich erwähnt werden, sollen als gefährlich angesehen werden, auch wenn der Arzt und der Patient sagen, es bestehe keine

Gefahr. Krankheiten, die der Talmud als nicht gefährlich beschreibt, sollen als gefährlich angesehen werden, wenn der Arzt es sagt.

Jeder Lehrer soll mit den obigen Vorschriften bestens vertraut sein, damit es keine Verzögerung durch das Nachschlagen in Büchern gibt.

Man beachte, daß das *Heilen an sich* nicht als verbotene Sabbattätigkeit erwähnt wird. Probleme entstehen nur, wenn zur *Methode* des Heilens irgendeine verbotene Tätigkeit gehört.

Die Talmudquelle ist hauptsächlich B. Sabbat 147.

C. Geschichten von Sabbatheilungen im Johannesevangelium

Es gibt eine seltsame Geschichte im vierten Evangelium (Joh. 5), in der es um Sabbatbruch und Heilen geht, der Sabbatbruch aber nichts mit dem Heilen zu tun hat. Dies ist die Episode, in der Jesus einen Mann heilte, »der schon achtunddreißig Jahre krank war« und zu dem er sagt: »Steh auf, nimm deine Schlafmatte und geh!« In den synoptischen Evangelien geschieht ein ähnliches Ereignis, aber nicht am Sabbat; die Episode rührt von dem angeblichen Anspruch Jesu, Sünden vergeben zu können (Mk. 2,11 usw.). Offenbar hat Johannes den Punkt des Sabbatbruchs in diese Geschichte eingeführt, wo es ihn ursprünglich gar nicht gab. Bei vielen Einzelheiten durch das ganze vierte Evangelium zeigt Johannes größere Kenntnis der pharisäischen Gesetze als die Synoptiker. Er muß gewußt haben, daß die Synoptiker nicht recht hatten, wenn sie die Pharisäer als Gegner der Sabbatheilung darstellen. Er findet jedoch eine Möglichkeit, einen Zusammenstoß zwischen Jesus und den Pharisäern in einem anderen Aspekt des Sabbatbruchs zu bewerkstelligen. Er weiß (was die Synoptiker nicht wissen), daß es verboten war, am Sabbat Gegenstände zu tragen (dies ist ein Verbot, das zur Liste der 39 gehört). Also nimmt er die Geschichte, in der Jesus einem Mann sagt, er solle seine Schlafmatte nehmen, und verlegt diese Geschichte auf den Sabbat. Die Pharisäer können nun so dargestellt werden, daß sie nicht dem Heilen widersprechen, sondern der folgenden Verhöhnung des Sabbatgesetzes über das »Tragen«. Allerdings gibt es eine Schwierigkeit: Während in der ursprünglichen Geschichte Jesus einen guten Grund hatte, die Heilung vorzunehmen (nämlich einen menschlichen Wunsch, von Leiden zu befreien), hat er in Johannes' Geschichte keinen Grund, das Sabbatgesetz über das »Tragen« zu verhöhnen, höchstens eine willkürliche Laune. Die künstliche Verschmelzung von Geschichten erzeugt eine sehr wenig überzeugende Erzählung. Außerdem ist Johannes' Kenntnis des pharisäischen Gesetzes zwar dem Wissen der Synoptiker überlegen, aber sie ist nicht vollständig. Denn das Gesetz über das »Tragen« legt fest, daß keine schwere Verletzung des Gesetzes stattgefunden hat, wenn einer einen Gegenstand nicht von einem öffentlichen Bereich in einen privaten Bereich trägt (oder umgekehrt). Einfach einen Gegenstand auf der Straße in

einer ummauerten Stadt wie Jerusalem zu tragen wie in diesem Fall, würde keine Übertretung des »biblischen« Gesetzes gegen das »Tragen« bedeuten, sondern nur einer kleineren rabbinischen Ergänzungsbestimmung oder »Hürde um das Gesetz«. Daß die Pharisäer oder »Juden« (wie Johannes sie nennt) Jesus wegen dieses angeblichen kleineren Vergehens hinrichten wollten, ist völlig ausgeschlossen.

Diese erfundene zusammengekleisterte Geschichte von Johannes ist aufschlußreich, weil sie zeigt, daß seine besseren Kenntnisse des pharisäischen Gesetzes keinen Anlaß bieten, ihn für einen zuverlässigen Zeugen für die Ereignisse zu Lebzeiten Jesu zu halten (wie manche gefolgert haben). Er benutzt sein Wissen nur, um die Geschichten der Synoptiker zu verfälschen (die selbst das Endergebnis eines Verfälschungsprozesses sind), damit diese Geschichten von auffälligen Fehlern befreit werden. Das Endprodukt bei Johannes ist noch weniger zuverlässig als die Versionen der Synoptiker. Diese besondere Geschichte ist ein ausgezeichnetes Beispiel für Johannes' Methoden und liefert einen brauchbaren Beweis dafür, daß Johannes die synoptischen Evangelien kannte.

Ein anderes ausgezeichnetes Beispiel in einem späteren Kapitel des Johannesevangeliums betrifft ebenfalls das Sabbatheilen, und wieder achtet Johannes sorgfältig darauf, nicht zu behaupten, daß das Heilen an sich durch pharisäisches Gesetz verboten war. Er versucht zu zeigen, daß ein anderes Sabbatgesetz verletzt wurde, und wieder ist sein Wissen unvollständig, obgleich es dem der Synoptiker überlegen ist. Die Kleinigkeit, mit der Jesus den Sabbat verletzt haben soll, ist einem Ereignis in den synoptischen Evangelien entnommen, das nicht am Sabbat stattfand. Die Methode, die Johannes zum Aufbau seiner Geschichte anwendet, ist in beiden Fällen genau parallel. (Joh. 9)

Diese Geschichte betrifft die Heilung eines Blinden mit einer Methode, die die Anwendung von Brei einbezieht, den Jesus durch seinen mit dem Staub der Erde vermischten Speichel herstellt. Die Geschichte wird bei Markus 8 erzählt, wo Jesus jedoch einfach seinen Speichel benutzt, ohne Brei daraus zu machen. (Er verwendet auch allein Speichel, als er bei Markus 7 einen Tauben heilt.) Bei Markus findet die Geschichte nicht am Sabbat statt, und es folgt kein Streit mit den Pharisäern. Johannes verlegt die Geschichte auf den Sabbat (durch eine künstliche Nebenbemerkung) und bringt auch das Anrühren des Breis hinein, weil er weiß, daß das Anrühren des Breis eine Verletzung des Sabbatgesetzes wäre. Dabei läßt er außer acht oder weiß es nicht, daß jede Erkrankung der Augen, bei der Blindheit drohte, im pharisäischen Gesetz als eine Sache von äußerster Dringlichkeit angesehen wurde, für die jedes Sabbatgesetz, und sei es noch so wichtig, verletzt werden konnte und verletzt werden *mußte*.

Diese beiden Fälle sind in der Tat die einzigen von Johannes angeführten Ereignisse, die Heilen mit Sabbatbruch verbinden. Sie zeigen, daß Johannes sich gewisser Ungenauigkeiten in den synoptischen Evangelien bewußt war, die er

unbedingt ausbessern wollte. Er hatte vor, Geschichten zu verfassen, die zwar das Heilen mit Sabbatbruch verbanden, aber nicht den Fehler machten, das pharisäische Gesetz so darzustellen, als verböte es Sabbatheilungen an sich.

Natürlich muß die Möglichkeit erwogen werden, daß Johannes' Version der Sabbatheilungen die frühere ist. Die bessere Kenntnis des pharisäischen Gesetzes, die aus Johannes' Version ersichtlich ist, könnte zu diesem Schluß führen. Diese Möglichkeit braucht man jedoch nur zu erwägen, um sie zu verwerfen. Denn Johannes' Version der Geschichte ist von einer Uneinheitlichkeit, die ihr zusammengeflicktes Wesen verrät. Die Geschichten beginnen, als sollten sie von Sabbatheilungen handeln, und dann stellt sich heraus, daß es um etwas ganz anderes geht. Die einfachste Erklärung der Entwicklung der Geschichte über die Sabbatheilungen im Johannesevangelium ist folgende:

a) Sie beschrieben ursprünglich Zusammenstöße zwischen Jesus und den *Sadduzäern*, in denen Jesus den humaneren pharisäischen Standpunkt vertrat.

b) Die Synoptiker änderten »Sadduzäer« in »Pharisäer« und stellen so widersinnig die Pharisäer dar, als verträten diese einen sadduzäischen Standpunkt.

c) Johannes ist sich dieser Ungereimtheit bewußt und ändert die Geschichte, indem er Elemente aufnimmt, die ursprünglich keinen Bezug zur Sabbatfrage haben, damit sie besser mit dem pharisäischen Gesetz übereinstimmen, zerstört dabei aber die Logik der Geschichte.

Wir folgern also, daß die Prüfung dieser Sabbatepisoden die Ansicht bekräftigt, daß Jesus kein Gegner der Pharisäer, sondern in Wirklichkeit selbst ein Pharisäer war.

5. Pharisäische Reformen

1. Sie führten viele Reformen des Rechts durch, um es menschenfreundlicher zu gestalten, besonders im Strafgesetzbuch. Sie legten die biblische »lex talionis«, »Auge um Auge, Zahn um Zahn« in dem Sinn aus, daß der Schadenersatz für ein Unrecht in Geld gezahlt werden sollte (Ex. 21,24). (Der Schadenersatz mußte Zahlung für ärztliche Kosten, für Verlust der Anstellung, für erlittene Schmerzen und für die »Schmach« wie für die tatsächlichen Verletzungen einschließen.) Was die Todesstrafe betraf, so schafften die Pharisäer sie nicht wirklich ab, aber sie umgaben sie mit so vielen Bedingungen und Einschränkungen, daß sie in der Praxis kaum jemals vollstreckt wurde. Die Beweisführung des Verbrechens mußte bis zu einem unwahrscheinlichen Grad klar sein, bevor ein Todesurteil vollstreckt wurde: Es mußten zwei wirkliche Augenzeugen des Verbrechens vorhanden sein (eine umständliche Beweisführung oder sogar ein Geständnis waren nicht zulässig), und der Nachweis der Vorsätzlichkeit war unbedingt zu erbringen. Ein Gericht,

das einmal in sieben Jahren (manche sagen, in siebzig Jahren) ein Todesurteil vollstreckte, wurde »Blutgericht« genannt.

Die Strafe des Auspeitschens war in der Thora auf ein Höchstmaß von vierzig Schlägen festgesetzt worden (Dtn. 25,3). Das war an sich menschlich, verglichen mit zeitgenössischen Gesetzbüchern, aber die Pharisäer verfügten, daß a) das Höchstmaß 39 statt 40 sein sollte, b) die zu bestrafende Person zuvor ärztlich untersucht und nicht mehr Peitschenhieben ausgesetzt sein sollte, als sie nach der Erklärung des Arztes ertragen könnte, c) die Bestrafung sofort unterbrochen werden sollte, wenn sich die Person während der Bestrafung mit Exkrement oder Urin beschmutzte.

Die Thora (Dtn. 21,18–21) enthält ein Gesetz über die Steinigung eines »widerspenstigen und ungehorsamen Sohnes«. Die Pharisäer verwandelten dieses Gesetz in einen toten Buchstaben, indem sie der Bezeichnung »widerspenstiger und ungehorsamer Sohn« eine so strenge Definition gaben, daß das Urteil nie vollstreckt werden konnte (Mischna, Makkoth 3). Dies ist ein lehrreiches Beispiel für die Art, wie die Pharisäer Reformen durchführten, ohne die göttliche Eingebung der Bibel anzufechten. Es zeigt auch, wie die pharisäische Neigung zu haarspalterischen Definitionen, die im Neuen Testament und von allen antipharisäischen Autoren verurteilt wird, manchmal ein Kunstgriff der Menschenfreundlichkeit sein konnte.

Die Thora beschreibt ein Verfahren durch Gottesurteil für eine Frau, die des Ehebruchs verdächtigt wird (Num. 5). Dies ist viel weniger anrüchig als die meisten derartigen Verfahren in der antiken und mittelalterlichen Welt, weil die Frau, wenn sie von dem »bitteren Wasser« trinkt, ohne krank zu werden, als unschuldig zu gelten hatte. Doch der pharisäische Rabbi Johanan ben Zakkai, ein Zeitgenosse Jesu, schaffte das Gottesurteil mit der Begründung ab, daß man von Frauen nur erwarte, sich ihm zu unterziehen, wenn ihre Mannsleute rein wären, was nicht mehr der Fall war (Mischna, Sota 9,9). Dieses ironische Argument ist in Wirklichkeit Teil der allgemeinen Tendenz bei den Pharisäern, die Lage der Frauen zu verbessern.

Josephus bestätigt ebenfalls die Menschlichkeit der Pharisäer in Strafsachen. Er sagt, die Pharisäer »neigen dazu, milde zu sein bei Bestrafungen« (ant. XIII 10,6). Die Sadduzäer dagegen billigten die Strafbestimmungen der Bibel in ihrem grausamsten wörtlichen Sinn. Den Tag in der Regierungszeit der pharisäischen Königin Alexandra, an dem die harten Dekrete der Sadduzäer rückgängig gemacht wurden, feierten die Pharisäer und das Volk danach als öffentlichen Festtag. Wir können nun sehen, wie falsch die Beschuldigung in den Evangelien ist, daß die Pharisäer Jesus wegen einer kleineren Verletzung der Sabbatgesetze hinrichten wollten – besonders weil es in pharisäischer Sicht überhaupt keine Verletzung der Sabbatgesetze war.

Es braucht kaum gesagt zu werden, daß der pharisäische Kodex solche Greuel wie Kreuzigung, Folterung zur Erpressung von Geständnissen (Geständnisse waren ohnehin ungültig als Beweis, auch wenn sie nicht durch Folter bewirkt waren),

die Todesstrafe für gewöhnliche Straftaten oder andere derartige Merkmale, die auch im biblischen Kodex fehlen und Sadduzäern wie Pharisäern gleichermaßen zuwider waren, nicht enthielt.

2. Ganz unabhängig von der Frage gesetzlicher Bestrafungen reformierten die Pharisäer viele veraltete biblische Gesetze, die zu schwer auf Einzelpersonen oder Bevölkerungsgruppen lasteten. Die am meisten gefeierte dieser Verordnungen war Hillels Aufhebung des Gesetzes des siebten Jahres, nach dem jedes siebte Jahr alle Schulden nichtig wurden (Dtn. 15). Dieses Stück eines primitiven Sozialismus hatte sich als undurchführbar erwiesen, und Hillel hob es auf, indem er ein gesetzliches Instrument, genannt »Prosbol« erfand, mit dem das Gesetz umgangen werden konnte. Wieder war die göttliche Eingebung der Heiligen Schrift nicht angefochten worden, aber eine sehr notwendige Reform war durchgeführt worden. Ein anderes wichtiges Stück pharisäischer Gesetzgebung war die Entscheidung, daß der Besitz einer verheirateten Frau ihr Eigentum war und ihr im Fall einer Scheidung zurückgegeben werden mußte, ein wichtiger Schutz der Frauen, der zum Beispiel in das englische Recht erst 1882 aufgenommen wurde. Das Gesetz, daß zum Judentum bekehrte Ammoniter und Moabiter nicht innerhalb der jüdischen Gemeinschaft heiraten durften (Dtn. 23,3), wurde mit der Begründung abgeschafft, daß Sanherib, der König von Assyrien, die Völker so durcheinandergebracht hatte, daß keine richtigen Ammoniter und Moabiter mehr übrig waren. Dies sind nur einige wenige pharisäische Reformen des biblischen Gesetzes, über die man ein ganzes Buch schreiben könnte. Viele Autoren behaupten, diese alle seien keine echten Reformen, weil sie keinen Widerruf und keine Abschaffung des biblischen Gesetzes im strengsten Sinn bedeuteten. Aber ein frontaler Angriff auf die Heilige Schrift war zu jener Zeit undenkbar und hätte zu einem kulturellen Zusammenbruch geführt. Die pharisäische Methode wurde von Mitleid und gesundem Menschenverstand gelenkt, und sie verschaffte den Unterdrückten ebenso wirksam wie die direktere Methode Erleichterung. Die wenigen oben angeführten Beispiele reichen aus, um zu zeigen, daß die pharisäischen »Überlieferungen«, die das Neue Testament als »Lasten, zu quälend, um ertragen zu werden« beschreibt, in vielen Fällen keine drückenden Ergänzungen zum biblischen Gesetz waren, sondern willkommene Erleichterungen davon.

3. Es ist natürlich wahr, daß die Pharisäer komplizierte Gesetze über die Arten von »Arbeit«, die am Sabbat verboten waren, ausarbeiteten. Die Pharisäer hatten eine Leidenschaft für genaue Definitionen, und sie hielten die biblischen Gesetze über den Sabbat für zu unbestimmt für den praktischen Zweck. Aber es ist ein Fehler, Genauigkeit mit Strenge zu verwechseln; die sadduzäischen Sabbatgesetze waren zwar weniger zahlreich und einfacher, aber sie waren viel strenger. Die Pharisäer

definierten neununddreißig Arbeiten, die am Sabbat verboten waren; aber solche genauen Definitionen machten es auch ganz klar, welche Arten von Betätigung am Sabbat *nicht* verboten waren. Viele Menschen meinen, daß der pharisäische Sabbat wie der calvinistische Sonntag war, ein Tag, an dem jede Art von Freude oder Fröhlichkeit mit einem Stirnrunzeln bedacht wurde. So war es nicht. Der pharisäische Sabbat war, ganz im wörtlichen Sinn, als Tag der Ruhe gedacht, d.h. der Muße und Erholung. Die an ihm verbotene Arbeit war die Werktagsarbeit in Landwirtschaft und Handwerk. Alle Bemühungen, den Tag erfreulich zu gestalten oder daraus einen Tag der geistigen Erfrischung zu machen, wurden unterstützt. Es war ein Tag der Ruhe auch für die Tiere und Sklaven. Er wurde so sehr mit Freude und Frieden in Verbindung gebracht, daß das Jenseits »die Zeit, da immer Sabbat ist« genannt wurde.

4. Noch wichtiger als die Reformen, die sie im religiösen Gesetz einführten, waren die neuen Standpunkte und Einrichtungen, mit denen die Pharisäer dem Judentum neues Leben einhauchten. Die Einrichtung der *Synagoge* war ihnen zu verdanken. Mit anderen Worten, sie waren die Schöpfer des Kongregationalismus, eine der wichtigsten Entwicklungen in der Weltgeschichte der Religion und eine, ohne die die Entwicklung des Christentums und der abendländischen Kultur ganz anders verlaufen wäre. Diese Entwicklung mit ihren Begleiterscheinungen des öffentlichen Gebets, der Predigt, den Schriftlesungen und des religiösen Studienkreises wurde von einer neuen Einstellung zum Priestertum begleitet, durch die der Tempel und die Priesterschaft in ihrer Bedeutung herabgesetzt und die Würde des Laien erhöht wurden. Da das Gesetz als ein offener Prozeß und nicht als geschlossenes Orakel angesehen wurde, wurde eine Atmosphäre der demokratischen Diskussion gefördert. Unter den Laienfachleuten, den Rabbis, wurde es zur Gewohnheit, Meinungsverschiedenheiten in religiösen Fragen durch Abstimmung beizulegen – dies allein war eine der bedeutendsten Entwicklungen in der Geschichte. Es gab keine Lehre der Unfehlbarkeit in Zusammenhang mit solchen Entscheidungen; es wurde anerkannt, daß sie vielleicht falsch waren und zu einem späteren Zeitpunkt umgestoßen werden mußten.

5. Im Laufe ihrer Diskussionen brachten die Pharisäer gewiß eine neue intellektuelle Strenge in das religiöse Denken, und sie haben viel Kritik von jenen erfahren, die meinen, der Gebrauch des eigenen Verstandes sei unvereinbar mit Gefühl und Lauterkeit. Auf der anderen Seite jedoch hatten die Pharisäer eine ausgeprägte Ader für Poesie. Die Haggada (hauptsächlich in der Midrasch) ist die poetische Seite des Pharisäismus und umfaßt Volkssagen, Gleichnisse, drollige Phantasien und metaphysische Spekulationen. Besonders das *Gleichnis*, das so häufig von Jesus benutzt wurde, war eine Schöpfung der Pharisäer. Einige der schönsten in den

biblischen Kanon aufgenommenen Psalmen wurden von pharisäischen Dichtern verfaßt, und die pharisäische Liturgie bleibt an poetischem Gefühl in der religiösen Literatur unübertroffen. Die Beschuldigung der Heuchelei und der knochentrokkenen Paragraphenreiterei kann angesichts dieser Zeugnisse nicht aufrechterhalten werden, obgleich die Bewegung, wie jede andere religiöse Bewegung auch ein paar Scheinheilige in ihren Reihen hatte.

6. Übereinstimmend mit ihrer neuen Würdigung der Bedeutung des Laien begründeten die Pharisäer ein umfassendes Erziehungssystem, durch das in jeder Stadt und in jedem Dorf, wo es Juden gab, Schulen für alle, die sie besuchen wollten, eingerichtet wurden.

7. Die Pharisäer bereicherten das jüdische religiöse Jahr um neue Feste (Chanukka und Purim); sie ergänzten den Kanon der Heiligen Schrift um Bücher, die von den Sadduzäern nicht anerkannt wurden (z.B. Prediger Salomo und Hohelied); sie brachten neue Lehren in das Judentum (z.B. den Glauben an Engel und die Auferstehung von den Toten); sie führten neue Riten im Tempeldienst ein (z.B. die fröhliche Zeremonie des Wasserschöpfens am Laubhüttenfest); und sie schufen ständig neue Gebete und Zeremonien in der Synagoge.

Doch trotz allem werden die Pharisäer immer noch als schlafmützige Traditionalisten gezeichnet, die dem Judentum nichts als lästige und überflüssige Beschränkungen hinzufügten! Sie fügten in der Tat durch ihre Methode, »eine Hürde um die Thora zu errichten«, dem Gesetz einige Verbote hinzu. Zum Beispiel ordneten sie an, daß nicht nur das Graben am Sabbat verboten war, sondern ein Mann sollte nicht einmal einen Spaten anrühren, aus Furcht, das könnte zum Graben führen. Aber zu Lebzeiten Jesu waren diese Ergänzungen noch nicht auf jenen Umfang wie in späten talmudischen Zeiten angewachsen; und auf jeden Fall erhielten diese »rabbinischen« vorbeugenden Verordnungen nie denselben Rang wie die fundamentaleren Gebote und konnten in Härtefällen gelockert werden. Es würde in keinem Verhältnis stehen, wenn man solche Vorsichtsmaßnahmen stärker betonte als die vielfältigen liberalen Neuerungen und Reformen, die die Pharisäer einführten.

6. Jesus als Wunderheiler

Man braucht die Geschichtlichkeit der Wunderheilungen Jesu nicht in Zweifel zu ziehen. Wir wissen heute von der erstaunlichen Macht der Suggestion beim Heilen von Krankheiten, und die Zahl der Krankheiten, die einer solchen Behandlung nachweislich zugänglich sind, nimmt ständig zu. Es fällt nicht schwer zu glauben, daß eine Person mit großer Ausstrahlungskraft, die fähig war, eine Menge in einen

Zustand der Massenhypnose hineinzusteigern, die Heilungen vollbracht haben kann, die Jesus in den Evangelien zugeschrieben werden. Dies ist das einzige, was von den Werken Jesu in der Volkserinnerung der Juden haftenblieb, wie aus Abschnitten des Talmud hervorgeht, die sich auf Heilungen beziehen, die lange nach dem Tod Jesu mit Amuletten, auf denen sein Name stand, ausgeführt wurden (Tosefta, Chullin II 22; B. Avodah Sarah 27b; J. Avodah Sarah II 40d; J. Sabbat XIV 14d). Der Talmud zeigt auch, daß es besonders bei den galiläischen pharisäischen Rabbis verbreitet war, Krankheiten »bösen Geistern« zuzuschreiben; dagegen neigten die judäischen Rabbis mehr zu einer materialistischen Theorie der Medizin (Loewe 1915). Diese unterschiedliche Auffassung entspricht recht genau der Aufteilung in psychotherapeutische und physische Behandlungsmethoden bei einem bestimmten Bereich von Krankheiten.

Jesus errang also durch die Stärke und Anziehungskraft seiner Persönlichkeit und die dadurch ermöglichten Wunderheilungen einen Erfolg, der weit über jenen des unheimlichen und abstoßenden Johannes des Täufers hinausging. Es sollte festgehalten werden, daß die Wunderheilungen Jesu nicht ohne politische Bedeutung waren. Die Wiederkehr eines Zeitalters der Wunder mußte als ein Zeichen der bevorstehenden Erlösung betrachtet werden, wie es laut Bibel bei der Befreiung aus Ägypten der Fall gewesen war. Auch dürften gerade die Heilungswunder dazu beigetragen haben, daß die Menschen an Jesus als einen echten Propheten glaubten und ihn besonders mit Elia gleichsetzten, dessen Name mit Wunderheilungen verbunden war. Tatsächlich ähneln viele Wunderheilungen Jesu denen, die von Elia in der hebräischen Heiligen Schrift überliefert sind. Die Evangelien machen deutlich, daß Jesus eine Zeitlang für die Reinkarnation Elias gehalten wurde, der nach dem volkstümlichen Glauben nie gestorben war. »Elia« war ein Name von großer politischer Macht, weil man glaubte, seine Rückkehr werde der Ankunft des Messias unmittelbar vorausgehen. Je stärker Jesus mit ihm identifiziert wurde, desto entschlossener trotzte das Volk den Römern. Eine Eliagestalt war für die Römer und proromischen Juden kaum weniger unangenehm als eine volkstümliche Messiasgestalt. Die Wunderheilungen Jesu waren also nicht nur reine Äußerungen religiöser Inbrunst wie bei heutigen »evangelischen« Versammlungen; sie waren politische Handlungen, die das Nahen des großen Tages bekräftigten, an dem die Römer aus dem Heiligen Land hinausgeworfen würden.

Es muß noch einmal hervorgehoben werden, daß die Wunder Jesu die Juden nicht in der Richtung beeinflußten, ihn als göttlich zu verehren. Die Wunder, die von Jesus in den Evangelien berichtet werden, sind nicht größer als jene, die von den Propheten in der hebräischen Heiligen Schrift berichtet werden.

7. Pharisäische Gleichnisse

Körper und Seele

Antonius (ein römischer Kaiser) sprach zu Rabbi (Juda dem Fürsten): Körper und Seele können sich ja beide von der Strafe befreien, indem der Körper sagen kann, die Seele habe gesündigt, denn seitdem sie von ihm fort ist, liegt er ja wie ein Stein im Grabe, und die Seele kann sagen, der Körper habe gesündigt, denn seitdem sie von ihm fort ist, schwebt sie ja wie ein Vogel in der Luft umher. Dieser erwiderte ihm: Ich will dir ein Gleichnis sagen, womit dies zu vergleichen ist. Einst hatte ein König aus Fleisch und Blut schöne Früchte in seinem Obstgarten, in dem er zwei Wächter angestellt hatte, einen lahmen und einen blinden. Da sprach der Lahme zum Blinden: Ich sehe schöne Früchte im Garten; komm, laß mich auf dir reiten, und wir holen sie uns und essen. Hierauf setzte sich der Lahme auf den Blinden, und sie holten sie und aßen. Nach Verlauf von Tagen kam der Eigentümer des Obstgartens und fragte sie, wo denn die schönen Frühfrüchte hingekommen seien. Der Lahme erwiderte: Habe ich denn Füße, um gehen zu können? Der Blinde erwiderte: Habe ich denn Augen, um sehen zu können? Was tat er nun? Er setzte den Lahmen auf den Blinden und bestrafte sie zusammen. Ebenso verfährt auch der Heilige, gepriesen sei er; er holt die Seele und bringt sie in den Körper, sodann bestraft er sie zusammen. (B. Sanhedrin 91a–91b)

Man könnte die jüdische Lehre von der Einheit von Körper und Seele als Ganzem nicht besser veranschaulichen.

Reue

Ein Königssohn war hundert Tagesreisen von seinem Vater entfernt. Da sagten seine Freunde zu ihm: Kehre zu deinem Vater zurück. Er sagte zu ihnen: Ich kann nicht. Der Weg ist zu weit. Sein Vater schickte nach ihm und sagte: Geh, so weit du kannst, und ich komme dir den Rest des Weges entgegen. So sagte der Heilige, gepriesen sei er, zu Israel: Bekehrt euch nun zu mir, so will ich mich auch zu euch kehren (Mal. 3,7). Midrasch.

Pharisäische Gleichnisse waren oft an die Exegese eines biblischen Textes geknüpft. Es ist wahrscheinlich, daß viele Reden und Gleichnisse Jesu, wie Ranke-Graves und Podro gefolgert haben, ursprünglich auf dieselbe Art an Texte gebunden waren.

8. Judenchristen (Nazaräer) und Heidenchristen

Es gibt viele Hinweise auf die Nazaräer in der frühen christlichen Literatur, aber sie werden als ketzerische judaisierende Sekte behandelt, nicht als Vertreter des ursprünglichen Glaubens der Jerusalemer Kirche. Daß die ersten Christen Nazaräer genannt wurden, kann im Neuen Testament selbst (Apg. 24,5) und in jüdischen Quellen (hebräisch Notzerim) belegt werden. Hinweise auf die Nazaräer und ihren Glauben (menschlicher Status Jesu, Gegnerschaft zu Paulus) ist in den Schriften von Justinus dem Märtyrer, Epiphanius, Hieronymus, Irenäus, Hippolytus und Origenes zu finden. Das nazaräische Evangelium (oder nazaräische Evangelien) wurde unterdrückt, aber Fragmente davon blieben erhalten (Hebräerevangelium, vielleicht auch Petrusevangelium). Von Hugh Schonfield (›According to the Hebrews‹, London 1937) wurde behauptet, daß die mittelalterliche antichristliche Arbeit Toledot Jeschu die Bearbeitung eines judenchristlichen Evangeliums sei.

Die Nazaräer wurden später Ebioniten genannt, und eine wichtige ebionitische oder teilweise ebionitische Arbeit, die erhalten ist, ist die »pseudoklementinische Literatur« (Klementinische Homilien und Klementinische Rekognitionen).

F. C. Baur war der erste Wissenschaftler, der die Nazaräer als die frühesten Judenchristen identifiziert und die Geschichte der frühen Kirche als Kampf zwischen Nazaräern und Paulinisten gesehen hat (›Kirchengeschichte‹, 1853). Zu einer wissenschaftlich modernen Behandlung dieser Theorie siehe S. G. F. BRANDON, ›The Fall of Jerusalem and the Christian Church‹ (1957) und vom selben Autor: ›Jesus and the Zealots‹ (1968). Ein phantasievoller Versuch, den Inhalt des Nazaräertums zu rekonstruieren, ist ›The Nazarene Gospel Restored‹ von Robert RANKE-GRAVES und Joshua PODRO (1953).

Viele Wissenschaftler widersetzen sich immer noch der Ansicht, daß die frühesten Christen nicht an die Göttlichkeit Jesu glaubten, und blieben folglich der offiziellen katholischen Einstellung treu, daß die Nazaräer eine spätere Irrlehre waren.[3]

---

[3] Näheres dazu führt H. Maccoby im ›Mythenschmied‹ vor und aus (Anm.d.Hg.).

9. Maccoby und Hengel

von Fritz Erik Hoevels

Ein mir bekannter und freundlich gesonnener Lehrstuhlinhaber für Biblische Archäologie – so gerne ich seinen Namen nennen würde, um ihm für einige kleinere Hilfen zu danken, so klug ist es, dies zu unterlassen, um ihm nicht zu schaden oder zumindest Ärger und Haß einzutragen – äußerte die Meinung, die Ignorierung von Maccobys Werk bzw. Argumenten durch die Fachwelt werde dadurch erleichtert, ja hervorgerufen, daß dieser nicht auf das weithin als »Standardwerk« über die Zeloten geltende Buch von Martin Hengel ›Die Zeloten‹ (1. Aufl. Leiden/Köln 1961) eingegangen sei (obwohl er diesen mäßig originellen Autor im 2. [Paulus-] Band dieser Ausgabe sehr wohl berücksichtigt hat, während jener Maccoby auch in der 3., überarbeiteten Auflage seines »epochemachenden Werkes« von 2011, wie es im Vorwort gerühmt wird, auch weiterhin hartnäckig ignoriert). Ich bezweifelte das sehr, hielt es aber für nötig, mich mit diesem Autor auseinanderzusetzen, da Maccoby (derjenige Mensch, von dem ich unter allen, die mir lebend und nicht nur mittels ihrer Schriften begegneten, bei weitem am meisten gelernt habe, jedenfalls an Aufschlußreichem) schon längere Zeit verstorben ist. Hier das Ergebnis meiner Nachprüfungen, für das ich natürlich die alleinige Verantwortung trage:

Soweit der historische Hintergrund betroffen ist, liefert Hengels Werk nur Bestätigungen und bestätigende Ergänzungen der Aussagen Maccobys zu dem gleichen Gegenstand. Das ist auch nicht verwunderlich, da beide die gleichen Quellen zugrundelegen (und das auch müssen, da es praktisch keine anderen gibt), in der Hauptsache Flavius Josephus, talmudische Quellen, wenige Epigraphica und sonstige Funde sowie verstreute Stellen antiker Historiker außer Josephus. Die eigentliche Argumentation Maccobys wird in dem zweifellos sehr soliden, aber notwendigerweise auch sehr braven Werk Hengels (es hat als Doktorarbeit angefangen und sein beamtenrechtliches Ziel erreicht, was nicht zu tadeln ist, aber die Hoffnung auf allzu mainstream-feindliche Gedanken in ihm dämpfen sollte; natürlich, wer Hengels persönliche Verhältnisse kennt, die am ehesten mit denen des »Theologen« in Arno Schmidts Novelle ›Schulausflug‹ zu vergleichen sein dürften: der schnöde Mammon allein macht's freilich nicht, am wenigsten das trotz alledem ziemlich satte Beamtengehalt, aber eine Universitätsumgebung ist nun einmal angenehmer als das prosaïsche Koofmich-Leben) einfach umgangen oder versteckt, nie ernsthaft diskutiert, wo sie sich von den antiken Zeugnissen her aufdrängt oder von Vorgängern Maccobys schon geäußert wurde. Anders ausgedrückt: um Einwände gegen die oder Bestätigungen der in dem Ihnen gerade vorliegenden Buch geäußerten historischen Rekonstruktion zu finden, ist dasjenige Hengels einfach ungeeignet. Es stellt sich eben niemals jenem einfachen, aber verpönten Gedanken, welcher den

Hypothesenminimalismus für sich hat, da er mit einem Schlag die Frage löst, wie Pontius Pilatus auf die dumme Idee kommen konnte, auf das Anraten von Leuten, denen er nicht sehr trauen konnte, einen pazifistischen Spinner als »Terroristen« hinrichten zu lassen, und wie ein solcher nicht nur von etlichen Leuten für den Messias, sondern sogar den »Sohn Davids«, d.h. den Kriegs-Messias (im Gegensatz zum »Sohn Aarons«, dem Priester-Messias), gehalten werden konnte, vom jüdischen Kronprätendenten (»König der Juden«, als Kreuzaufschrift ein böser Spott für Befürworter eines Davidsreiches, deren Führer dort hängt, doch unverständlich und ohne äußeren Abschreckungswert als Spott über einen pazifistischen Spinner) ganz zu schweigen: nämlich, daß Jesus gar kein pazifistischer Spinner war, sondern ihm diese Haltung erst posthum zugeschrieben wurde, als ihn jemand – Paulus nämlich – zum hellenistischen Halb- bis Vollgott gemacht hatte, weil er als tragische Figur in der Art des Dionysos dazu geeignet war, und dann mit den römischen Behörden keinen Ärger haben wollte. (Wie diese Konstruktion über ein Zwischenglied – die jüdische und nicht christliche »Kirche von Jerusalem«, welche Jesus immerhin schon durch ein Wunder Jahwes, aber noch nicht aus eigener Kraft, hatte wieder lebendig werden lassen, so daß dieser seine Messiasfunktion gegen die Besatzer doch noch erfüllen konnte, rekonstruiert Maccoby plausibel im nächsten Band dieser Reihe.) Zwar lösen sich auf diese Weise alle Widersprüche in der christlichen Gründungslegende bruchlos auf (das genau ist der Grund, warum der Hypothesenminimalismus diese Lösung gebietet – andernfalls entfesselt sich eine Flut von Erklärungen im Stile von »Das war, weil ...«), aber eben auch das mythologische Fundament dieser mächtigen Religion. Und deshalb wird niemand eine Lebenszeitstelle in einer Fakultät erlangen, die von der Kirche oder auch nur dem mit ihr verbandelten Staat kontrolliert wird, wenn er an dieser Stelle keine Tomaten vor den Augen hat oder sich diese wenigstens auflegt. (Kappt der Staat eines Tages diese Bande, so wird »man« freilich schon immer der naheliegenderen Meinung gewesen sein wollen – aber auch dann wird man Maccoby verschweigen, denn er äußerte sie zur »Unzeit«.)

Um nicht schon wieder der Übertreibung oder, hilfsweise, der Voreingenommenheit oder Einseitigkeit beschuldigt zu werden, lasse ich besagten Hengel selber zu Worte kommen. Aber es sind nicht gerade viele Worte, die er zum hier anstehenden Thema fallen läßt, sondern nur ein paar apodiktische Sätze an verstreuten Stellen, auseinandergerissen und dann versteckt wie die *disiecta Osiridos membra*. Ein Beispiel:

Daß die Pharisäer (denen Jesus angehörte, wenn Maccoby Recht hat) an ihrem schammaïtischen Rand (dem Jesus aufgrund seiner Ansichten zur Ehescheidung höchstwahrscheinlich zuzurechnen ist) bruchlos in die Zelotenbewegung übergingen, welcher sie ansonsten auch allesamt innerlich näher standen als den Römern oder der reichen, mit diesen kollaborierenden sadduzäischen Erbpriesterschaft, be-

stätigt auch Hengel. Daß aber Jesu Jünger öfters Beinamen tragen, die ins zelotische Umfeld verweisen, gefällt ihm gar nicht: Simon der Zelot, Simon Barjona (d.h. auf aramäisch stets der »outlaw« bzw. »Untergrundkämpfer«), Judas Ischariot, was eine Aramäisierung von *sicarius* sein muß (also »Terrorist, Attentäter«, wörtlich »Dölchler«), von den ominösen »Kanaanitern« und den »Donnersöhnen« ganz zu schweigen. (Letztere kommen bei ihm gar nicht vor; die im Kontext völlig unsinnigen »Kanaanäer« können nur kannaï [קנאי], also »Zeloten«, gewesen sein; sonst klänge der Text so unsinnig wie »Ich kam nach Frankfurt, wo der Germane Goethe wohnte [oder nach Paris, wo ich den Gallier Baudelaire traf]«; siehe ansonsten p. 82*sq.*, Anm. 6, sowie p. 140 des hier vorliegenden Buches.) Erst in Fußnote 5 auf Seite 344 gibt Hengel wenigstens einen Teil dieses Belegzusammenhangs zu sowie die Tatsache, daß andere Gelehrte aus ihm die naheliegendste Schlußfolgerung gezogen haben, aber im Text verbannt er diese argumentlos, eben apodiktisch, aus den Leserhirnen: »Aus ihren Beinamen läßt sich kaum Näheres ableiten.« Wieso denn nicht?! (Auch die sonstige beamtete »Fachwelt« [z.B. Guido Baltes in seinem mindestens ebenso wie dasjenige Hengels renommierten Werk ›Hebräisches Evangelium und synoptische Überlieferung‹, Mohr-Siebeck 2011] mauert an dieser Stelle mehrheitlich nicht mehr, nur Judas muß noch ein farbloser »Mann aus Kerioth« [etwa »Häusern«, den Ort gab es wirklich] bleiben, was erstens wegen der relativen Entlegenheit dieses Ortes, zweitens auf dem Hintergrund der Parallelen nicht sehr wahrscheinlich ist.) Und dann bietet er zu diesen an verstreuten Stellen recht gezwungene Alternativerklärungen an (p. 49, Anm. 3 [völlig apodiktisch] und 57 [nicht viel besser]), die jede für sich stimmen *können*, aber nicht zu dieser Indizien*häufung* passen (von der er wiederum durch Zersprengung der Belege ablenkt; er verschweigt uns auch, was ihm als vorzüglichem Kenner der einschlägigen semitischen Sprachen klar war, daß in der aramäischen bei Fremdworten wie *sicarius* anlautendem sp- und sk- aus Aussprachegründen ein »i« vorgeschaltet wurde, etwa *specula* »Brille« zu ispecula wurde, analog etwa zu frz. *esprit* aus spiritus). Dazu paßt, daß er jene Stellen des altslawischen Flavius Josephus, die *entgegen der Tendenz seiner christlichen Bearbeiter* auf einen zelotischen oder zelotismusnahen Hintergrund Johannes des Täufers, Jesu und der ersten Kirche von Jerusalem verweisen, weder vorführt noch diskutiert, sondern – wiederum apodiktisch, also argumentlos – als »höchst sonderbar«, ihre Ernstnahme als »phantasiereich« abtut (p. 17). Kurzum: er mauert; aus seinem Buch geht vor allem und unfreiwillig hervor, daß andere – als Christen oder Juden geborene – Forscher der Wahrheit schon viel näher gekommen waren als er, freilich dafür nicht unbedingt befördert wurden.

Dafür gibt er öfters und auch als Schlußakkord die gewohnte christliche Behauptung, daß Jesus die ihm vierzig Jahre später zugeschriebene Lehre nicht nur gekannt, sondern auch vertreten und sogar gegründet habe, mehrfach ebenso apodiktisch wieder (p. 185*sq.*; 231; 385*sq.*); sein Schlußsatz lautet: »Man wird so

abschließend sagen können, daß trotz gewisser Berührungspunkte die Verkündigung Jesu und der Christenheit die eigentliche Überwindung [*sic*] des zelotischen Versuchs darstellte, die Herrschaft Gottes auf Erden mit Gewalt herbeizuführen.« Dieser höchst unbewiesene – und inhaltlich sehr unklare, was heißt z.B. »Überwindung« statt etwa »Resignation«, warum dann Jesus und nicht Flavius Josephus? – und wieder mal apodiktische Satz paßt besser an das Ende einer Predigt als an dasjenige eines Buches mit wissenschaftlichem Anspruch.

Nur noch *eine* Illustration, warum Hengels Buch außer durch lobenswerten philologischen Fleiß, wo er der Kirche nicht in die Quere kommen kann, wenig wert ist und schon gar keine Beweihräucherung als »Standardwerk« und »Autorität« verdient: »E. E. Jensen ... sieht in Jesus einen Revolutionär. Dies ist durchaus möglich, doch richtete sich der Angriff Jesu nicht gegen die römische Oberschicht, sondern gegen die religiös und politisch herrschende Schicht im Judentum selbst. Sie, die sadduzäischen Priester *und die Pharisäer* [Hervorhebung F.E.H.] standen dem Anbruch der Gottesherrschaft im Wege und nicht, wie die Zeloten glaubten, die Römer« (p. 346, Anm. 3; cf. auch p. 185 u. 231, wo Jesus mit Paulus unkritisch in einen Topf geworfen wird). – Was ist das für ein seltsamer »Revolutionär«, der in einem besetzten Lande eine Theokratie errichten will (oder gar in der ganzen Welt, deren ihm bekannten Teil ebenfalls die Römer beherrschten), ohne sich gegen die Besatzungsmacht wenden zu wollen?! Und warum auch noch gegen die Pharisäer, die einer solchen Theokratie auf keinen Fall ablehnend gegenübergestanden hätten, ihr radikaler Flügel sogar opferreich für diese kämpfte? Nun aber genug des christlichen Wiederkäuertums, denn das steckt dahinter, und sei es nur aus Karrieregründen; zur Ehre der Christen sei aber gesagt, daß sie auch und schon lange vor Hengel bedeutend ernsthaftere und wissenschaftlich ernster zu nehmende NT-Philologen (und Talmudisten!) hervorgebracht haben als diese angebliche »Autorität«.

Jesu Lehre soll also – was schon den ersten Evangelienlesern klar war und nie ganz vergessen wurde – antizelotische Spitzen enthalten; damit hätte Hengel natürlich dann recht, wenn jene dessen Lehre wiedergeben würden. Es ist aber merkwürdig und wohl nur aus christlicher Gedankenherrschaft zu erklären, daß er wie fast alle Theologen ob der späten Abfassung aller Evangelien nicht Verdacht schöpft, daß es für diese eigentlich erstaunliche Verzögerung doch einen Grund geben müsse; denn hätten die ersten Christen (als deren erster Paulus gelten muß und nicht etwa die sog. Jünger Jesu, aber ich will nicht zu viel vom zweiten Band der hier vorliegenden Untersuchungen Maccobys vorwegnehmen) Jesus irgendeine autoritative Lehre zugeschrieben, dann hätten sie doch bestrebt sein müssen, diese irgendwie schriftlich zu bewahren; die berühmte hypothetische, doch wahrscheinliche »Logienquelle Q« mag diese Dienste zwar irgendwann vor der Niederschrift des ersten Evangeliums geleistet haben, wohl eher für die jüdischen Ebioniten als für die Christen, d.h. Paulinisten, aber es ist doch äußerst auffällig, daß in den

ältesten und zugleich autoritativen Schriften des Neuen Testaments, nämlich den echten Paulusbriefen, nie der leiseste Bezug auf einen möglichen oder wirklichen Ausspruch des noch lebenden Jesus genommen wird – entweder spricht er zu Paulus (einen einzigen Satz und noch dazu ein Euripides-Zitat) vom Himmel herab, oder Paulus erfährt *per Vision*, was Jesus beim Abendmahl gesagt und getan haben soll, doch es fehlt auch der kleinste Hinweis auf irgendeine mündliche oder gar schriftliche Überlieferung der Worte des Meisters. Daraus läßt sich nur schlußfolgern, daß die ersten Christen auf eben diese nicht sehr viel Wert gelegt haben können (im Gegensatz zu dem metaphysisch verklärten Märtyrertod ihres schon früh vergöttlichten Helden, welcher offenbar im Zentrum ihrer Gefühls- und Phantasiewelt stand), was wiederum den Gedanken nahelegt, daß sie, sobald endlich in Schriftform gekommen, verzerrt bis erfunden sein können, z.B. pazifistisch und damit antizelotisch verzerrt. Das hätte den großen Vorteil, den Widerspruch zwischen der in den Evangelien dargestellten angeblichen Lehre Jesu und seinem ebendort dargestellten grausamen Ende erklären zu können (und genau das leistet Maccoby ja); denn einen Prediger der gewaltlosen Ergebung, gar einen innerjüdischen Religionsdissidenten hätte kein Pontius Pilatus kreuzigen lassen (dafür aber der Hohepriester sehr geschätzt), so wenig wie etwa ein US-Militärkommandant unserer Tage ein innerislamisches afghanisches Pendant erschießen ließe, am wenigsten auf die Anstachelung örtlicher Mullahs hin. (Wären diese wiederum US-Kollaborateure, so würden sie nicht einen leidlich einflußreichen Anti-Taliban-Prediger als Taliban-Führer und Staatschef-Prätendenten anschwärzen, selbst wenn er ihnen aus bloß dogmatischen Gründen mißliebig wäre; umgekehrt hätte ein US-Militärkommandant das »Komische« an der Sache, so sie unwahrscheinlicherweise doch geschähe, schnell herausgefunden, ein Pontius Pilatus genauso, und alle fremdgläubigen Imperialisten achteten in allen Jahrhunderten streng darauf, nicht in bloß religiöse Streitereien der von ihnen besetzten Länder hineingezogen zu werden, aus sehr leicht verständlichen Gründen; »*divide et impera*« funktioniert nur, wenn man nach der Division nicht mit einer der beiden Seiten verknüpft werden kann.)

Wie gesagt, in diesem wie jedem weiteren damit verbundenen Gedankengang *könnte* ja irgendein Fehler verborgen sein, ihm *könnte* ja ein unberücksichtigtes oder neu herausgefundenes Faktum widersprechen; aber davon kommt bei Hengel einfach nichts. Er diskutiert die Rekonstruktion der historischen Abläufe, wie sie Maccoby geleistet hat oder dieses zumindest beansprucht, bzw. die dazugehörigen Argumente einfach nicht, entweder, weil sie ihm nicht in den Sinn kommen, oder, weil sie ihm nicht in den Sinn kommen dürfen, wohl weniger aufgrund dogmatischer Scheuklappen als aufgrund institutioneller Zwänge. Insofern trägt Hengels Werk, außer daß es, wie manch anderes auch, tatsächlich überdurchschnittlich sorgfältig gearbeitet ist, Maccobys historische Hintergrundsdarstellung bestätigt und abrundet, zur möglichen Kritik oder Bestätigung seiner relevanten in dieser

Stringenz neuen Thesen nichts bei[4] und kann und konnte bei deren Präsentation mit Fug und Recht vernachlässigt werden.

Darüber hinaus zeichnet es aber von seinem Gegenstand ein deutlich unfreundlicheres Bild als Maccoby, welches sichtlich von der christlichen Tradition geprägt ist, ohne durch die Quellen überzeugend gedeckt zu sein. Einerseits wird die religiöse Motivation der Zeloten zu Lasten ihrer politisch-nationalen derart in den Vordergrund gedrängt, daß sie regelrecht wurzellos erscheint, gerade als habe eine seltsamerweise aufblühende religiöse Verbohrtheit eben diese Folge bei zumindest einem erklecklichen Prozentsatz der betroffenen Bevölkerung gehabt, obwohl der grausame und demütigende Besatzungshintergrund, der doch mit Händen zu greifen ist, den Gedanken mindestens ziemlich aufdrängt, in der religiösen »Motivation« der Zeloten nur die naheliegende, subjektiv wohl meistens auch aufrichtige Einkleidung eines anti-imperialistischen Widerstands gegen eine unerträgliche Besatzer- und Kollaborateursherrschaft zu sehen.[5] Es ist ja auch eine naheliegende Vermutung, daß der

---

[4] Mit einer Ausnahme, um gerecht zu bleiben: Maccoby stellt die Pharisäer einträchtiger dar, als sie wirklich waren; vor einer entscheidenden Abstimmung zwischen Hilleliten und Schammaïten kam es zu Mord und Totschlag (der einseitig von letzteren ausging; siehe p. 206 mit eindeutigen Belegen). Aber niemals trachtete eine Fraktion der anderen gezielt nach dem Leben, was aber die Grundlage der Evangelienfiktion ausmacht (falls Jesu Pharisäismus nicht einfach und absurderweise ganz geleugnet wird); derlei hätte ihr Ansehen bei der Masse, auf das sie angewiesen waren, genauso ruiniert wie etwa, auf der Ebene des Satyrspiels, dasjenige der K-Gruppen durch das gegenseitige Überkleben ihrer mit den letzten Groschen ihrer Mitglieder finanzierten Wahlplakate, aber nie derjenigen ihrer politischen Feinde. Nach Erlangung der Staatsmacht, und sei das auch nur im befreiten Jerusalem, mag sich das ändern; zur Zeit Jesu wäre es so ruinös gewesen, daß der »Jüdische Krieg« nie mehr hätte ausbrechen können. – Ebenfalls nützlich ist, daß wir von Hengel erfahren, daß schon vor Maccoby ein Philologe namens H. A. Rigg bemerkt hat, unglücklicherweise ausgerechnet 1945, als die Welt andere Sorgen hatte, daß Jesus und Barabbas die gleiche Person sein müssen; er diskutiert dessen Argumente aber nicht, noch teilt er sie uns mit, verrät uns auch nicht, daß Barabbas in den ältesten Handschriften »Jesus Barabbas« heißt, und tut die scharfsinnige These nur – wiederum apodiktisch – als »abenteuerlich« ab (p. 348, Anm. 1). Dagegen will er, gestützt auf vage Andeutungen, das nirgends belegte »Passahprivileg«, die mehr als zweifelhafte Grundlage der Barabbas-Geschichte, als historisch gelten lassen.

[5] Um diesen Punkt eiert nicht nur Hengel selbst, sondern auch sein moderner Verteidiger Roland Deines (im Nachwort zur Ausgabe von 2011) ständig herum; am besten trifft dieser den Sachverhalt in seinem ersten längeren »Islamismus«-Vergleich (p. 413*sq.*), der in Wahrheit gar keiner weiteren Zusätze bedarf und dem jeder vernünftige Mensch ohne weitere Zusätze und Haarspaltereien zustimmen kann. Welches Kleid sich eine nationale oder auch sozialrevolutionäre Befreiungsbewegung umwirft, wie weit ihre Anhänger dabei, gewöhnlich zur persönlichen Gewissensberuhigung bei Gewalttaten, die sich hierbei nicht vermeiden lassen, so wenig wie beim Ausbruch aus dem Warschauer Ghetto beispielsweise, als von religiösen Motiven getrieben fühlen oder nicht, hängt davon ab, welchen Stoff sie zu diesem Zweck in ihrem Entstehungsgebiet vorfindet – wer für die Freiheit seines Landes oder gegen seine eigene Verelendung durch Besatzer und Kollaborateure kämpft, kann dieses Ziel auch vor sich selbst hinter einer religiösen Tarnwand verstecken oder durch diese »veredeln«, ohne daß er deshalb weniger für das vorgeblich bloß »untergeordnete« oder »sekundäre« Ziel zu kämpfen aufhörte; hat der Kampf Erfolg, wie z.B. derjenige der calvinistischen Geusen gegen die sie knechtenden »idolatrischen« oder »papistischen« Habsburger, dann kommt es bald ganz von selbst

islamische Fanatismus unserer Tage wohl kaum die gleiche Form angenommen hätte, wenn die Länder, aus denen er kommt, keine koloniale Demütigung erlitten und er andererseits nicht als antisowjetischer Rammbock, als dieser gebraucht wurde, d.h. schon wieder aus einem völlig politischen Grund, eine mächtige äußere Förderung erfahren hätte. Aufgrund der Geschichte und Ausdehnung des Islam kann sich dabei unter Extremisten sehr wohl die Phantasie einer islamischen Weltherrschaft einschleichen, die durch Mission und Krieg erreicht werden könnte; für die Zeloten ist derlei aber mit weitaus geringerer Wahrscheinlichkeit anzunehmen. Was Hengel ihnen als eine Art Weltherrschaftsphantasie unterstellt, zu deren Ausbrütung sie ja noch wesentlich bekloppter hätten sein müssen als die beklopptesten Islamisten unserer Tage, klingt schrill; Maccobys Interpretation ihrer Ziele scheint da doch weitaus realistischer: selbst wenn diese mit überspannten Hoffnungen und einigen häßlichen Fanatismen verbunden waren, so waren sie doch im Kern defensiver Natur, und ihr universales Ziel war keineswegs der Ersatz des römischen Kaisers durch einen jüdischen Messias, sondern die Vernichtung jeder imperialistischen Macht überhaupt, was nicht in eine jüdische Weltherrschaft, sondern in eine Art Selbstbestimmungsrecht aller Völker in den ererbten Grenzen ihrer Siedlungsgebiete eingemündet wäre (bzw. dieses hätte sollen). Daß sie dabei für sich bzw. die jüdische Nation wegen ihrer besonderen Tapferkeit und Opferbereitschaft, von weniger offensichtlichen Vorzügen zu schweigen, sowie natürlich ihrer – leider nur phantasierten, aber seit der Varus-Schlacht nicht völlig abwegigen – Zünderfunktion von den restlichen befreiten Nationen eine gewisse Dankbarkeit und Ehrenstellung erwarteten, ist nur natürlich; aber keineswegs der Ersatz einer imperialistischen Herrschaft durch eine andere. Aggressive Töne rutschen nur gelegentlich mit hinein, aber auch das erstaunt nicht.

Für weitere Kritik und auch Würdigung – so erfahren wir vieles Wertvolle und mitunter ansonsten nur schwer Auffindbare über manche anderen Messiasanwärter – des Hengel'schen Werkes ist hier nicht der Raum; festzuhalten bleibt aber, daß sein Einbezug in dasjenige Maccobys dieses kaum hätte verbessern können und daher auch nicht nötig war, seiner Vorzüge und Mängel ungeachtet.

---

wieder an die Oberfläche und streift seine Tarnkappe ab, egal ob ihre Träger sie als solche bewußt, undeutlich oder gar nicht wahrgenommen hatten. (»Man glaubt zu schieben und man wird geschoben« – so ist die Geschichte meistens. Aber da diesen Gedanken Goethes auch Marx und Engels geteilt, nur viel präziser ausgedrückt haben (in der ›Deutschen Ideologie‹ nämlich), ist er für strebsame Menschen im Wissenschaftsapparat gewöhnlich verboten. Doch liefert er nun einmal den wichtigsten Schlüssel zum Verständnis der »Ideengeschichte«, auch solcher marginaler Gegenden und entlegener Zeiten wie derjenigen Palästinas, in denen sich die Aktivität Jesu abspielte. Und dagegen fordert *unser* – heutiger – Staatsapparat nun einmal Tomaten auf den Augen, sonst ist Karriereschluß – nicht nur wegen der Einsichten von Marx und Engels, sondern auch wegen der ideologischen Bedürfnisse der von ihm – in Gestalt erstmals Konstantins – zunächst »gepuschten«, dann gepäppelten Weltanschauungsgemeinschaft, der christlichen Religionsorganisation natürlich. Daß Hengel ansonsten, wenn »niemand« etwas dagegen hat, keineswegs besagte »Tomaten« aufweist, beweist seine das ganze Buch durchziehende, vorbildliche und intelligente »Tendenzkritik« des Josephus.

Stellenregister

Eigentliche Bibel

Das erste Buch Mose (Genesis)

Gen. 1,27 151

Das zweite Buch Mose (Exodus)

Ex. 21,24 163
Ex. 23,4 158
Ex. 23,20–22 53

Das dritte Buch Mose (Leviticus)

Lev. 19,18 158
Lev. 23,40 102

Das vierte Buch Mose (Numeri)

Num. 5 164
Num. 11,16 99
Num. 14,18 159
Num. 25,13 44

Das fünfte Buch Mose (Deuteronomium)

Dtn. 6,5 159
Dtn. 15 165
Dtn. 17,14–20 102
Dtn. 21,18–21 164
Dtn. 21,23 19
Dtn. 23,3 165
Dtn. 25,3 164

Das Buch der Richter

Ri. 7,2 90

Das erste Buch Samuel

1. Sam. 8 55
1. Sam. 10,6 98
1. Sam. 16 52
1. Sam. 16,23 150

Das zweite Buch Samuel

2. Sam. 15,32 108

Das erste Buch der Könige

1. Kön. 8 103
1. Kön. 18,17 42

Das zweite Buch der Chronik

2. Chr. 7,10 103

Die Psalmen

Ps. 2 96
Ps. 33,5 159
Ps. 36,8 159
Ps. 62,13 159
Ps. 133,3 98

Die Sprüche Salomonis

Spr. 20,22 81

Der Prophet Jesaia

Jes. 11,9 57

Der Prophet Jeremia

Jer. 31,3 159

Der Prophet Hesekiel

Hes. 11,19 57
Hes. 11,23 108

Der Prophet Joel

Joel 2 87
Joel 2,22 102
Joel 4 87

Joel 4,14–15 118

Der Prophet Sacharja

Sach. 9,9 100, 111
Sach. 14,16 105

Der Prophet Maleachi

Mal. 3,7 169
Mal. 3,23 44, 53

Neues Testament

Das Matthäusevangelium

Mt. 5,3 80
Mt. 5,18–19 144
Mt. 5,19 79
Mt. 5,39–40 81
Mt. 5,44 158
Mt. 6,15 158
Mt. 7,12 158
Mt. 8 7
Mt. 8,20 73
Mt. 9,14 83
Mt. 10,5 144
Mt. 10,6 85
Mt. 10,34 81
Mt. 11,14 83
Mt. 12,24 150
Mt. 13,57 82
Mt. 14,2 83
Mt. 15 42
Mt. 15,24 144
Mt. 15,26 85
Mt. 16,17 91
Mt. 17,10–13 83
Mt. 20,12 89
Mt. 21 89
Mt. 21,46 2
Mt. 22 80
Mt. 23 78, 144
Mt. 23,2 79
Mt. 23,32–37 78
Mt. 24,40–42 87
Mt. 26,7 108
Mt. 27,15–26 154
Mt. 27,25 3

Das Markusevangelium

Mk. 1,15 84
Mk. 1,44 79
Mk. 2,11 161
Mk. 2,18 83
Mk. 2,27 158
Mk. 3,17 91
Mk. 3,21 157
Mk. 4,11 88
Mk. 7 42, 162
Mk. 7,13 80
Mk. 7,27 85
Mk. 8 162
Mk. 8,27–29 92
Mk. 8,28 83, 86
Mk. 8,31–33 156
Mk. 9,2–7 96
Mk. 9,11 86
Mk. 10,25 80
Mk. 11,14 102
Mk. 12 80, 143
Mk. 12,17 72
Mk. 13 143
Mk. 13,33 113
Mk. 14,3 108
Mk. 14,25 109
Mk. 14,36 127
Mk. 14,51–52 117
Mk. 15,6–15 153
Mk. 15,17 98
Mk. 15,34 118
Mk. 16,9–20 155

Das Lukasevangelium

Lk. 3,12–14 24
Lk. 3,22 82
Lk. 5,33 83
Lk. 6,15 91
Lk. 7 7
Lk. 10 80

Lk. 10,1 99
Lk. 11,1 83
Lk. 13,1 6
Lk. 13,31 71, 144
Lk. 15 88
Lk. 19,37 3
Lk. 22,11 127
Lk. 22,36–38 81
Lk. 22,38 3, 144
Lk. 22,44 113
Lk. 23,2 72
Lk. 23,13 3
Lk. 23,13–25 154

Das Johannesevangelium

Joh. 5 161
Joh. 7 104
Joh. 7,4 156*sq.*
Joh. 7,23 158
Joh. 9 162
Joh. 11,48 7, 47
Joh. 14,22 86, 156*sq.*
Joh. 18,19 120
Joh. 18,31 120
Joh. 18,36 95
Joh. 18,38–19,16 155

Die Apostelgeschichte

Apg. 4,7 138
Apg. 5 45, 48
Apg. 5,36 49
Apg. 5,37 23, 137
Apg. 9,1 138
Apg. 15 139
Apg. 16 139
Apg. 18,25 83
Apg. 21,38 49
Apg. 22,3 46
Apg. 24,5 170
Apg. 28,28 148
Apg. 28,28–30 141

Der Brief an die Römer

Röm. 8,15 127
Röm. 13,1 142

Der Brief an die Galater

Gal. 2,11–13 139
Gal. 4,6 127

Der Brief an die Epheser

Eph. 6,5 149

Der Brief an die Hebräer

Hebr. 11,5 65

Der Brief des Judas

Jud. 14–15 65

Talmud und Verwandtes

Babylonischer Talmud

Avodah Sarah 17b 47, 89
Avodah Sarah 27b 168
Baba Kamma 50a 93
Baba Metziah 59b 38
Berachot 28a 78
Berachot 34b 88
Kidduschim 66a 38
Rosch Haschana 11a 106
Sabbat 147 161
Sanhedrin 43a 120
Sanhedrin 91a–91b 169
Yoma 85b 158

Palästinensischer Talmud

Avodah Sarah II 40d 168
Sabbat XIV 14d 168

Mischna

Makkoth 3 164
Nedarim 3,2 43
Rosch Haschana 2,4 108
Sanhedrin 1,6 99
Sota 3,4 78
Sota 9,9 164
Zevahim 1,3 99

Tosefta

Chullin II 22 168

Sonstiges

Dtn. Rabbah 3,17 97
Gen. Rabbah 25 65
Gen. Rabbah 36 31
Lam. Rabbah 2,2 112
Lev. Rabbah s. 13 109
Pesikta Rabbah s. 41 109
Tanchuma 159
Yadaim 3,5 99
Yadaim 4,2 99

Klassiker

Cicero, pro L. Valerio Flacco
Cic. Flacc. 69 131

Cicero, in Verrem actio secunda
Cic. Verr. II 2,7 23
Cic. Verr. II 3,12 23

Eusebius, historia ecclesiastica
Eus. hist. eccl. II 5,7 27
Eus. hist. eccl. II 23,11–18 137

Eusebius, praeparatio evangelica
Eus. praep. ev. VIII 7,6 39

Flavius Josephus, antiquitates Iudaicae
Jos. ant. XIII 10,5 39
Jos. ant. XIII 10,6 39, 164
Jos. ant. XIV 10,6 13
Jos. ant. XIV 16,2 130
Jos. ant. XVII 2,4 41
Jos. ant. XVIII 5,2 84
Jos. ant. XX 5,1 112
Jos. ant. XX 8,6 112
Jos. ant. XX 9,1 121, 137

Flavius Josephus, de bello Iudaico
Jos. bell. II 17,8–9 55

Philo, legatio ad Gaium
Phil. legat. ad C. 38 27

Philo, ed. Mangey
Philo, ed. Mangey II 629 39

Seneca, epistulae morales ad Lucilium
Sen. ep. 95,47 131

Suetonius, divus Tiberius
Suet. Tib. 32,2 23

Tacitus, historiae
Tac. hist. IV 74,1 23

Literaturnachweise

ABERBACH, Moses: The Roman-Jewish War (66–70 AD): Its Origin and Consequences, in: Jewish Quarterly, London 1966

ABRAHAMS, Israel: Studies in Pharisaism and the Gospels, New York 1968

BAECK, Leo: Das Wesen des Judentums, Köln 1960

BEVAN, Edwyn R.: Jerusalem under the High-Priests, London 1912

BEVAN, Edwyn R. und SINGER, C.: The Legacy of Israel, London 1927

BRANDON, Samuel George Frederick: Jesus and the Zealots, New York 1968 (a)

id.: The Trial of Jesus of Nazareth, New York 1968 (b)

BÜCHLER, Adolf: Das Synedrion in Jerusalem und das große Beth-Din in der Quader-Kammer, Wien 1902

BULTMANN, Rudolf: Das Urchristentum im Rahmen der antiken Religionen, Hamburg 1962

BURKITT, Francis C.: Studies in the Western Text of St. Mark (Hosanna), in: The Journal of Theological Studies o.s. XVII, p. 139–152, Oxford 1916

CARMICHAEL, Joel: Leben und Tod des Jesus von Nazareth, München 1965

COHN, Haim: The Trial and Death of Jesus, New York 1971

DAVIES, William David: Paul and Rabbinic Judaism, London 1965

LE DÉAUT, Roger: Pâque Juive et Nouveau Testament, in: Studies on the Jewish Background of the New Testament, Assen 1969

FARMER, Willam R.: The Palm Branches in John 12,13. in: The Journal of Theological Studies n.s. III, p. 62–66, Oxford 1952

FINKELSTEIN, Louis: The Pharisees, Philadelphia 1961

GIBBON, Edward: Verfall und Untergang des römischen Imperiums, 6 vol., München 2003

GOGUEL, Maurice: Jesus and the Origins of Christianity, London 1960

GRAETZ, Heinrich: Geschichte der Juden von den ältesten Zeiten bis auf die Gegenwart, vol. 4, Leipzig ^{4}1908 (Reprint Berlin 1998)

GRANT, Frederick Clifton: The Gospels: Their Origin and their Growth, London 1959

GRANT, Robert M.: A Historical Introduction to the New Testament, Chicago 1966

HERFORD, Robert Travers: Die Pharisäer, Einleitung: Nahum N. GLATZER, Köln 1961

HOEVELS, Fritz Erik: Der Jesus-Papyrus (Rezension), in: KETZERBRIEFE 150, p. 26–40, Freiburg 2008/2009

id: Die Gnosis. Zu dem gleichnamigen Buch von Christoph Markschies (Rezension), in: KETZERBRIEFE 175, p. 38–50, Freiburg 2012

IDELSOHN, Abraham Z.: The Jewish Liturgy and its Development, New York 1967

Irstam, Tor: The King of Ganda: Studies in the Institution of Sacred Kingship in Africa, Reprint Westport, Connecticut 1944
Kautsky, Karl: Der Ursprung des Christentums, Hannover 1968
Klausner, Joseph: Von Jesus zu Paulus, 1. Buch, Jerusalem 1950
id.: Jesus von Nazareth. Seine Zeit, sein Leben und seine Lehre, Jerusalem 1952
id.: The Messianic Idea in Israel, New York 1955
Leipoldt, Johannes: Sterbende und auferstehende Götter, Leipzig und Erlangen 1923
id.: Von den Mysterien zur Kirche, Leipzig 1961
Lightfoot, Robert Henry: St. John's Gospel: a Commentary, London 1956
Loewe, Herbert: Demons and Spirits (jewish), in: Encyclopaedia of Religions and Ethics, p. 612*sq.*, ed. James Hastings and John A. Selbie, vol. VIII, New York & Edinburgh 1915
Maccoby, Hyam: Jesus and Barabbas, in: New Testament Studies 16, p. 55–60, Cambridge 1969
id.: Is the Political Jesus Dead?, in: Encounter, Februar 1976
id.: Der Mythenschmied, Freiburg [3]2013
Macrae, George W.: Nag Hammadi, in: The Interpreter's Dictionary of the Bible, Nashville 1976
Manson, Thomas W.: The Cleansing of the Temple, in: Bulletin of the John Rylands Library, XXXIII, Manchester 1950–1951
Mantel, Hugo: Studies in the History of the Sanhedrin, Cambridge/Massachusetts 1961
Mastin, Brian A.: The Date of the Triumphal Entry, in: New Testament Studies 16, p. 76–82, Cambridge 1969
Montefiore, Claude Goldsmid und Loewe, Herbert J.: A Rabbinic Anthology, London 1938
Moore, George Foot: Judaism in the First Centuries of the Christian Era, Cambridge, Massachusetts 1927
Murray, Gilbert: Five Stages of Greek Religion, New York 1955
Parkes, James: The Foundation of Judaism and Christianity, London 1960
Patai, Raphael: Hebrew Installation Rites, in: Hebrew Union College Annual 20, Cincinnati/Ohio 1947
Perowne, Stewart: Herodes der Große, Stuttgart 1957
Pfeiffer, Robert H.: History of New Testament Times, Reprint Westport, Connecticut 1972
Radin, Max: The Jews among the Greeks and Romans, Philadelphia 1915
Ranke-Graves, Robert von und Podro, Joshua: The Nazarene Gospel Restored, London 1953
Rawlinson, Alfred Edward John: The Gospel according to St. Mark, London 1925
Roth, Cecil: Geschichte der Juden. Von den Anfängen bis zum neuen Staate Israel, Köln/Berlin 1964
Sanders, Ed Parish: Paul and Palestinian Judaism, Philadelphia 1977
Schechter, Solomon: Studies in Judaism, New York 1970
Schürer, Emil: Geschichte des jüdischen Volkes im Zeitalter Jesu Christi, vol. 2, Leipzig 1907
Schweitzer, Albert: Geschichte der Leben-Jesu-Forschung, Tübingen 1951
Strack, Hermann Leberecht: Einleitung in Talmud und Midrasch, München 1976
Strack, Hermann L. und Billerbeck, Paul: Kommentar zum Neuen Testament aus Talmud und Midrasch, vol. II, München 1961

VERMES, Geza: The Dead Sea Scrolls in English, Harmondsworth 1962
WELLS, George Albert: The Jesus of the early Christians, Buffalo 1971
WILSON, Robert McLachlan: Gnosis und Neues Testament, Stuttgart 1971
WINTER, Paul: On the Trial of Jesus, New York 1973
WRIGHT, George Ernest: God Who Acts (Old Testament), London 1952
YADIN, Yigael: »Finding Bar Kochba's Despatches«, in: The Illustrated London News, 4.11.1961
YAMAUCHI, Edwin: Gnostic Ethics and Mandaean Origins, Cambridge (MA) 1970
ZEITLIN, Solomon: The History of the Second Jewish Commonwealth, Philadelphia 1933
id.: The Crucifixion of Jesus Reexamined, in: Studies in the Early History of Judaism, vol. 3, Jersey City 1975

AHRIMAN-Verlag
Unser Programm ist die
Wiederkehr des Verdrängten

»Kerstin Steinbach gegen die Bewegung der Prüderie.«

JUNGE FREIHEIT

Gebundene Ausgabe, 342 S., 76 Abb., davon 33 in Farbe, 50 Faks., € 29,80 / ISBN 978-3-89484-821-7

Was hat der Feminismus wirklich gebracht? Steht er, wie seine Vertreter behaupten, für die Gleichheit der Geschlechter oder für das Gegenteil? Und wenn sich letzteres als richtig erweisen sollte, haben sie sich nur geirrt oder verrannt, oder handelt es sich um LügnerInnen und EtikettenschwindlerInnen? Über diese Fragen können, wie über die Richtigkeit oder Unrichtigkeit aller Aussagen, niemals Mehrheiten oder penetrante, machtgestützte Wiederholungen entscheiden – Steinbach liefert eine realitätsgebundene Bestandsaufnahme.

AHRIMAN hat noch viel mehr!
Hier klicken:

Neuauflage 2012, 247 S.
€ 19,80 / ISBN 978-3-89484-610-7

»Weshalb – nach fast 50 Jahren – eine Neuauflage von Karlheinz Deschners Werk »Mit Gott und den Faschisten«? Weil es sehr aktuell ist. Weil es völlig zu Unrecht Gefahr läuft, in Vergessenheit zu geraten. Weil es einen Verdrängungsprozess, nein, die gezielte Desinformations-Politik des Vatikan stört. Es erinnert an die Kollaboration des Vatikan nicht nur mit Hitler, sondern auch mit Mussolini, Franco und dem wenig bekannten Pavelić.«

Jüdische Zeitung

»Selbst ärgste Feinde konnten ihm nie Fehler nachweisen. Deschner zeigt, daß die katholische Kirche den faschistischen Regierungen Europas nicht nur treue Hilfe leistete, sondern in ihrem Schutz auch ungeheure Verbrechen beging, z.B. auf dem nördlichen Balkan, wo in Kroatien mit der Abschlachtung von 750000 Serben eines der vielleicht am meisten verschwiegenen Massenverbrechen der Neuzeit mit dem Segen der Kurie stattfand. Er entlarvt die Mär vom katholischen Widerstand, die gleich nach dem Untergang des Hitler-Reiches geboren wurde und immer noch verbreitet wird.«

Junge Welt

Was Luther gegen Frauen, Ketzer, Sektierer, Leibeigene, die keine mehr sein wollten, Juden, Prostituierte, gegen die Philosophie, Philosophen und Humanisten an tödlichem Gift versprühte, ist auf seine Weise negativ einzigartig, weil ihm diesbezüglich kein anderer Reformator, überhaupt kein Religionsstifter auch nur annähernd das Wasser reichen kann. Selbst der Koran und der Talmud können da in ihren Aussagen gegen Nichtgläubige im Vergleich zur geballten Wucht von Luthers mörderischen Hetztiraden nicht mithalten. Prof. Mynarek deckt diese weitgehend unbekannten bzw. offiziell verschwiegenen Seiten in der Persönlichkeit Luthers in dem hier vorliegenden Buch schonungslos auf.

»Wer die Werke des produktiven Autors kennt, weiß, daß Mynarek nicht der Mann fürs »Ausgewogene« ist. (...) In brillierender Polemik demontierte er so bereits mediale Mythen um die Päpste Johannes Paul II. und Benedikt XVI. Nun also Luther (...) «

NEUES DEUTSCHLAND

3. Auflage mit einem Nachwort von Fritz Erik Hoevels: »Gedanken zu Luther und zur Reformation«
152 S., € 12,80 / ISBN 978-3-89484-609-1

AHRIMAN hat noch viel mehr!
Hier klicken:

Achtung! Bei Unregelmäßigkeiten des Versands bitten wir um Benachrichtigung. Wir sind werktags (Mo-Fr, 9-12 Uhr) immer erreichbar unter der Nummer 0761/502303.